KB220090

생수의 강이 흐르는 52주 가정예배서

인생 사용설명서

생수의 강이 흐르는 52주 가정예배서

인생 사용설명서(The Manual for Living Wisely)
(잠언 묵상)

2021년 12월 24일 처음 펴냄

지은이 | 유요한
펴낸이 | 김영호
펴낸곳 | 도서출판 동연
등 록 | 제1-1383호(1992년 6월 12일)
주 소 | 서울시 마포구 월드컵로 163-3
전 화 | (02) 335-2630
팩 스 | (02) 335-2640
이메일 | yh4321@gmail.com
블로그 | https://blog.naver.com/dong-yeon-press

ISBN 978-89-6447-751-9 03230

잠언 묵상

생수의 강이 흐르는 52주 가정예배서
가정예배가 **회복**되면 **가정**이 **회복**됩니다.

인생
사용설명서
유요한 지음

동연

인생 사용설명서

성공한 인생

이 세상의 모든 부모는 그들의 자녀가 '성공한 인생'을 살기를 꿈꿉니다. 그것은 부모로서 마땅히 품어야 할 소망이요 자연스러운 기대입니다. 문제는 그들이 생각하는 '성공'의 기준이 지극히 물질적이고 또한 세속적이라는 사실입니다. 남들보다 돈을 많이 벌면 성공이요 남보다 높은 자리에 앉으면 성공이라고 생각하는 것이지요.

대부분 부모가 '공부 잘하는 자녀'에 목매다는 이유도 바로 그 때문입니다. 이 세상은 성공하는 인생의 조건으로 '좋은 대학'과 '훌륭한 스펙'을 갖출 것을 요구하기 때문입니다. 그 조건을 갖추어 주기 위해서 부모는 어떤 희생도 감수할 준비가 되어 있습니다. 우리나라 초·중·고 사교육비 총액이 한 해 20조 원을 훌쩍 넘는다는 통계가 그 사실을 증명해 줍니다.

그런데 그런 희생과 수고의 결과가 무엇입니까? 엄청난 투자에 비해서 얻는 소득은 너무나 초라하지 않습니까? 부모의 기대를 충분히 만족시켜 줄 수 있는 자녀는 극소수에 불과합니다. 그도 그럴 것이 무한경쟁의 사회 구조 속에서 살아남을 수 있는 '위너winner'의 숫자는 처음부터 제한되어 있습니다. 경쟁에서 뒤처진 그 나머지 다수는 인생의 초반기부터 '루저loser'라는 주홍글씨를 안고 평생 패배의식 속에서 살아야 하는 겁니다.

자녀가 불행하게 살기를 원하는 부모는 이 세상에 하나도 없을 것입니다. 기회가 있을 때마다 "공부하라!"고 다그치는 것도 모두 자녀의 성공과 행복을 바라는 부모의 간절한 마음 때문입니다. 하지만 결과적으로는 '위너'가 되어도 혹은 '루저'가 되어도 자녀는 행복하지 않습니다. 오히려 부모-자녀의 관계만 점점 더 서먹해지고 어그러질 뿐입니다.

지혜로운 삶

자, 그렇다면 무엇이 문제일까요? 자녀가 가지고 있는 능력을 고려하지 않는 부모의 지나친 욕심이 문제일까요? 아니면 부모의 희생을 당연하게 여기면서 정작 자신은 아무런 노력도 하지 않는 자녀의 게으름이 문제일까요? 아닙니다. 근본적인 문제는 다른 곳에 있습니다. 그들의 인생에 하나님이 포함되어 있지 않다는 사실입니다. 부모이든 자녀이든 마찬가지입니다.

이 땅에 존재하는 모든 피조물에는 창조주가 부여한 고유의 목적과 기대가 담겨 있습니다. 그에 잘 어울리게 살아갈 때 인생의 보람과 행복을 자연스럽게 맛보게 되어 있는 것입니다. 그런데 창조주의 본래 뜻과 아무런 상관없이 그저 욕심껏 목표를 세우고 그것을 달성하려고 애쓰고 있으니, 그 목표를 이루지 못해서 불행하고 그 목표에 다다르더라도 만족함이 없는 것이지요.

그래서 성경은 자신의 인생에 하나님을 포함하는 것이 '지혜'라고 말합니다.

여호와를 경외하는 것이 지혜의 근본이요 거룩하신 자를 아는 것이 명철이니라(잠 9:10).

여기에서 '지혜의 근본'은 '지혜의 시작'(the beginning of wisdom, NIV)을 의미합니다. 그렇습니다. 지혜로운 삶은 하나님을 경외하는 것, 거룩하신 자를 아는 것으로부터 시작됩니다. '지혜로운 사람'은 하나님을 자신의 인생 제일 앞자락에 모십니다. 그리고 모든 일에서 그분을 인정하며 살아갑니다(잠 3:5). 반대로 '지혜 없는 사람'은 자신의 인생에서 하나님을 빼버리고 하나님 없이 살아갑니다. "될성부른 나무는 떡잎부터 알아본다"고 하지요. 인생도 마찬가지입니다. 그 시작을 보면 결론을 알 수 있습니다.

부모의 책임

이와 같은 '지혜로운 삶'을 자녀에게 가르쳐야 할 책임이 누구에게 있습니까? 물론 부모에게 있습니다. 기독교 신앙을 가진 부모라면 더더욱 그래야 합니다. 그런데 현실은 어떻습니까? 공부는 학교와 학원에 떠맡기고 돈 열심히 벌어서 교육비 대주는 것으로 부모 역할을 다했다고 생각하듯이, 신앙교육은 교회학교 선생님들에게 떠맡기고 주일에 교회에 데리고 나오는 것으로 자신의 역할을 다했다고 생각하지요.

물론 자녀를 위해서 기도하지 않는 것은 아닙니다. 나름대로 열심히 기도합니다. 좋은 대학에 들어가게 해 달라고, 좋은 직장에 취직하게 해 달라고 기도합니다. 좋은 배우자를 만나서 행복하게 살게 해 달라고 기도합니다. 그러나 하나님을 포함하는 인생에 대한 기도는 잘 보이지 않습니다. 하나님의 목적과 기대에 어울리는 '지혜로운 삶'에 대한 기도는 거의 들리지 않습니다.

자녀의 시험 성적표에는 그토록 민감한 반응을 보이면서, 정작 자녀의 영적인 상태에 대해서는 그토록 둔감한 부모를 통해서 과연 자녀들은 무엇을 배우게 될까요? 말로는 하나님을 잘 믿어야 한다고 하면서, 실제로는 세상 사람들과 하나도 다를 것이 없는 부모의 모습을 보면서 과연 자녀들은 어떤 교훈을 마음에 새기게 될까요? 생각해 보면 정말 두려운 일이요 부끄러운 일입니다.

그런데 인제 와서 믿음의 가장家長 노릇을 한번 제대로 해 보려고 하니 막막하지요. 무엇부터 어떻게 시작해야 할지 잘 모르겠지요. 좋은 방법이 하나 있습니다. '가정예배'를 드리기 시작하는 것입니다. 가정을 하나님께 예배하는 자리로 만드는 것입니다. 물론 매일 가정예배를 드리기는 쉽지 않습니다. 하지만 한 주에 한 번이라면 얼마든지 가능합니다. 가정예배가 회복되면 가정이 회복될 수 있습니다.

'가정예배'에서 가장 중요한 것은 물론 '말씀 묵상'입니다. 가족 구성원들의 삶을 솔직하게 드러내는 대화와 함께 하나님의 말씀을 통해 그 답을 찾아가는 '말씀 묵상'이 필요합니다. 마땅한 교재를 찾지 못해서 직접 '52주 가정예배서'를 만들기 시작했습니다. 2019년에는 『주안에서 기뻐하는 삶』(빌립보서 묵상)이, 2020년에는 『삶으로 풀어내는 믿음』(야고보서 묵상)이, 2021년에는 『예수만 섬기는 우리집』(에베소서 묵상)이 출판되었습니다.

그동안 제가 섬기는 교회에서 이 교재들을 사용하여 '가정예배 드리기 운동'을 펼쳐 보았습니다. 실제로 많은 가정에서 부부관계가 회복되고 자녀들과의 대화가 회복되는 것을 확인하면서 큰 용기를 얻을 수 있었습니다.

하늘의 지혜

2022년에는 "인생 사용설명서"라는 제목으로 '잠언'을 묵상해 보려고 합니다. '잠언'은 '하늘의 지혜'를 담고 있는 보물 창고입니다. 그런데 '하늘의 지혜'라고 해서 우리가 두 발 딛고 살아가는 '이 땅에서의 삶'과 동떨어진 것으로 생각하면 안 됩니다. 오히려 정반대입니다. 예수님은 우리에게 "하나님의 뜻이 하늘에서 이루어진 것 같이 땅에서도 이루어질 것을 기도하라"(마 6:10)고 가르치셨습니다. 하늘의 지혜는 '이 땅에서도 하늘에서처럼'(on earth as it is in heaven) 살아갈 수 있게 하는 능력입니다.

사실, '지혜'는 엄밀한 의미에서 '정보'나 '지식'과 아무런 관계가 없습니다. 그런데 사람들은 '정보'나 '지식'을 많이 쌓으면 쌓을수록 더 지혜롭게 될 것이라 오해합니다. '공부 잘하는 사람'이 곧 '지혜로운 사람'일 것이라 착각합니다. 아닙니다. '지혜'는 학위나 자격증으로 보증할 수 없습니다. 진정한 '지혜'는 오직 하늘로부터 옵니다. 일상의 삶에 하나님을 포함할 때 경험하게 되는 은혜입니다.

'하늘의 지혜'를 힘입을 때 우리는 진심으로 부모를 공경할 수 있고 또한 올바르게 자녀를 양육할 수 있습니다. 우리가 가진 재산을 정직하게 관리하게 되고, 건강하게 먹고 마시며 살게 됩니다. 어떤 상황 속에서도 우리의 마음을 다스릴 수 있고, 다른 사람들과 더불어 평화를 누리며 사이좋게 지내게 됩니다. 세상이 말하는 이른바 '성공한 사람'이 된다고 해도 교만해지지 않고, 그렇지 못하더라도 주눅 들지 않고 당당하게 살아갑니다.

그 모든 지혜가 '잠언' 한 권 속에 가득 담겨 있습니다. 올 한 해 동안 가정예배를 드릴 때마다 우리는 잠언 말씀 속에서 '하늘의 지혜'를 하나씩 꺼내어 묵상하게 될 것입니다. 그 말씀을 통해 우리의 속사람이 다듬어지고, 삶의 방향이 제자리를 찾아가게 되기를 소망합니다. 무엇보다 우리가 맺고 살아가는 모든 관계가, 특히 가장 가까운 가족들과의 관계가 건강하게 회복되는 변화를 체험하기를 소망합니다.

잠언은 하나님께서 정해 놓으신 '인생 사용설명서'입니다. 일상의 삶에서 하나님의 뜻에 따라 순종하며 살아가는 진정한 지혜를 우리에게 가르쳐 줍니다. 이 말씀이 우리의 가정을 '믿음의 가정'으로 세우고, '행복한 가정'으로 만들고 또한 '생수의 강이 흐르는 가정'이 되도록 인도할 것입니다. '가정예배'가 답입니다.

(P.S. 이 가정예배서는 2022년도의 월력에 따라서 편집되었습니다.)

2021년 12월
생수의 강이 흐르는 가정을 꿈꾸며
그리스도의 종 한강중앙교회 담임목사
유 요 한

52주 가정예배서 활용법

- 가족들과 함께 일주일에 한 번 모이는 가정예배 시간을 정하고, 특별한 일이 없는 한 반드시 그 시간을 지킬 것을 약속하십시오.
- 가정예배서는 가족들의 숫자만큼 준비하는 것이 좋습니다. 그래야 모두 예배에 집중할 수 있습니다.
- 가정예배의 시간은 최소 30분에서 길게는 한 시간 정도가 필요합니다. '은혜 나누기'에 따라서 더 길어지거나 짧아질 수 있습니다.
- 가장家長이 예배 인도를 독점하는 것보다 부부가 번갈아 가면서 하는 것이 좋습니다. 또한 장성한 자녀가 있다면 맡겨도 좋습니다.
- 예배 인도자는 아래의 순서를 충분히 익혀두십시오.

1. 주님의 기도

52주 가정예배서는 반드시 '주님의 기도'로부터 시작합니다.

주님은 "너희는 먼저 그의 나라와 그의 의를 구하라"(마 6:33)고 가르쳐주셨습니다. '내 나라'가 아니라 '하나님의 나라'를, '내 소원'보다는 '하나님의 소원'을 먼저 구하라는 가르침입니다. 그리고 그 본보기로 '주님의 기도'를 가르쳐주셨습니다.

따라서 우리는 '주님의 기도'를 예배를 마치는 기도가 아니라 예배를 여는 기도가 되게 해야 합니다. 그럴 때 가정예배가 하나님의 나라와 그의 의를 구하는 예배가 될 수 있을 것입니다.

2. 찬송 부르기

말씀 묵상의 내용과 연관된 찬송을 선곡했습니다. 자녀들은 CCM에 더 익숙하겠지만, 주어진 찬송을 같이 부르도록 하는 것이 믿음의 대를 이어가는데 반드시 필요한 과정입니다.

3. 성경 읽기

개역개정판과 함께 메시지성경(유진 피터슨) 혹은 표준새번역 성경을 수록했습니다. 개역개정판은 부모님 중의 한 분이, 나머지는 자녀가 읽게 하는 것도 좋습니다.

4. 말씀 나누기

잠언 전체의 말씀을 52주 동안 차례대로 묵상해 나갑니다. 인도자는 가정예배를 드리기 전에 미리 묵상 자료를 읽어보는 것이 좋습니다. 설명을 붙이지 않더라도 차근차근 읽어나가는 것으로 충분히 이해될 수 있을 것입니다.

5. 은혜 나누기

말씀 묵상의 내용을 기초로 하여 가족들끼리 함께 나눌 질문거리를 적어놓았습니다. 어떤 이야기가 나오더라도 끝까지 들어줄 수 있어야 합니다. 자녀들의 이야기에 부모가 섣불리 교훈하려고 덤벼들지 마십시오. 인도자는 모든 가족에게 골고루 기회가 돌아가도록 배려해야 합니다.

6. 공동 기도

'은혜 나누기'를 충분히 한 후에 적혀 있는 공동 기도를 한 목소리로 읽어나갑니다. 곧바로 "예수님의 이름으로 기도합니다"를 덧붙여서 예배를 마칠 수도 있고, 필요에 따라서 인도자가 더 길게 마침 기도를 이어갈 수도 있습니다.

■ 간식거리를 먹으면서 가정예배를 드리지 않도록 하십시오. 오히려 예배를 마친 후에 먹을 것을 나누면서 자연스럽게 이야기를 이어가는 것이 더 좋습니다.
■ 다음 가정예배 시간을 확인하고 예배를 마칩니다.

차 례

하나님으로 시작하는 지혜

(1~3월)

1월 1주 인생 사용설명서

- 주님의 기도 주님이 가르쳐주신 기도로 가정예배를 시작합니다.
- 찬송 부르기 200장(달고 오묘한 그 말씀)
- 성경 읽기 잠언 1:1-5

  ※ 개역개정판

  ¹다윗의 아들 이스라엘 왕 솔로몬의 잠언이라. ²이는 지혜와 훈계를 알게 하며 명철의 말씀을 깨닫게 하며 ³지혜롭게, 공의롭게, 정의롭게, 정직하게 행할 일에 대하여 훈계를 받게 하며 ⁴어리석은 자를 슬기롭게 하며 젊은 자에게 지식과 근신함을 주기 위한 것이라. ⁵지혜 있는 자는 듣고 학식이 더할 것이요 명철한 자는 지략을 얻을 것이라.

  ※ 메시지성경

  ¹이것은 이스라엘의 왕이요 다윗의 아들인 솔로몬의 지혜로운 말이다. ²어떻게 해야 바르게 잘살 수 있는지 가르치고 인생의 의미가 무엇이며 어디로 흘러가는지 알리려고 기록한 말이다. ³이것은 옳고 정의롭고 공평한 것이 무엇인지 알고 ⁴세상의 이치를 모르는 이들을 가르치고 젊은이들이 현실을 파악하게 해줄 삶의 지침서다. ⁵경험 많은 이들도 얻을 것이 있고 노련한 이들도 한두 가지 배울 것이 있을 것이다.

- 말씀 나누기

  오늘부터 우리는 매주 가정예배 시간마다 잠언 말씀을 묵상하려고 합니다. 우선 잠언에 대한 서론적인 이야기부터 시작하겠습니다.

'잠언'의 뜻

'잠언'의 우리말 사전적인 풀이는 '사람이 살아가는 데 훈계가 되는 짧은 말'입니다. 한자로는 '바늘 잠箴'에 '말씀 언言'으로 구성되어 있는데, 바늘로 콕 찌르듯이 따끔하게 경계하는 말씀이라는 뜻입니다. 이를 영어로는 '프로버브proverb'라고 표현합니다. 이 또한 인생에 대한 충고와 조언을 주기 위해서 '사람들이 자주 인용하는 짧은 문장'을 의미합니다.

이에 해당하는 히브리어는 '마샬mashal'입니다. 우리말 성경은 '마샬'을 '예언'(민 23:7), '속담'(신 28:37; 삼상 10:12), '풍자'(욥 27:1) 또는 '이야깃거리'(시 44:14) 등으로 번역하고 있습니다. 그러니까 인생에 대하여 교훈을 주는 짧은 말 정도로 이해할 수 있겠습니다. 그 속에 담긴 내용은 마치 침을 놓듯이 따끔하게 '경계'하는 말이 될 수도 있고, 오랫동안 전해오던 '속담'이 될 수도 있고, 빗대어 말하는 '풍자'가 될 수도 있지요.

그렇다면 세상 사람들이 말하는 '격언格言'이나 '금언金言'과는 어떻게 다를까요? 예를 들어 "시간은 금이다"라는 말은 시간의 소중함을 가르치는 '격언'입니다. "빈 수레가 요란하다"라는 말은 실속 없이 떠들어 대는 사람에게 일침을 놓는 '금언'입니다. 모두 사리에 꼭 들어맞는 말이요 사람들이 되새겨야 할 교훈입니다. 그러나 우리는 그것을 '잠언'이라고 하지는 않습니다. 그 이유가 무엇일까요?

그 이유는 출처와 기원이 다르기 때문입니다. '격언'이나 '금언'은 사람들이 체험하며 깨달은 인생의 교훈이라면, '잠언'은 하나님에게서 나온 말씀입니다. 그런 의미에서 민수기 본문이 히브리어 '마샬'을 '예언'으로 풀이한 것은 아주 적절한 번역이라 할 수 있습니다. '예언'이 본래 하나님을 대신하여 말하는 '대언代言'과 동의어라는 사실을 고려한다면 더더욱 그렇습니다. 생각해 보십시오. 만일 '잠언'이 하나님한테서 나온 말씀이 아니라면 이렇게 성경에 굳이 포함될 이유가 없지 않겠습니까.

인생 매뉴얼

따라서 '솔로몬의 잠언'이라고 해서 솔로몬 왕이 개인적인 경험이나 지혜로 깨달아 알게 된 인생의 교훈 정도로 생각하면 안 됩니다. 오히려 솔로몬을 통해서 우리에게 직접 말씀하시는 하나님의 뜻으로 이해해야 합니다. 그런데 하나님의 말씀으로서 '잠언'이 가지고 있는 특징은 무엇일까요? 솔로몬은 왜 이 짧은 말씀들을 한 권의 책으로 모아 두려고 했을까요?

본문을 메시지성경으로 읽으면 그 답이 분명하게 보입니다.

어떻게 해야 바르게 잘살 수 있는지 가르치고 인생의 의미가 무엇이며 어디로 흘러가는지 알려고 기록한 말이다(1:2, 메시지).

잠언이 기록된 목적은 세 가지입니다. '잘사는 방법'(how to live well)과 '인생의 의미'(what life means)와 '인생의 종착점'(where it's going)에 대해서 가르치려는 것입니다. 메시지성경은 이것을 '삶의 지침서'(a manual for living)라는 말로 요약합니다. '매뉴얼manual'은 어떤 일의 절차나 제품을 사용하는 방법에 대해 안내해 주는 설명서입니다. 따라서 '삶의 지침서'보다는 '인생 사용설명서'가 더 적절한 풀이라고 봅니다.

하나님이 이 세상을 창조하실 때에 모든 피조물에게 고유한 목적을 주셨습니다. 우리 인생도 마찬가지입니다. 우리를 창조하신 하나님의 목적과 기대가 있습니다. 그것에 어울리게 살아가는 것이 잘사는 인생입니다. 그렇게 살아갈 때 보람과 행복을 맛볼 수 있도록 우리는 창조되었습니다.

그런데 실제로는 어떻습니까? 이 세상에는 창조주 하나님과 아무런 상관없이 살아가는 사람들이 너무나 많이 있습니다. 그들은 자신의 인생에 하나님을 포함하지 않습니다. 그저 욕심껏 목표를 세우고 그것을 달성하려고 애씁니다. 그런 인생의 결론은 불을 보듯 뻔합니다.

사람들은 왜 그렇게 자기 마음대로 살아갈까 궁금해집니다. 그 이유는 분명합니다. '인생 사용설명서'를 한 번도 읽어보지 않았기 때문입니다. 새로운 제품을 접하게 되면 가장 먼저 매뉴얼부터 찬찬히 살펴보아야 합니다. 그러지 않고 무작정 사용하면 탈이 납니다. 하나님이 정해 놓으신 인생의 매뉴얼도 모르면서 무턱대고 열심히 산다고 과연 '성공한 인생'이 될까요? 아닙니다. 오히려 '고장 난 인생'이 되기 쉽습니다.

우리는 올 한 해 동안 잠언을 묵상하려고 합니다. 인생의 매뉴얼을 하나씩 살펴보려고 합니다. 잠언은 특별히 인생을 이제 막 시작하고 있는 젊은이를 위한 필독서입니다. 반드시 읽어야 하고 또한 충분히 이해하고 있어야 합니다. 인생의 경험이 많은 노련한 사람들이라고 해서 예외는 아닙니다. 잠언을 통해서 여전히 배울 것이 많이 있습니다. 자녀를 신앙적으로 책임 있게 양육하려고 하는 부모라면 더더욱 그렇습니다. 자신의 경험으로 가르치려고 하지 말고, 하나님의 말씀으로 가르치려고 해야 합니다.

잠언은 '지혜로운 삶의 매뉴얼'입니다. 모든 인생에 적용되어야 할 '사용설명서'입니다. 잠언 묵상을 통해서 일상의 삶에서 하나님의 뜻에 따라 순종하는 진정한 지혜를 배우기를 소망합니다. 그리고 실제로 그 말씀에 따라서 살아가는 우리 가정이 되기를 간절히 소망합니다.

□ 은혜 나누기
'공부 잘하는 사람'은 곧 '지혜로운 사람'을 의미할까요?
□ 공동 기도
하나님 아버지, 오늘부터 잠언 말씀을 묵상하기 시작합니다. 우리 인생을 향하신 하나님의 목적과 기대를 잘 헤아려 알게 해 주시고, 하나님의 뜻에 가장 잘 어울리는 모습으로 살아가게 해 주세요. 예수님의 이름으로 기도합니다. 아멘.

1월 2주 하나님으로 시작하라!

- ◻ 주님의 기도 주님이 가르쳐주신 기도로 가정예배를 시작합니다.
- ◻ 찬송 부르기 407장(구주와 함께 나 죽었으니)
- ◻ 성경 읽기 잠언 1:7-9

  ※ 개역개정판

  7여호와를 경외하는 것이 지식의 근본이거늘 미련한 자는 지혜와 훈계를 멸시하느니라. 8내 아들아 네 아비의 훈계를 들으며 네 어미의 법을 떠나지 말라. 9이는 네 머리의 아름다운 관이요 네 목의 금 사슬이니라.

  ※ 메시지성경

  7하나님으로 시작하여라. 지식의 첫걸음은 하나님께 엎드리는 것이다. 어리석은 자들만이 지혜와 지식을 업신여긴다. 8친구여, 아버지의 말씀에 귀를 기울여라. 어머니의 무릎에서 배운 것을 잊지 마라. 9부모의 훈계를 머리에 쓴 화관처럼 손가락에 낀 반지처럼 간직하여라.

- ◻ 말씀 나누기

  이 세상에 존재하는 모든 사물은 나름의 목적을 가지고 창조되었습니다. 그 사물의 성공 여부는 주어진 목적에 따라 제대로 쓰임 받느냐 하는 것에 달려있습니다. 우리 인생도 마찬가지입니다. 하나님께서 우리를 창조하신 분명한 목적이 있습니다. 그 목적에 가장 잘 어울리게 살아가는 것이 진정한 의미에서 '성공한 인생'입니다. 하나님께서 우리에게 '하늘의 지혜'를 담고 있는 잠언을 주신 것도 바로 그 때문입니다.

지난 시간에 우리가 묵상한 것처럼, 잠언은 '인생 사용설명서'입니다. '지혜로운 삶의 매뉴얼'입니다. 우리가 성공한 인생을 살고 싶다면 창조주 하나님이 정해 놓으신 사용설명서를 먼저 주의 깊게 살펴보아야 합니다.

하나님 경외

지혜로운 삶의 첫걸음은 '하나님 경외'로부터 시작됩니다. '경외敬畏'를 한자어로 풀어보면 '공경하면서 두려워한다'는 뜻이 됩니다. '공경恭敬'이란 공손히 받들어 모시는 것을 말합니다. 그러니까 하나님을 무작정 두려운 존재로 생각하는 것이 '경외'가 아닙니다. 오히려 두려워하는 마음으로 하나님께 예의를 갖추는 것이 '경외'입니다.

부모를 우습게 여기는 자녀는 부모의 말을 귀담아듣지 않습니다. 한 귀로 듣고 한 귀로 흘려버립니다. 그러나 부모를 공경하는 자녀는 아버지의 말씀에 귀를 기울이고, 어머니의 무릎에서 배운 것을 잊지 않습니다. 하나님에 대해서도 마찬가지입니다. 하나님을 우습게 여기는 사람은 하나님의 말씀을 귀담아듣지 않습니다. 그래서 '인생 사용설명서'도 읽지 않고 그렇게 제멋대로 사는 것이지요.

그리스도인 부모로서 또는 그리스도인 자녀로서, 우리가 가장 먼저 배우고 가르쳐야 할 것은 바로 하나님을 경외하는 태도입니다. 부모에게 효도하는 것이나 자녀를 잘 양육하는 것을 포함하여, 이 세상의 모든 일에 필요한 지혜는 바로 '하나님 경외'로부터 출발합니다. 본문은 이를 '지식의 근본'이라는 말로 표현합니다.

우리말 '근본根本'에 해당하는 히브리어 '레쉬트reshith'는 본래 '시작'(beginning)을 의미합니다. 구약성경을 시작하는 첫 단어 '태초에' (베레쉬트, in the beginning)에 바로 '레쉬트'가 있습니다(창 1:1). 이 세상이 돌아가는 이치를 아는 지식(knowledge)은 무엇으로부터 시작됩니까? 이 세상을 창조하신 하나님을 두려워하는 마음으로부터 시작됩니다.

그런데 어찌 된 일인지 사람들은 창조주 하나님을 인정하지 않으면서 성공한 인생을 살겠다고 열심히 공부합니다. 출발부터 잘못된 것입니다. 인생의 첫 단추부터 잘못 끼운 것입니다.

배움의 첫걸음

가정마다 공부를 두고 부모와 자녀 사이에 실랑이가 벌어지곤 합니다. 안타까운 현실은 공부를 마치 부모를 위해서 하는 줄 아는 자녀가 있다는 것입니다. 그도 그럴 것이 어렸을 때부터 부모에게 가장 많이 들어온 잔소리가 "열심히 공부하라!"는 말입니다. 그래서 분명히 자신을 위한 공부임에도 불구하고, 그것을 마치 부모에게 대단한 효도를 하는 것처럼 생각하는 것이지요. 실제로 그렇게 가르치는 부모들도 더러 있습니다.

잘못되어도 한참 잘못되었습니다. 부모가 자녀에게 가장 먼저 가르쳐야 하는 것은 '대학 입시 공부'가 아니라 '하나님 경외'입니다. '하나님 경외'가 모든 지식의 '근본'입니다. 어렸을 때부터 하나님을 경외하는 법을 배우지 못하면 결국 자기중심적인 인간이 되고 맙니다. 그런 자녀가 나중에 성공하고 나면 어떻게 될까요? 부모에게 효도하게 될까요? 아닙니다. 오히려 부모를 우습게 여기게 됩니다. 다른 사람들에 대해서는 더 말할 것도 없습니다.

메시지성경은 오늘 본문을 이렇게 풀이합니다. "하나님으로 시작하여라"(Start with GOD). "지식의 첫걸음은 하나님께 엎드리는 것이다"(The first step in learning is bowing down to GOD). 하나님께 엎드리는 것으로 배움의 첫걸음을 시작해야 합니다. 그래야 하나님 안에서 인생의 목적을 잃어버리지 않게 되고, 그 위에 세상의 지식이 더해질수록 성숙한 인격으로 성장할 수 있는 것입니다.

그런데 사람들은 하나님께 엎드리는 것을 그다지 중요하게 생각하지 않습니다. 그래서 오늘 본문은 "어리석은 자들만이 지혜와 지식을 업신여긴다"(1:7b, MSG)고 말합니다. 여기에서 우리말 '업신여긴다'로 번역된 영어 원문을 직역하면 '엄지손가락으로 코를 누른다'(thumb their noses)가 됩니다. 이것은 엄지손가락으로 자신의 코를 누르면서 혀를 날름 내밀며 상대를 조롱하는 미국 사람들의 습관을 그대로 묘사한 숙어입니다. 그런데 실제로 이런 자세를 취하는 사람을 한번 상상해보십시오. 얼마나 우스꽝스럽습니까?

하나님을 우습게 여기고, 하늘의 지혜를 소홀히 취급하는 사람이 바로 그런 모습입니다. 그들은 세상의 이치를 꿰뚫고 있는 대단한 지식을 가지고 있는 사람이라 스스로 생각할지 모르지만, 사실은 자신의 인생을 그렇게 하찮은 존재로 만들어가고 있는 것입니다. 정말 지혜로운 인생을 살고 싶다면 하나님으로 시작해야 합니다. 하나님을 창조주로 인정하고 그 앞에 엎드리는 일부터 시작해야 합니다.

무슨 일이든 기초가 중요한 법입니다. 예수님이 말씀하셨지요. "내 말을 듣고 그대로 행하는 사람은, 반석 위에다 자기 집을 지은 슬기로운 사람과 같다"(마 7:24a, 새번역). 정말 그렇습니다. 이 세상에 모래 위에 집을 짓는 어리석은 사람이 어디 있겠습니까? 그런데 실제로는 그런 사람이 생각보다 참 많이 있습니다. 하나님의 말씀을 우습게 여기는 사람이 바로 그런 사람입니다. 하나님 없이 배움을 시작하는 사람이 바로 그런 사람입니다.

　인생의 든든한 기초는 하나님의 말씀입니다. 그 위에 인생의 집을 짓는 사람이 지혜로운 사람입니다. 오직 하나님을 경외하는 사람만이 하나님의 말씀을 귀담아듣습니다. 오직 하나님으로 시작하는 사람이 '위대한 인생'을 살 수 있는 것입니다. 우리 가정은 하나님을 하나님으로 인정하고, 언제나 하나님으로 시작하는 가정이 되기를 간절히 소망합니다.

▫ 은혜 나누기
하나님으로 시작하는 삶의 구체적인 예를 한 가지씩 생각하여 나누어 봅시다.
▫ 공동 기도
하나님 아버지, 오늘 말씀을 통해서 하나님을 경외하는 것이 지혜로운 삶의 시작이라는 사실을 깨닫게 해 주시니 감사합니다. 이제는 깨달은 대로 그렇게 살아가게 해 주세요. 매 순간 창조주 하나님을 인정하고 언제나 하나님으로 시작할 수 있도록 우리를 인도하여 주세요. 예수님의 이름으로 기도합니다. 아멘.

1월 3주 악인의 꾀를 따르지 말라!

□ 주님의 기도 주님이 가르쳐주신 기도로 가정예배를 시작합니다.

□ 찬송 부르기 438장(내 영혼이 은총 입어)

□ 성경 읽기 잠언 1:10-16

※ 개역개정판

10내 아들아 악한 자가 너를 꾈지라도 따르지 말라. 11그들이 네게 말하기를 우리와 함께 가자. 우리가 가만히 엎드렸다가 사람의 피를 흘리자. 죄 없는 자를 까닭 없이 숨어 기다리다가 12스올 같이 그들을 산 채로 삼키며 무덤에 내려가는 자들 같이 통으로 삼키자. 13우리가 온갖 보화를 얻으며 빼앗은 것으로 우리 집을 채우리니 14너는 우리와 함께 제비를 뽑고 우리가 함께 전대 하나만 두자 할지라도 15내 아들아 그들과 함께 길에 다니지 말라. 네 발을 금하여 그 길을 밟지 말라. 16대저 그 발은 악으로 달려가며 피를 흘리는 데 빠름이니라.

※ 메시지성경

10친구여, 나쁜 무리가 꾈더라도 따라가지 마라. 11그들은 말하리라. "나가서 소란을 일으키자. 누구든 닥치는 대로 두들겨 패고 가진 것을 빼앗자. 12그들을 빈털터리로 만들어 죽을 날만 기다리게 하자. 13빼앗은 귀중품들을 차에 한가득 싣고 집으로 가져가게 될 거다. 14같이 가자. 다시없는 기회가 될 거야! 물건은 모두 똑같이 나누게 될 거다!" 15친구여, 그들을 두 번 돌아보지도 말고 한순간이라도 그들의 말을 귀담아듣지 마라. 16그들은 비참한 최후를 향해 질주하고 손에 넣은 모든 것을 망치려고 버둥댄다.

□ 말씀 나누기

지난 시간에 우리는 지혜로운 삶의 첫걸음은 '하나님 경외'로부터 시작된다는 말씀을 묵상했습니다. '하나님 경외'를 쉽게 풀이하면 매사에 하나님을 인정하는 것이요 하나님으로 시작하는 것이라고 했습니다. 그렇습니다. 하나님을 포함하지 않는 그 어떤 인생도 결코 행복할 수 없습니다. 세상 사람들이 부러워할 만한 엄청난 재산을 모았다 하더라도, 더 올라갈 곳이 없는 자리까지 다다랐다고 하더라도 마찬가지입니다.

우리는 하나님 없이 행복하게 잘 살 수 있도록 창조되지 않았습니다. 오늘 부른 찬송 가사처럼, "높은 산이 거친 들이 초막이나 궁궐이나 내 주 예수 모신 곳이 그 어디나 하늘나라"입니다. 하나님으로 시작하는 인생은 누구나 그렇게 행복을 맛보며 살게 되어 있습니다. 세상이 말하는 '위너winner'가 되었든지, 아니면 '루저loser'가 되었든지 그것과 상관없이 주님과 늘 동행하는 기쁨이 있습니다.

문제는 이 세상이 우리를 그냥 내버려두지 않는다는 사실입니다. 우리는 하나님을 경외하면서 살아가기로 굳게 결심하지만, 이 세상은 우리가 그렇게 살아가지 못하도록 끈질기게 방해합니다. 그 유혹과 협박을 이겨내지 않고서는 하나님이 정해 놓으신 매뉴얼에 따라서 살아갈 수 없습니다. 바로 여기에 지혜로운 삶의 지침이 필요한 이유입니다.

악한 자의 꼬임

본문은 말합니다. "악한 자가 너를 꾈지라도 따르지 말라"(10절). 우리말로는 '악한 자'라고 되어 있지만, 대부분의 영어 성경은 '죄인'(sinners)으로 표현합니다. 누가 '죄인'입니까? 하나님을 경외하지 않는 사람이 '죄인'입니다. 하나님 없이 인생을 경영하는 사람이 '죄인'입니다. 하나님의 말씀에 귀를 기울이지 않는 사람, 아니 그 말씀과 정반대의 길을 선택하는 사람이 '죄인'입니다. 다시 말해서 하나님을 믿지 않는 사람이 '죄인'입니다. 그들의 꼬임에 속아 넘어가지 말라는 것입니다.

그들은 "누구든 닥치는 대로 두들겨 패고 가진 것을 빼앗자"(Let's beat up some old man, mug some old woman. MSG)고 제안합니다. 그런데 영어 원문을 읽어보면 그냥 '누구든'이 아닙니다. 구체적인 대상이 있습니다. 바로 '노인들'(some old man, some old woman)입니다. 나이가 많아서 자신을 스스로 방어할 능력이 없는 약자 중의 약자입니다. 그런 사람을 두들겨 패고 가진 것을 빼앗자는 것이지요.

그러면서 빼앗은 귀중품은 집으로 가져가서, 모두 공평하게 똑같이 나누자고 말합니다(13-14절). 듣기에 따라서는 아주 솔깃한 제안입니다. 별로 힘들이지 않고도 한 몫을 차지할 것 같습니다. 문제는 그것이 '악한 일'이요 '죄'라는 사실입니다. 기억해 두십시오. 천성이 '악한 자'이기 때문에 '악한 일'을 하게 되는 것이 아닙니다. 하나님 없이 살기 때문에 '악한 일'을 할 기회가 있으면 서슴없이 그 일을 행하게 되는 것입니다.

만일 우리가 하나님을 믿지 않는 사람이라면 주저하지 않고 그 '악한 일'에 덥석 참여할 수 있습니다. 이 세상에서는 어떤 방법으로든 돈을 많이 벌기만 하면 '성공한 인생'으로 인정받기 때문입니다. 한 번만 질끈 눈 감고 나쁜 짓 하면 쉽게 큰돈을 벌 수 있는데 그 일을 누가 마다하겠습니까. 그러나 우리는 그럴 수 없습니다. 왜요? 우리는 하나님을 경외하는 사람이요 하나님으로 시작하는 인생을 사는 사람이기 때문입니다.

유혹을 이기는 지혜

자, 그렇다면 만일 그런 제안을 받았을 때 우리는 어떻게 해야 할까요? 아주 간단합니다. 그 제안에 따르지 않으면 됩니다. 메시지성경은 "그들을 두 번 돌아보지도 말라"(Don't give them a second look)고 합니다. 그리고 "한순간이라도 그들의 말을 귀담아듣지 말라"(Don't listen to them for a minute)고 합니다.

"조금 더 생각해보겠다"라는 식으로 여지를 남겨두면 안 됩니다. 그 자리에서 단호하게 "아니"(No!)라고 말해야 합니다. 그리고 두 번 다시 돌아볼 생각도 하지 말아야 합니다. 그런 제안을 하는 사람들이 다다를 결론은 분명합니다. 그들은 지금 비참한 최후를 향해 내달리고 있을 뿐입니다(16절). 스스로 자기 무덤을 파고 있는 것입니다.

하나님을 자신의 인생에 포함하는 지혜로운 사람에게는 '악한 자'의 결론이 확실하게 보입니다. 그래서 그들을 따라가지 않습니다. 그러나 하나님 없이 사는 사람은 욕심에 눈이 멀어 그 결론이 보이지 않습니다. 그래서 그들의 말에 귀를 기울이게 되고 결국 그들을 뒤따라가는 것입니다. 시편 1편은 이렇게 말합니다.

복 있는 사람은 악인들의 꾀를 따르지 아니하며 죄인들의 길에 서지 아니하며
오만한 자들의 자리에 앉지 아니하고(시 1:1).

여기에서 우리는 악인의 꾀를 따르는 진행 과정을 알 수 있습니다. 처음에는 악인들의 꾀를 '따르다가'(walk) 그다음에는 죄인들의 길에 '서게'(stand)되고, 마지막에는 오만한 자들의 자리에 둥지 틀고 '앉게'(sit) 됩니다. 한번 '따르는 것'으로 끝이 아닙니다. 따라서 '복 있는 사람'은 처음부터 '악한 자'의 제안을 단호하게 거절합니다. 두 번 다시 들으려고 하지 않습니다. 어떻게 그럴 수 있을까요? '복 있는 사람'은 하나님의 말씀을 즐거워하여 묵상하는 사람이기 때문입니다(시 1:2).

이 '세상의 지혜'는 경제적인 이해득실을 먼저 계산하고 그것에 따라서 살아가게 합니다. 그러나 '하늘의 지혜'는 경제적인 이해득실과 상관없이 하나님이 창조하신 매뉴얼에 따라서 살아가게 합니다. '행복한 인생'은 하늘의 지혜를 따르는 사람에게 주어집니다. 하나님은 우리를 그런 존재로 창조하셨습니다.

□ 은혜 나누기

악한 자의 꼬임을 받아본 경험이 있는지 함께 나누어 봅시다.

□ 공동 기도

하나님 아버지, 이 세상은 우리가 하나님을 경외하며 살지 못하게 방해합니다. 때로 솔깃한 제안을 하면서 우리를 유혹하기도 합니다. 그 유혹에 속아 넘어가지 않도록 분별할 수 있는 지혜를 주세요. 오직 하나님의 말씀에 순종하며 살 수 있는 믿음의 용기를 주세요. 예수님의 이름으로 기도합니다. 아멘.

1월 4주 책망을 듣거든

▫ 주님의 기도 주님이 가르쳐주신 기도로 가정예배를 시작합니다.

▫ 찬송 부르기 456장(거친 세상에서 실패하거든)

▫ 성경 읽기 잠언 1:20-24

※ 개역개정판

20지혜가 길거리에서 부르며 광장에서 소리를 높이며 21시끄러운 길목에서 소리를 지르며 성문 어귀와 성중에서 그 소리를 발하여 이르되 22너희 어리석은 자들은 어리석음을 좋아하며 거만한 자들은 거만을 기뻐하며 미련한 자들은 지식을 미워하니 어느 때까지 하겠느냐. 23나의 책망을 듣고 돌이키라. 보라, 내가 나의 영을 너희에게 부어 주며 내 말을 너희에게 보이리라. 24내가 불렀으나 너희가 듣기 싫어하였고 내가 손을 폈으나 돌아보는 자가 없었고

※ 메시지성경

20지혜가 거리로 나가 외친다. 시내 한복판에서 연설을 한다. 21도로 한가운데 자리를 잡고 혼잡한 모퉁이에서 소리친다. 22"얼간이들아! 언제까지 무지의 진창에서 뒹굴려느냐? 빈정대는 자들아! 언제까지 빈정거림만 늘어놓으려느냐? 천치들아! 언제까지 배움을 거부하려느냐? 23돌아서라! 내가 너희 삶을 바로잡아 주겠다. 보아라! 내 영을 너희에게 쏟아 부을 준비가 되었다. 내가 아는 것을 다 알려 줄 준비가 되었다. 24너희는 내가 불렀는데도 귀를 막았고 손을 내밀었는데도 본체만체했다…."

지난 시간에 우리는 악한 자의 유혹을 이겨내는 지혜에 대해서 묵상했습니다. 세상은 우리가 하나님이 정해 놓으신 매뉴얼에 따라서 살아가도록 가만히 내버려 두지 않습니다. 그럴듯해 보이는 제안을 하면서 악한 일에 동참하라고 자꾸 유혹합니다. 그럴 때 단호하게 거절해야 합니다. 두 번 다시 돌아볼 생각도 하지 말아야 합니다. 그들의 결론은 분명하기 때문입니다. 비참한 최후를 향해 내달리고 있을 뿐입니다.

하나님의 말씀을 즐겨 묵상하는 사람에게는 그 결론이 보이기에 따르지 않습니다. 그러나 하늘의 지혜가 없는 사람에게는 그 결론이 보이지 않습니다. 그래서 무작정 따라갑니다. 누구나 한번 사는 인생인데 그렇게 허비하는 것이지요. 그 모습을 지켜보시는 하나님의 마음은 과연 어떨까요?

지혜의 외침

본문은 하나님의 마음을 이렇게 표현합니다. "지혜가 거리로 나가 외친다. 시내 한복판에서 연설을 한다"(20절, 메시지). 여기에서 '지혜'는 하나님의 마음을 의인화擬人化한 것입니다. 악인의 꼬임에 속아 넘어가는 사람들을 향하여 외칩니다. 그들의 잘못된 선택을 '책망'(23절)하는 것이지요. 그런데 '책망責望'이란 단순히 야단치는(rebuke) 것만을 의미하지 않습니다. 여기에는 삶의 방향을 바꾸라(correct)는 요구도 포함되어 있습니다.

그렇습니다. 하늘의 지혜는 특별한 몇몇 사람들에게만 알려지는 비밀이 아닙니다. 누구나 들을 수 있도록 선포된 하나님의 말씀입니다. 지혜가 길거리에서, 시내 한복판에서, 혼잡한 모퉁이에서 큰소리로 외치는 것도 바로 그 때문입니다. 문제는 사람들이 그 말씀을 들으려고 하지 않는다는 사실입니다. 아니 듣기를 싫어합니다(25절). 불러도 듣지 않고 손을 내밀어도 본체만체합니다. 지혜의 말씀이 잘못되어서가 아닙니다. 그들의 마음이 잘못되어서입니다.

본문은 그들을 세 가지 종류로 설명합니다. '어리석은 자', '거만한 자' 그리고 '미련한 자'입니다. 우리말 '어리석은 자'에 해당하는 히브리어 '프티이pthiy'는 본래 '하나'(one)라는 뜻입니다. 오직 하나만 생각하는 단순한(simple) 사람을 의미합니다. 문제는 그들의 마음에 이미 한 가지 고정관념이 자리 잡고 있어 하늘의 지혜가 끼어들 틈이 전혀 없다는 사실입니다. 그래서 '어리석은 자'입니다. 메시지성경은 그들을 '얼간이들'(simpletons)이라고 표현합니다.

'거만한 자'는 본래 '빈정대는 자'(cynics, MSG) 또는 '조롱하는 사람'(mockers, NLT)을 의미합니다. 하나님의 말씀을 아주 우습게 여기는 그런 사람을 가리킵니다. 그런데 왜 그들은 하나님의 말씀을 우습게 여길까요? 자기가 쌓은 지식을 최고로 여기기 때문입니다. 자기가 아는 것만이 진리입니다. 그래서 하나님의 말씀에 늘 빈정대는 '거만한 자'가 되는 것이지요.

'미련한 자'는 터무니없는 고집을 부리는 둔한 사람을 가리킵니다. 이에 해당하는 히브리어 '케실kesil'은 단순히 '바보'(fool)라는 뜻입니다. 메시지성경은 아예 '천치들'(idiots)이라고 표현합니다. 그러나 '미련한 자'는 선천적으로 지능이 떨어진 사람이 아닙니다. 고집이 세서 '미련한 자'입니다. 그들은 특히 하나님의 말씀을 무조건 거부합니다. "지식을 미워한다"(22절)는 말이 바로 그 뜻입니다.

이들의 공통점은 지혜의 외침에 귀를 기울이지 않는다는 것입니다. 그런데 하나님의 말씀에 그렇게 귀를 닫는 진짜 이유는 따로 있습니다. 하나님을 경외하지 않기 때문입니다(29절). 그래서 하늘의 지혜를 배우려고 하지도 않고 따르지도 않는 것이지요.

돌이키는 자

그들을 향해 지혜는 이렇게 외칩니다. "나의 책망을 듣고 돌이키라"(23a절). 하나님의 시선에서 '지혜로운 자'는 단 한 번의 실수도 하지 않는 사람이 아닙니다. 이 세상에 그렇게 완벽한 사람은 없습니다. 누구나 실수할 수 있고, 한때 잘못 선택할 수 있습니다. 정말 '지혜로운 자'는 하나님의 책망을 듣고 돌이키는 사람입니다. "너 지금 잘못가고 있어!"라고 말씀하시는 하나님의 지적에 삶의 방향을 바꿀 수 있는 사람이 '지혜로운 자'입니다.

예를 들어 대전에서 서울로 올라가는 경부선 기차를 탔다고 합시다. 조금 지나서 보니까 김천을 지나서 대구로 내려가고 있는 겁니다. 기차를 잘못 탄 것이지요. 어떻게 해야 할까요? 자신의 실수를 인정하고 다음 역에서 내려야 합니다. 그리고 서울로 올라가는 기차로 바꾸어 타야 합니다. 그것이 바로 '회개'입니다. 한 번 실수한 후에, 한 번 잘못 선택한 후에 끝까지 그 길을 고집하는 사람이 미련한 자입니다. 자신의 실수를 빨리 인정하고 바로잡아야 합니다.

그렇게 '돌이키는 자'에게 주시는 하나님의 약속이 참으로 놀랍습니다. "돌아서라! 내가 너희 삶을 바로잡아 주겠다. 보아라! 내 영을 너희에게 쏟아부을 준비가 되었다. 내가 아는 것을 다 알려 줄 준비가 되었다"(23절, 메시지). 우리는 단지 돌아서기만 하면 됩니다. 그러면 그 나머지는 하나님이 다 알아서 해 주십니다. 우리의 삶을 바로 잡아(revise) 주십니다. 하나님의 영을 쏟아부어 주셔서 하나님이 알고 있는 모든 것을 알려주십니다. '지혜로운 삶의 매뉴얼'을 가르쳐 주시겠다는 말씀입니다.

따라서 우리가 해야 할 일은 하나님께로 돌아서는 것입니다. 그런데 아무나 그럴 수 있는 것은 아닙니다. 오직 하나님을 경외하는 사람만이 자신의 실수를 인정하고 회개하여 돌아설 수 있습니다. 그래서 '하나님 경외'가 '지혜로운 삶'의 시작입니다(7절). 하나님 앞에 엎드리는 것이 진정한 배움의 첫걸음인 것입니다.

우리는 지혜의 책망을 어떻게 받아들이고 있습니까? 우리가 만일 어리석은 사람이라면 귀를 닫을 것이요 지혜로운 사람이라면 돌이킬 것입니다.

□ 은혜 나누기
하나님의 말씀을 우습게 여긴 적은 없었는지 함께 나누어 봅시다.

□ 공동 기도
하나님 아버지, 우리가 경험하여 알고 있는 세상의 지식으로 인해 하나님의 말씀에 귀를 닫아버리는 어리석은 자가 되지 않게 해 주세요. 때로 마음에 찔림을 받는 책망의 말씀을 듣게 되거든 겸손히 하나님 앞에 엎드리게 해 주세요. 그리고 하나님이 일러주시는 매뉴얼에 따라서 살아갈 수 있게 해 주세요. 예수님의 이름으로 기도합니다. 아멘.

1월 5주 지혜가 주는 유익

- 주님의 기도 주님이 가르쳐주신 기도로 가정예배를 시작합니다.
- 찬송 부르기 375장(나는 갈 길 모르니)
- 성경 읽기 잠언 2:9-12

  ※ 개역개정판

  9그런즉 네가 공의와 정의와 정직 곧 모든 선한 길을 깨달을 것이라. 10곧 지혜가 네 마음에 들어가며 지식이 네 영혼을 즐겁게 할 것이요 11근신이 너를 지키며 명철이 너를 보호하여 12악한 자의 길과 패역을 말하는 자에게서 건져 내리라.

  ※ 메시지성경

  9그러면 너는 참되고 공평한 것을 가려내고 모든 좋은 길을 찾아낼 수 있을 것이다! 10지혜가 네 절친한 벗이 되고 지식은 유쾌한 동행자가 될 것이다. 11건전한 상식이 앞서 나가 위험을 찾아내고 통찰력이 너를 빈틈없이 지켜 줄 것이다. 12네가 잘못된 길로 접어들지 않도록, 길을 잃어 어디가 어딘지 모르는 자들의 엉터리 길안내를 따르지 않게 지켜 줄 것이다.

- 말씀 나누기

  지난 시간에 우리는 '책망'에 대한 반응에 따라 그 사람이 정말 지혜로운지 또는 어리석은지 알 수 있다는 말씀을 묵상했습니다. 어리석은 사람은 자신이 알고 있는 것 한 가지만 생각합니다. 다른 사람의 의견에는 빈정대기 일쑤입니다. 쓸데없는 고집을 부리면서 하나님의 말씀을 끝까지 거부합니다. 자신의 선택이 얼마든지 잘못될 수도 있다는 사실을 인정하려고 하지 않습니다. 그래서 어리석은 사람입니다.

사노라면 처음의 계획이나 의도와 다르게 길을 잃고 방황하기도 합니다. 그 이유가 무엇입니까? 잘못 선택했기 때문입니다. 사람을 만나는 것도 그렇고, 어떤 일을 하는 것도 그렇고, 그 시기와 방향을 정하는 것도 그렇고, 우리가 길을 잃어버리는 것은 잘못 선택했기 때문입니다. 물론 우리는 선한 의도를 가지고 나름대로 최선을 선택합니다. 그런데도 결국 일을 그르치게 되는 것은 우리의 선택에 문제가 있었다는 뜻입니다.

바로 그것이 한 치 앞의 일을 알지 못하는 우리 인생의 한계입니다. 그 한계를 솔직하게 인정해야 합니다. 하나님께 책망의 말씀을 듣거들랑 싫다 하지 말고 즉시 돌이켜야 합니다. 하나님으로 다시 시작해야 합니다. 하나님이 정해 놓은 매뉴얼에 따라 다시 살기 시작해야 합니다. 그럴 때 하늘의 지혜가 주는 놀라운 유익을 얻게 됩니다.

지름길 vs. 선한 길

하늘의 지혜가 우리에게 주는 가장 큰 유익은 '모든 선한 길'(every good path, NIV)을 발견하게 해 준다는 사실입니다(9절). 메시지성경은 이를 '모든 좋은 길'(all the good trails)이라고 표현합니다. 여기에서 우리가 주목할 것은 '지름길'이나 '성공하는 길'이 아니라 '선한 길'이라는 사실입니다. 그런데 사람들은 '선한 길'이 아니라 '지름길'을 찾습니다. 노력하지 않고도 단번에 성공할 수 있는 가장 빠른 길을 찾습니다. 그래서 불법이나 편법에 눈을 돌리게 되고, 그것에 평생 발목 잡혀 살게 되는 것입니다.

하나님이 정해 놓은 '선한 길'에는 세 가지 기준이 있습니다. '공의'

와 '정의'와 '정직'입니다. '공의'(righteousness)는 '올바른 길'을 말합니다. '선한 길'을 찾고 싶다면 우리는 먼저 "무엇이 하나님께 옳은가?"(What is right with God?)를 물어보아야 합니다. 선과 악, 옳고 그름의 기준은 오직 하나님이 정하시기 때문입니다. 그런데 사람들은 "무엇이 자신에게 이로운가?"를 묻습니다. 그리고 조금이라도 이익이 되는 길을 선택합니다. 그것이 비록 '악한 길'일지라도 말입니다.

'정의'(justice)는 '의로운 길'을 말합니다. 사회를 구성하고 유지하는 공정한 도리입니다. '선한 길'을 찾고 싶다면 우리는 먼저 "무엇이 공동체를 위해 의로운가?"(What is just for the community?)를 물어보아야 합니다. 그런데 사람들은 공동체를 위한 의가 아니라 자기 자신이나 자기가 속한 집단을 위한 이기적인 의를 추구합니다. 겉으로는 '정의로운 사회'를 주장하지만, 실제 속 내용은 '부조리한 사회'를 지향합니다. 그들의 선택은 공동체의 평화를 무너뜨리는 결과를 초래할 뿐입니다.

우리말 '정직'으로 번역된 히브리어 '메샤르^{meshar}'는 '공정'(fairness)으로 번역하는 것이 더 적절합니다. 어느 한쪽으로 치우치지 않는 '공평한 길'을 말합니다. '선한 길'을 찾고 싶다면 우리는 먼저 "무엇이 모두에게 공평한가?"(What is fair to everyone?)를 물어보아야 합니다. 어떤 이유로든 사람을 차별하는 일이 있어서는 안 됩니다(약 2:1). 그런데 실제로는 어떻습니까? 사람들은 부자와 가난한 자, 배운 사람과 배우지 못한 사람을 나눕니다. 인종에 따라, 출신 지역에 따라 차별하여 대우합니다. 그리고 그와 같은 편 가르기를 발판으로 삼아 성공의 길을 닦으려고 합니다.

그래서 이 세상이 점점 더 살기 힘들어지는 것입니다. 지금도 곳곳에서 갈등과 대립과 다툼이 끊어지지 않는 것도 바로 그 때문입니다. 하나님이 정해 놓은 '선한 길'을 따르려고 하지 않고, 자기만 성공하는

'지름길'을 선택한 결과입니다. 하늘의 지혜는 모든 사람이 행복하게 살 수 있는 '선한 길'을 우리에게 알려 줍니다.

악인의 길 vs. 지혜의 길

하늘의 지혜가 주는 또 다른 유익은 '악인의 길'(the ways of the wicked men)에 빠지지 않도록 도와준다는 사실입니다. 바이러스에 감염되지 않는 최선의 대책은 '예방'이라고 합니다. 몸의 건강을 위해서는 평소에 손 씻기와 같은 바른 생활 습관을 가지는 것이 결정적으로 중요합니다. 영적인 건강도 역시 마찬가지입니다. 평소에 하늘의 지혜를 '절친한 벗'으로 삼는 것이 중요합니다.

사람들이 악인의 꼬임에 쉽게 넘어가는 것은 그럴 준비가 되어 있기 때문입니다. 무엇보다도 '욕심'이 가장 큰 문제입니다. 야고보 사도는 말합니다.

> 사람이 시험을 당하는 것은 각각 자기의 욕심에 이끌려서, 꾐에 빠지기 때문입니다. 욕심이 잉태하면 죄를 낳고, 죄가 자라면 죽음을 낳습니다(약 1:14-15, 새번역).

그렇습니다. 사람들이 '선한 길'이 아니라 '지름길'을 찾는 것도 사실 '욕심' 때문입니다. '올바른 길', '의로운 길', '공평한 길'을 추구하지 않고 자기 자신이나 자기가 속한 집단의 이익을 추구하는 것도 모두 '욕심' 때문입니다. 어떻게든 성공하기만 하면 그만이라는 '성공지상주의'에 빠져있기 때문에 악인의 꼬임에 그렇게 쉽게 속아 넘어가는 것이지요. 그것은 '욕심'을 '절친'으로 삼고 있는 사람들이 다다르는 당연한 결론입니다.

그러나 하늘의 지혜를 벗 삼아 살아가는 사람들은 그런 꼬임에 절대로 넘어가지 않습니다. 그 지혜가 '건전한 상식'(good sense)과 '통찰력'(insight)이 되어, 앞서 나가 위험을 찾아내고 빈틈없이 지켜주기 때문입니다(11절). 또한 '잘못된 길'(the bad direction)로 방향을 바꾸지 않도록 막아 주기 때문입니다.

'패역悖逆을 말하는 자'(12절)는 도리에 어긋나는 악한 길로 인도하는 사람입니다. 그들은 어디가 어딘지 모르는 사람들입니다. 성공하게 해 주겠다고 큰소리치지만, 사실은 그들 자신도 길을 잃어버린 사람일 뿐입니다. 단지 자신의 사사로운 욕망을 채우기 위해서 다른 사람을 이용하는 것이지요. 그들의 꼬임에 넘어가면 같이 망하게 되어 있습니다.

오직 하늘의 지혜가 우리를 선한 길로 인도합니다. 악인의 길에 빠지지 않게 우리를 지켜줍니다. 한때 욕심부리다 잘못된 길에 들어섰다 할지라도 그곳에서 우리를 건져낼 수 있습니다. 그렇기에 우리는 언제나 지혜에 귀를 기울여야 하고(2절), 감추어진 보물을 찾듯이 열심히 지혜를 찾아야 합니다(4절).

그 모든 일은 '하나님 경외'로부터 시작됩니다. 하나님이 정해 놓으신 지혜로운 삶의 매뉴얼에 따라 살아가는 사람이 진정 복 있는 사람입니다.

□ 은혜 나누기

나는 지금 어떤 길을 찾고 있습니까? '지름길'입니까 아니면 '선한 길'입니까?

□ 공동 기도

하나님 아버지, 우리는 어떤 경우에도 욕심에 눈이 멀지 않게 해 주세요. 언제나 하늘의 지혜를 벗 삼아 '옳은 길', '의로운 길' 그리고 '공평한 길'을 선택하게 해 주세요. 그리하여 하나님이 약속하신 복을 누리면서 살게 해 주세요. 예수님의 이름으로 기도합니다. 아멘.

2월 1주 올곧게 행하는 사람

- ▫ 주님의 기도 주님이 가르쳐주신 기도로 가정예배를 시작합니다.
- ▫ 찬송 부르기 545장(이 눈에 아무 증거 아니 뵈어도)
- ▫ 성경 읽기 잠언 2:20-22

  ※ 개역개정판

  20지혜가 너를 선한 자의 길로 행하게 하며 또 의인의 길을 지키게 하리니 21대저 정직한 자는 땅에 거하며 완전한 자는 땅에 남아 있으리라. 22그러나 악인은 땅에서 끊어지겠고 간사한 자는 땅에서 뽑히리라.

  ※ 메시지성경

  20그러니 선한 이들과 어울리고 신뢰할 만한 길을 걸어라. 21올곧게 행하는 사람, 정직한 이들은 이 땅에 자리 잡고 오래오래 살겠지만, 22부도덕한 자들, 부정직한 자들은 목숨을 잃고 영원히 사라질 것이다.

- ▫ 말씀 나누기

   지난 시간에 우리는 '지혜가 주는 유익'에 대해서 살펴보았습니다. 지혜는 모든 '선한 길'을 발견하게 해 주고, '악인의 길'에 빠지지 않도록 도와준다고 했습니다. 하나님이 정해 놓은 '선한 길'에는 분명한 기준이 있습니다. 그것은 '올바른 길'이요 '의로운 길'이요 또한 '공평한 길'이어야 합니다. 그런데 사람들은 그와 같은 '선한 길'이 아니라 '지름길'을 찾으려고 합니다. 모두가 행복하게 사는 길이 아니라 자기만 성공하고 출세하는 길을 찾습니다.

그래서 이 세상이 점점 더 살기 힘들어집니다. 곳곳에서 갈등과 대립과 다툼이 끊어지지 않는 것도 바로 그 때문입니다. 하나님이 정해 놓은 '선한 길'을 따르려고 하지 않고, 자기만 어떻게든 빨리 성공하는 '지름길'을 선택한 결과입니다. 하늘의 지혜는 모든 사람이 행복하게 살 수 있는 '선한 길'을 우리에게 알려 줍니다. 하나님을 경외하는 사람만이 그 길을 걸어갈 수 있습니다.

정직한 자, 올곧은 사람

'선한 자의 길'로 행하는 사람, '의인의 길'을 지키는 사람을 가리켜서 오늘 본문은 '정직한 자'라고 표현합니다. 그러면서 그들이 누리게 될 복에 대해서 다음과 같이 이야기합니다.

대저 정직한 자는 땅에 거하며 완전한 자는 땅에 남아 있으리라(21절).

여기에서 우리는 '정직한 자'에 대한 개념부터 먼저 정리해둘 필요가 있습니다. 일반적으로 '정직한 자'라고 하면 '거짓말하지 않는 사람', '속임수가 없는 사람'을 생각합니다. 그러나 우리말 '정직한'으로 번역된 히브리어 형용사 '야샤르yashar'는 본래 '똑바른'(upright)이라는 뜻입니다. '똑바른'의 반대말은 '비뚤어진'입니다. 이에 해당하는 히브리어가 '익케쉬iqqesh'입니다. 본문 앞부분에 이 두 단어가 모두 등장하는 말씀이 나옵니다.

이 무리는 정직한 길을 떠나 어두운 길로 행하며 행악하기를 기뻐하며 악인의 패역을 즐거워하나니 그 길은 구부러지고 그 행위는 패역하니라(잠 2:13-15).

본문은 '정직한 길'(straight paths)과 '구부러진 길'(crooked paths)을 대조합니다. 전자가 '야샤르yashar'이고, 후자가 바로 '익케쉬iqqesh'입니다. 우리말 성경은 '익케쉬'를 '비뚤어진'(신 32:5), '간교한'(삼하 22:27, 새번역), '사악한'(시 18:26) 등으로 번역합니다. 나쁜 일을 해서 악한 자가 아닙니다. 마음이 비뚤어지고 굽어 있어서 어두운 길로 가는 것을 좋아하고 나쁜 일 하는 것을 좋아하는 겁니다. 하나님이 그들을 좋아하실 리가 없지요(잠 11:20).

정반대로 '정직한 자'는 마음이 똑바른 사람입니다. 그래서 구부러진 길로 가지 않습니다. 오직 정직한 길로만 행합니다. 하나님이 기뻐하시는 선한 일을 하는 것을 좋아합니다. 또한 선한 일을 하는 다른 사람들과 잘 어울립니다. 하나님도 그런 사람과의 사귐을 기뻐하십니다(잠 3:32).

이에 대한 메시지성경의 번역 '올곧게 행하는 사람'(the men who walk straight)이 귀에 쏙 들어옵니다. 마음이나 정신 상태가 바르고 곧은 것을 우리말로 '올곧다'라고 하지요. '정직한 자'보다 '올곧은 사람'이 히브리어 '야샤르'의 의미를 더 잘 표현하고 있습니다.

하나님이 주시는 복

자, 그렇다면 성경에서 말하는 '올곧게 행하는 사람'은 과연 어떤 사람일까요? 성경에 자주 등장하는 "좌로나 우로나 치우치지 말라"(신 5:32; 수 1:7; 잠 4:27)는 말씀이 이를 잘 설명하고 있습니다. '올곧은 사람'은 언제나 '정도正道'를 걷습니다. '구부러진 길'은 '똑바른 길'에서 좌로나 우로 치우친 것입니다. 그 기준은 물론 하나님의 말씀입니다. 하나님의 말씀을 떠나서 좌로나 우로나 치우치지 않는 사람이 바로 성경이 말하는 '정직한 자'요 '올곧은 사람'입니다(신 28:14).

하나님은 그들에게 복을 주시겠다고 약속하십니다. 그 복은 '땅에 거하는 복'이요 '땅에 남아 있는 복'입니다(21절). 여기에도 설명이 조금 필요합니다. 왜냐면 '땅에 거한다'(to live in the land)는 말씀이나 '땅에 남아 있다'(to remain in the land)는 말씀이 '복'으로 느껴지지 않기

때문입니다. 수만 평의 땅을 소유한 '땅 부자'가 되어야 복 받았다고
생각하는 사람들에게는 사실 아무런 매력이 없는 약속입니다.

그러나 땅도 땅 나름입니다. 본문이 언급하고 있는 땅은 그냥 아무
땅이 아닙니다. 정확하게 번역하면 '그 땅'(the land)입니다. '그 땅'은
이미 정해져 있습니다. 그곳이 어디일까요? 성경을 읽어본 사람이라
면 누구나 알 수 있습니다. '그 땅'은 하나님의 백성들에게 기업으로
주시는 '약속의 땅'입니다(창 17:8; 출 6:8). '그 땅'은 아무나 들어갈 수
없습니다. 오직 하나님 백성의 정체성을 지키는 사람들만 들어가서
살 수 있습니다.

따라서 '그 땅'에 들어가서 거주하는 것이 복입니다(신 30:20). 또한
'그 땅'에서 오래오래 사는 것이 복입니다. 이는 십계명 말씀에 잘 표현
되어 있습니다.

> 너는 네 하나님 여호와께서 명령한 대로 네 부모를 공경하라. 그리하면 네 하
> 나님 여호와가 네게 준 땅에서 네 생명이 길고 복을 누리리라(신 5:16).

부모 공경은 하나님의 명령입니다. 다른 사람과의 바른 관계를 시
작하는 가장 중요한 첫걸음입니다. 그 말씀의 기준에서 좌로나 우로
나 벗어나지 않고 그대로 순종하는 사람이 '올곧은 사람'입니다. 그들
이 약속의 땅에서 오래 살면서 복을 누릴 것이라는 약속입니다. 사람
들은 흔히 이것을 '장수長壽의 복'으로 풀이하려고 하는데, 아닙니다.
'얼마나 오래 사느냐?'가 아니라 '어디에서 어떻게 살 것이냐?'의 문제
이기 때문입니다. '약속의 땅'에서 하나님 백성답게 사는 것이 중요합
니다. 마지막 때 주님의 재림과 더불어 완성될 '하나님 나라'는 바로
'그 땅'의 연장선상에 놓여 있습니다.

하나님과 아무런 상관없는 '땅 부자'가 되어 오래오래 사는 것은 결
코 복이 아닙니다. 주어진 삶의 자리가 어디든지 그곳에서 하나님의

말씀을 따라 올곧게 사는 사람에게 하나님은 '영원한 기업'을 약속하십니다. '그 땅'에 들어가는 것이 복이요 '그 땅'에서 영원히 사는 것이 복입니다. 바로 이것이 어떤 상황에서도 하나님을 경외할 줄 아는 사람이 받을 진정한 복입니다.

□ 은혜 나누기

나는 하나님의 말씀에 '올곧은 사람'입니까? 만일 그렇지 못하다면 그 이유는 무엇이라고 생각합니까? 함께 나누어 봅시다.

□ 공동 기도

하나님 아버지, 하나님의 말씀이 우리 삶의 분명한 기준이 되게 해 주세요. 어떤 상황에서도 그 말씀에서 좌로나 우로나 치우치지 않고 올곧게 살아가게 해 주세요. 그리하여 하나님이 약속하신 '그 땅'에서 영원히 살아가는 복을 누리게 해 주세요. 예수님의 이름으로 기도합니다. 아멘.

2월 2주 하나님을 인정하는 사람

- ◻ 주님의 기도 주님이 가르쳐주신 기도로 가정예배를 시작합니다.
- ◻ 찬송 부르기 80장(천지에 있는 이름 중)
- ◻ 성경 읽기 잠언 3:5-8

　※ 개역개정판

5너는 마음을 다하여 여호와를 신뢰하고 네 명철을 의지하지 말라. 6너는 범사에 그를 인정하라. 그리하면 네 길을 지도하시리라. 7스스로 지혜롭게 여기지 말지어다. 여호와를 경외하며 악을 떠날지어다. 8이것이 네 몸에 양약이 되어 네 골수를 윤택하게 하리라.

　※ 메시지성경

5온 마음으로 하나님을 신뢰하고 무슨 일이든 네 멋대로 이해하려 들지 마라. 6무슨 일을 하든, 어디로 가든, 하나님의 음성에 귀 기울여라. 그분께서 네 길을 바르게 인도하실 것이다. 7다 아는 체하지 마라. 하나님께로 달려가라! 악을 피해 도망쳐라! 8그러면 네 몸에 건강미가 넘칠 것이고 네 뼈 마디마디가 생명력으로 약동할 것이다!

- ◻ 말씀 나누기

　지난 시간에 우리는 '올곧은 사람이 누릴 복'에 대해서 살펴보았습니다. 성경이 말하는 '정직한 사람'은 하나님 말씀의 기준에서 좌로나 우로나 치우치지 않는 '올곧은 사람'이라고 했습니다. 하나님은 그들에게 '약속의 땅'에 영원히 거주하는 복을 주신다고 했습니다. 아무리 많은 땅을 가진 '땅 부자'라고 해도 만일 하나님과 상관없이 살아가는 사람이라면 결코 복 받았다고 말할 수 없습니다. 그 땅에서 영원히 살 수도 없고 그 땅을 영원히 소유할 수도 없기 때문입니다.

하나님이 주시는 진정한 복은 '약속의 땅'에 들어가는 것입니다. 그 땅에서 영원히 살게 되는 것입니다. 어떤 사람이 그 복을 받을 수 있다고 했습니까? 주어진 삶의 자리가 어디이든지, 그곳에서 늘 하나님을 경외하며 살아가는 사람입니다. 어떤 상황에 놓여 있든지 결코 하나님 말씀에서 벗어나지 않는 사람입니다. 그런 '올곧은 사람'이 바로 '약속의 땅'을 기업으로 받을 수 있는 주인공입니다.

'올곧은 사람'은 또한 모든 일에 하나님을 신뢰하고 인정하는 사람입니다. 오늘 우리가 묵상할 말씀입니다.

하나님을 신뢰하기

우리는 하나님을 믿는 사람들입니다. 이 세상을 창조하신 하나님, 인류의 역사를 주관하고 계시는 하나님을 믿습니다. 그렇다면 우리는 하나님을 신뢰하고 있는 것일까요? 꼭 그렇다고 말할 수는 없습니다. 왜냐면 모든 일에 하나님을 의지하지는 않기 때문입니다. 오히려 자기 생각에 따라서 판단하며 선택할 때가 훨씬 더 많기 때문입니다. 하나님을 믿는 것과 하나님을 신뢰하는 것은 또 다른 이야기입니다.

오늘 본문은 이렇게 말씀합니다.

너는 마음을 다하여 여호와를 신뢰하고 네 명철을 의지하지 말라(5절).

여기에서 우리는 '하나님을 신뢰'하는 것과 자신의 '명철을 의지'하는 것이 대조되고 있음을 알 수 있습니다. 우리말 '명철明哲'은 '총명하고 사리에 밝다'는 뜻입니다. 이에 해당하는 히브리어 '비나binah'의 본래 의미는 '이해'(understanding)입니다. 성경 다른 곳에서는 '지식'(신 4:6)

또는 '총명'(대하 22:12)으로 번역되고 있습니다. '명철'은 아는 것이 많은 사람의 특징입니다. 이른바 '똑똑한 사람'이 가지고 있는 장점입니다.

그런데 그것을 의지하지 말라고 합니다. 그 이유가 무엇일까요? 이 부분을 메시지성경은 "무슨 일이든 네 멋대로 이해하려 들지 마라"(Don't try to figure out everything on your own)고 풀이합니다. 자신이 경험하여 알고 있는 세상의 지식으로 모든 일을 해석하려고 하지 말라는 것입니다. 인간적인 계산에 근거하여 그 이치나 의미를 마음대로 판단하지 말라는 것입니다.

그러면서 "하나님을 신뢰하라"고 합니다. 무슨 뜻입니까? 어떤 일이든 반드시 하나님을 포함하여 이해해야 한다는 말씀입니다. 왜냐면 그 모든 일에 하나님의 섭리가 담겨 있기 때문입니다. 말끝마다 "믿습니다!"라고 하지만 실제로는 하나님을 쏙 빼놓고 자기 멋대로 살아간다면, 그것은 결코 하나님을 신뢰하는 태도가 아닙니다. '신뢰信賴'는 굳게 믿고 의지하는 태도를 말합니다. 어떤 상황에서도 우리를 향한 하나님의 선한 뜻이 있음을 믿고 끝까지 의지하는 것이 하나님을 신뢰하는 태도입니다.

하나님은 예레미야 선지자를 통해서 말씀하셨습니다.

> 나는 내가 할 일을 안다. 그 일을 계획한 이가 바로 나다. 나는 너희를 돌보기 위해 계획을 세웠다. 너희를 포기하려는 계획이 아니라, 너희가 꿈꾸는 내일을 주려는 계획이다(렘 29:11, 메시지).

모든 일을 계획하신 분은 바로 하나님이십니다. 그런데 하나님을 빼놓고 그 일을 이해하려고 하면 어떻게 되겠습니까? 그래서 하나님을 믿는다고 하면서도 그렇게 쉽게 절망하고, 잘못된 길을 그렇게 자주 선택하는 것입니다. 하나님을 신뢰하는 사람은 절망적인 상황에서도 절대로 낙심하지 않습니다. 왜냐면 그 일을 통해서도 우리에게 미래와 희망을 주시려는 하나님을 신뢰하기 때문입니다.

하나님을 인정하기

모든 일에 하나님을 신뢰하는 사람은 또한 모든 길에서 하나님을 인정합니다.

> 너는 범사에 그를 인정하라. 그리하면 네 길을 지도하시리라(6절).

우리말로는 '범사凡事' 즉 '모든 일'로 번역되어 있지만 이에 해당하는 히브리어 '데렉derek'은 본래 '길'(way, road)을 의미합니다(출 13:21; 잠 4:11). 그러니까 '너의 모든 길에서'(in all your ways, NIV)라고 번역하는 것이 맞습니다. 그럴 때 뒷부분의 "네 길을 지도하시리라"는 말씀과 잘 연결됩니다.

자, 그런데 '하나님을 인정한다'라는 말씀은 무슨 뜻일까요? '인정認定한다'는 '확실히 그렇다고 여긴다'는 뜻입니다. 그렇다면 무엇입니까? 하나님을 하나님으로 여기라는 그런 말씀일까요? 아닙니다. 이에 해당하는 히브리어 '야다yada' 동사는 단순히 '안다'(to know)는 뜻입니다. 따라서 '그를 인정하라'를 '그를 알라'로 바꾸는 것이 더 정확한 번역입니다. 실제로 성경 다른 곳에서는 그렇게 번역하고 있습니다.

> 내가 바라는 것은 변함없는 사랑이지, 제사가 아니다. 불살라 바치는 제사보다는 너희가 나 하나님을 알기를 더 바란다(호 6:6, 새번역).

여기에서 '알다'가 바로 히브리어 '야다'입니다. 하나님은 우리가 불살라 바치는 제사에 관심을 두지 않으십니다. 우리가 하나님을 알게 되는 것에 더 큰 관심을 두고 계십니다. 하나님이 어떤 분이신지, 우리를 향한 하나님의 마음과 그 뜻이 무엇인지 헤아려 알기를 바라십니다. 우리가 살아가는 모든 길에서 하나님의 뜻을 헤아려 알려면 우리는 과연 무엇을 어떻게 해야 할까요? 메시지성경의 풀이에서 그 답을 찾을 수 있습니다.

그렇습니다. 하나님의 음성에 귀를 기울이면 됩니다. 하나님의 말
씀을 곱씹어 묵상할 때, 하나님 앞에 엎드려 간절히 기도할 때 하나님
은 당신의 음성을 들려주십니다. 그런데 사람들은 그렇게 하지 않지
요. 자기 멋대로 이해하고 섣불리 판단합니다. 스스로 지혜롭다고 생
각하기 때문입니다. 스스로 다 알고 있다고 생각하는 것이지요. 아닙
니다. 자신의 인생에 하나님을 포함하지 않으면 사실은 아무것도 모
르고 있는 겁니다.

하나님을 경외하는 사람은 모든 일에 하나님을 신뢰합니다. 모든
길에서 하나님을 인정합니다. 하나님은 그들의 삶이 생명력으로 약동
하도록 책임져 주십니다.

□ 은혜 나누기

지금까지 하나님을 포함하지 않고 계획했던 일이 있었습니까? 그 결과는 어땠
습니까? 함께 나누어 봅시다.

□ 공동 기도

하나님 아버지, 우리가 경험하는 모든 일에 하나님을 신뢰할 수 있게 해 주세
요. 또한 우리가 살아가는 모든 길에서 하나님을 인정할 수 있게 해 주세요.
우리를 향한 하나님의 선한 뜻이 이루어지도록 늘 하나님의 음성에 귀 기울이
며 살 수 있게 해 주세요. 예수님의 이름으로 기도합니다. 아멘.

2월 3주   사랑과 징계

- □ 주님의 기도 주님이 가르쳐주신 기도로 가정예배를 시작합니다.
- □ 찬송 부르기 527장(어서 돌아오오)
- □ 성경 읽기 잠언 3:11-12

  ※ 개역개정판

  11내 아들아 여호와의 징계를 경히 여기지 말라. 그 꾸지람을 싫어하지 말라.

  12대저 여호와께서 그 사랑하시는 자를 징계하시기를 마치 아비가 그 기뻐하는 아들을 징계함 같이 하시느니라.

  ※ 메시지성경

  11친구여, 하나님의 징계를 억울하게 여기지 말고 그분의 자애로운 꾸지람을 언짢게 여기지 마라. 12하나님은 사랑하는 자녀를 꾸짖으신다. 자식이 잘되기를 바라는 아버지의 마음이다.

- □ 말씀 나누기

  지난 시간에 우리는 하나님을 신뢰하고 인정하는 것에 대해서 살펴보았습니다. 하나님을 신뢰한다는 말은 모든 일에 하나님을 포함하여 이해하는 것이라고 했습니다. 또한 하나님을 인정한다는 말은 모든 길에서 하나님의 뜻을 헤아려 아는 것이라고 했습니다. 그런데 사람들은 자신의 명철을 더 의지합니다. 하나님을 빼놓고 자기 멋대로 해석하고 판단합니다. 그러면서 스스로 지혜롭다고 생각합니다. 잘 사는 줄 압니다.

아닙니다. 자신의 인생에 하나님을 포함하기 전까지는 결코 잘 사는 것이 아닙니다. 이 세상을 창조하신 분이 하나님이신데, 우리를 만드신 분이 하나님이신데 인생을 향한 하나님의 목적과 그에 따른 매뉴얼을 한 번도 읽어보지 않은 사람이 어떻게 지혜롭게 살 수 있겠습니까. 지혜로운 사람은 언제나 하나님을 신뢰하고 범사에 하나님을 인정합니다. 그러나 어리석은 사람은 하나님의 훈계를 멀리합니다. 오늘 우리가 살펴볼 말씀입니다.

하나님의 훈계

자녀를 건강하게 잘 양육하기 위해서는 부모父母가 자신에게 맡겨진 역할을 잘 감당해야 합니다. 어머니는 어머니의 역할을 감당해야 하고, 아버지는 또한 아버지의 역할을 감당해야 합니다. 가정에서 대부분 어머니는 사랑하고 보호하는 따뜻한 역할을 하고, 아버지는 훈육하고 징계하는 엄한 역할을 맡아서 하게 됩니다.

물론 가정의 상황에 따라서 그 역할이 서로 달라질 수 있습니다만, 중요한 것은 이 두 가지가 어느 한쪽에 치우치지 않고 균형 잡혀 있어야 한다는 사실입니다. 그래야 자녀들이 영적으로나 육체적으로 건강하게 성장할 수 있습니다. '징계 없는 사랑'은 '버릇없는 자녀'를 만들고, '사랑 없는 징계'는 '분노하는 자녀'를 만듭니다. 지혜로운 부모는 자녀들을 사랑과 징계의 균형 속에서 양육할 줄 압니다.

하나님 아버지는 우리를 그렇게 양육하십니다. 그러나 하나님께 사랑받는 것은 좋아하지만 하나님의 징계는 달가워하지 않지요. 그것이 문제입니다. 본문은 이렇게 말합니다.

내 아들아, 여호와의 징계를 경히 여기지 말라. 그 꾸지람을 싫어하지 말라(11절).

이 대목에서 먼저 '징계'에 대한 오해부터 풀어야 하겠습니다. 우리는 잘못한 일에 대한 책임을 묻는 것을 '징계'라고 생각하지만, 이에 해당하는 히브리어 '무사르musar'는 사실 '훈육'(discipline) 또는 '교정'(correction)을 의미합니다. 성경 다른 곳에서는 '교훈'(신 11:2), '책망'(욥 20:3) 그리고 '훈계'(잠 8:10) 등으로 번역하고 있습니다. 하나님의 '징계'는 본래 바른 삶을 위한 훈련에 그 목적이 있다는 것을 기억해야 합니다.

좋은 습관을 지니기 위해서는 많은 시간과 훈련이 필요한 법입니다. 아이가 두 발로 걷기 위해서는 수도 없이 넘어져야 합니다. 그때 부모가 할 일이 무엇입니까? 넘어질 때마다 일으켜 세워주는 것입니다. 다시 걸을 수 있도록 용기를 북돋아 주는 것입니다. 그런데 만일 실수할 때마다 무조건 야단을 친다면 어떻게 되겠습니까? 아예 걸을 생각조차 하지 않을 겁니다.

하나님은 우리 몸에 거룩한 습관이 배일 때까지 우리를 훈련하십니다. 잘못을 잘못이라 일러주시고 바른길을 걸어가도록 격려하십니다. 그것이 성경이 말하려고 하는 하나님의 징계입니다. 만일 우리가 하나님 아버지의 마음과 의도를 잘 알고 있다면, 하나님의 징계를 억울하게 생각하거나 그분의 꾸지람을 언짢게 받아들이지는 않을 것입니다.

아버지의 마음

본문은 하나님의 마음을 '아버지의 마음'으로 설명합니다.

대저 여호와께서 그 사랑하시는 자를 징계하시기를 마치 아비가 그 기뻐하는 아들을 징계함 같이 하시느니라(12절).

우리말로는 앞 절과 똑같이 '징계'로 번역되어 있지만, 사실은 전혀 다른 단어입니다. 11절에서의 '징계'는 '무사르musar'였지만, 12절에서의 '징계'는 '야카흐yakach'입니다. '무사르'는 '훈육과 교정'을 강조하는 말이라면, '야카흐'는 잘못을 꾸짖고 나무라는 '견책譴責(prove)'을 강조하는 말입니다(레 19:17).

그렇습니다. 하나님 아버지는 우리의 잘못된 습관을 고치기 위해서 때로 심하게 꾸짖으십니다. 더러는 눈물이 나도록 따끔하게 매를 들기도 하십니다. 그러나 그 매는 우리를 죽이는 몽둥이가 아닙니다. 하나님은 결코 우리를 망하게 하는 분이 아닙니다. 하나님은 우리가 바르게 살아가는 모습을 보고 싶어 하십니다. 그래서 어떻게든 고쳐 주려고 하시는 것입니다.

자신의 자녀가 잘못된 길을 선택하거나 함부로 살아가는 모습을 보고도 그냥 가만히 보고만 있을 부모는 이 세상에 없을 것입니다. 만일 그렇게 하는 부모가 있다면, 그것은 그만큼 자식을 사랑하지 않는다는 뜻으로밖에 해석할 수 없습니다. 자녀의 목숨을 자신의 목숨보다 더 귀하게 여길 정도로 사랑하는 부모라면, 자녀의 잘못을 꾸짖고 나무라는 것을 두려워하지 않을 것입니다.

문제는 부모의 격한 감정이 사랑의 마음보다 앞서는 경우가 훨씬 많다는 사실입니다. 그래서 '사랑의 매'가 종종 '화풀이 몽둥이'가 되어 자녀의 육신과 영혼을 망가뜨리기도 하지요. 그것이 불완전한 인간이 가지고 있는 한계입니다. 그러나 하나님 아버지는 다릅니다. 우리를 사랑하기에 주저하지 않고 꾸짖으십니다. 꾸짖더라도 우리를 향한 하나님의 '기뻐하는 마음'을 한순간도 잊지 않으십니다.

하나님을 경외하는 사람은 이와 같은 하나님의 마음을 잘 압니다. 그래서 하나님의 꾸지람을 달게 받습니다. 하나님으로부터 매 맞는 것을 오히려 감사하게 생각합니다. 그것은 하나님이 그를 포기하지 않으셨다는 뜻이기 때문입니다. 그러나 하나님을 인정하지 않는 사람은 하나님의 징계를 싫어합니다. 심지어 하나님께 대들기도 합니다. 자식이 잘되기를 바라는 아버지의 마음을 알지 못하면 그렇게 불효자식이 되는 것입니다.

하나님의 사랑과 징계는 떼려야 뗄 수 없는 동전의 양면 같습니다. 우리를 사랑하기에 또한 징계하시고, 어떻게든 고쳐서 더욱 사랑하십니다. 지금 우리는 하나님의 사랑에 어떻게 반응하고 있습니까? 하나님 아버지의 징계에 어떤 태도를 보입니까? 사랑과 징계 모두 우리의 영적인 성장에 꼭 필요한 것입니다.

▫ 은혜 나누기
하나님으로부터 꾸지람을 들어본 경험이 있습니까? 그때 어떤 마음이 들었습니까?

▫ 공동 기도
하나님 아버지, 하나님 아버지로부터 받는 꾸지람을 언짢게 여기지 않게 해 주세요. 우리의 실수를 인정하고 빨리 잘못을 고치게 해 주세요. 그리고 우리를 포기하지 않으시는 하나님의 사랑을 바라보면서 더욱 하나님 앞에 가까이 나아가게 해 주세요. 예수님의 이름으로 기도합니다. 아멘.

2월 4주 네 손이 하나님의 손이다!

▫ 주님의 기도 주님이 가르쳐주신 기도로 가정예배를 시작합니다.

▫ 찬송 부르기 452장(내 모든 소원 기도의 제목)

▫ 성경 읽기 잠언 3:27-32

※ 개역개정판

27네 손이 선을 베풀 힘이 있거든 마땅히 받을 자에게 베풀기를 아끼지 말며 28네게 있거든 이웃에게 이르기를 갔다가 다시 오라, 내일 주겠노라 하지 말며 29네 이웃이 네 곁에서 평안히 살거든 그를 해하려고 꾀하지 말며 30사람이 네게 악을 행하지 아니하였거든 까닭 없이 더불어 다투지 말며 31포학한 자를 부러워하지 말며 그의 어떤 행위도 따르지 말라. 32대저 패역한 자는 여호와께서 미워하시나 정직한 자에게는 그의 교통하심이 있으며

※ 메시지성경

27도움이 필요한 사람이 있거든 그를 외면하지 마라. 그에게는 네 손이 하나님의 손이다. 28지갑에 돈이 있는데도 이웃에게 "다음에 오게" 하고 말하지 마라. "내일 주겠네"하고 말하지도 마라. 29너를 믿고 마음 놓고 사는 이웃에게 해 끼칠 궁리를 하지 마라. 30사사건건 시비조로 싸울 거리를 찾아다니지 마라. 31힘으로 밀어붙이며 사는 사람이 되지 마라. 왜 불량배 노릇을 하려느냐? 32너는 "왜 안 되는데?" 하고 말하지만, 하나님은 심사가 뒤틀린 자들을 참지 못하신다. 그분은 올곧은 이들을 존중하신다.

□ 말씀 나누기

오늘은 다른 사람과의 관계에 대해서 살펴보겠습니다. 인간은 다른 사람들과의 관계 속에서 존재하도록 창조되었습니다. 하나님은 "사람이 혼자 사는 것이 좋지 않다"(창 2:18) 하시면서 또 다른 인간을 '돕는 배필'로 창조하셨습니다. 그래서 유대인 철학자 부버^{Martin Buber}는 "태초에 관계가 있었다"고 선언했습니다. 우리 인간은 다른 사람과의 바른 관계 속에서만 존재의 의미와 가치를 발견할 수 있다는 것이지요.

오늘 본문은 하나님을 경외하는 우리가 다른 사람에게 마땅히 품어야 할 생각과 태도에 대해서 다룹니다.

도움이 필요한 사람

본문은 말합니다.

네 손이 선을 베풀 힘이 있거든 마땅히 받을 자에게 베풀기를 아끼지 말라(27절).

이 말씀에서 '마땅히 받을 자'(those who deserve it, NIV)라는 표현이 조금 눈에 거슬립니다. 다른 사람에게 도움을 받는 것을 마치 당연한 일처럼 말하고 있으니 말입니다. 여기에는 어떤 설명이 필요합니다. 우선 전제 조건을 눈여겨보십시오. 이것은 '선을 베풀만한 힘'을 가지고 있는 사람에게 주신 말씀입니다. 경제적인 여유가 있다든지, 체력이 뛰어나다든지, 아니면 영향력을 끼칠 수 있는 자리에 있다든지 해야 합니다. 그럴 때 누군가에게 실제적인 도움을 줄 수 있습니다.

그런데 보통은 아무리 능력이 있어도 그것을 다른 사람을 돕는 일에 선뜻 사용하려고 하지 않습니다. 왜냐면 자신의 노력으로 얻은 자신의 것으로 생각하기 때문입니다. 그러나 하나님을 경외하는 사람들은 다릅니다. 만일 남들보다 더 많은 능력이 있다면, 그것을 누군가를 도와주라고 하나님이 허락해 주신 은혜의 선물이라 여깁니다. 그래서 도움이 필요한 사람을 볼 때 주저하지 않고 베풀게 되는 것입니다.

메시지성경의 풀이가 우리 마음에 긴 여운을 남깁니다.

도움이 필요한 사람이 있거든 그를 외면하지 마라. 그에게는 네 손이 하나님의 손이다(27절, 메시지).

"그에게는 네 손이 하나님의 손이다"(Your hand is God's hand for that person). 정말 그렇습니다. 그 사람을 도와주기 위해서 하나님은 나에게 선을 베풀 힘을 주셨고 또한 그 사람을 나에게 붙여주셨습니다. 그러니 그를 도와주는 것이 '마땅한' 일입니다. 사실 이 세상에는 다른 사람을 도와줄 수 없을 만큼 아무것도 가지지 못한 사람은 없습니다. 비록 돈은 없을지 모르지만, 적어도 따뜻한 말 한마디는 얼마든지 해 줄 수 있습니다. '내게 있는 것으로' 도와주면 됩니다(행 3:6).

여기에서 정말 중요한 것은 도움이 필요한 사람을 외면하지 않는 기본자세입니다. 하나님으로부터 시작하는 인생은 결코 그런 이웃을 모른척하지 않습니다.

평안히 사는 이웃

이 세상에는 우리의 도움이 필요한 사람들만 있는 것은 아닙니다. 우리보다 훨씬 더 좋은 환경 속에서 잘 먹고, 잘 사는 사람들도 적지 않습니다. 그들에게는 과연 어떤 태도를 보여야 할까요?

네 이웃이 네 곁에서 평안히 살거든 그를 해하려고 꾀하지 말며 사람이 네게 악을 행하지 아니하였거든 까닭 없이 더불어 다투지 말며(29-30절).

본문은 평안히 사는 이웃에게 해 끼칠 궁리를 하지 말라고 합니다. 까닭 없이 다투지 말라고 합니다. 메시지성경은 "사사건건 시비조로 싸울 거리를 찾아다니지 마라"고 합니다. 뜻밖의 말씀입니다. 아니 우리 곁에서 평안하게 사는 이웃인데, 우리에게 아무런 악을 행하지도 않았는데 그렇게 못된 짓을 하는 사람들이 있다는 말일까요? 물론 있습니다. 이 세상에는 '남 잘 되는 꼴 못 보는' 그런 종류의 사람들이 있습니다.

사실 우리보다 잘사는 사람을 부러워하는 것은 문제가 아닙니다. 얼마든지 부러워할 수 있습니다. 그러나 그 부러움이 곧잘 시기심으로 발전하게 된다는 것이 문제입니다. 이 세상에는 자신보다 능력이 많은 사람에 대해서 적대적인 감정을 품고 있는 사람들이 생각보다 참 많이 있습니다. 평소에는 드러내놓고 말하지는 않지만, 어떤 이슈가 생기면 어김없이 그 적대적인 감정을 드러내곤 합니다.

그런 사람들을 가리켜서 성경은 '패역悖逆한 자'라고 말합니다. 사람으로서 마땅히 하여야 할 도리에 어긋나는 태도를 보이는 사람이라는 뜻입니다. 메시지성경은 '심사가 뒤틀린 자들'(twisted souls)이라고 표현합니다. 하나님은 그런 사람들을 미워하십니다. 그런 사람들을 참지 못하십니다.

그렇다면 우리보다 능력이 많은 사람에 대해서 우리는 어떤 마음을 가져야 할까요? 앞에서 묵상한 말씀과 같습니다. 그를 '하나님의 손'으로 생각하면 됩니다. 누군가를 돕기 위해서 하나님이 사용하시는 통로라고 생각하면 됩니다. 물론 하나님이 주신 능력을 바르게 사용하지 않는 사람들도 많이 있습니다. 그러나 그것은 하나님이 판단하실 일이지, 불량배처럼 우리가 직접 그런 사람들과 싸우려고 하면 안 됩니다.

인류의 역사를 통해서 가진 자와 가지지 못한 자의 갈등과 대립이 계속되어 온 것도 바로 그 때문입니다. 가진 자는 도움이 필요한 사람에게 마땅히 '하나님의 손'이 되어주어야 합니다. 가지지 못한 자는 능력이 많은 사람을 '하나님의 손'으로 인정해 주어야 합니다. 그런데 서로 그렇게 하지 않습니다. 그래서 사회 계층 간의 반목과 다툼이 생기는 것입니다.

기억하십시오. 내 손은 그냥 내 손이 아닙니다. 누군가에게 도움을 주도록 하나님이 사용하시는 손입니다. 그렇게 하나님께 쓰임 받으면서 사는 것이 지혜로운 삶이요 또한 복 있는 삶입니다.

▫ 은혜 나누기

주변에 도움이 필요한 사람이 있습니까? 어떻게 해야 그 사람에게 '하나님의 손'이 될 수 있을지 함께 나누어 봅시다.

▫ 공동 기도

하나님 아버지, 기껏해야 나 자신만 알고 가족만 생각하는 우리의 좁은 마음을 용서해 주세요. 이제부터는 도움이 필요한 사람에게 하나님의 손을 펼칠 수 있게 해 주세요. 또한 그렇게 할 수 있도록 더 많은 능력을 갖출 수 있게 우리를 도와주세요. 예수님의 이름으로 기도합니다. 아멘.

3월 1주 먼저 얻어야 할 것

▫ 주님의 기도 주님이 가르쳐주신 기도로 가정예배를 시작합니다.

▫ 찬송 부르기 199장(나의 사랑하는 책)

▫ 성경 읽기 잠언 4:4-8

※ 개역개정판

4아버지가 내게 가르쳐 이르기를 내 말을 네 마음에 두라. 내 명령을 지키라. 그리하면 살리라. 5지혜를 얻으며 명철을 얻으라. 내 입의 말을 잊지 말며 어기지 말라. 6지혜를 버리지 말라. 그가 너를 보호하리라. 그를 사랑하라. 그가 너를 지키리라. 7지혜가 제일이니 지혜를 얻으라. 네가 얻은 모든 것을 가지고 명철을 얻을지니라. 8그를 높이라. 그리하면 그가 너를 높이 들리라. 만일 그를 품으면 그가 너를 영화롭게 하리라.

※ 메시지성경

4이 가르침을 마음에 새기고 내 말대로 행하여라. 그리하면 네가 살 것이다! 5모든 것을 팔아 지혜를 사거라. 명철을 찾아 나서라. 내 말을 한 마디도 잊지 말고, 거기서 한 치도 벗어나지 마라. 6지혜를 외면하지 마라. 그것이 네 목숨을 지켜 줄 것이다. 지혜를 사랑하여라. 그것이 너를 돌봐 줄 것이다. 7무엇보다 먼저 지혜를 얻어라! 명철을 무엇보다 귀하게 여기고 그것을 구하여라! 8지혜를 껴안으라. 분명히 말하지만, 지혜 덕분에 네가 영광스럽게 살게 될 것이다.

무슨 일이든지 우선순위가 분명해야 합니다. 먼저 해야 할 일과 나중에 해야 할 일의 순서가 있어야 합니다. 그렇지 않으면 뒤죽박죽으로 인생을 살게 됩니다. 게다가 아무리 열심히 일해도 성취감을 맛보기가 쉽지 않습니다. 왜냐면 그 누구도 모든 일을 동시에 잘 해낼 수는 없기 때문입니다. 차라리 한두 가지를 선택하고 그 일에 집중하는 것이 훨씬 더 지혜롭습니다.

그런데 인간의 욕심이 문제입니다. 욕심은 모든 것을 다 가지고 싶어 하게 만들고 또한 실제로 가질 수 있다고 착각하게 합니다. 아닙니다. 하나를 선택하면 다른 것은 포기해야 합니다. 어느 곳에 가기로 작정했다면 동시에 다른 곳에 갈 수 없다는 사실을 알아야 합니다. 같은 시간 동시에 두 장소에 있을 수는 없습니다. 그것이 인간이 가지고 있는 한계입니다.

우리가 모든 일을 할 수 없다면, 가장 먼저 선택해야 할 일이 무엇일까요? 우리가 모든 것을 가질 수 없다면, 가장 먼저 얻어야 할 것이 무엇일까요? 오늘 우리가 묵상할 내용입니다.

아버지의 훈계

솔로몬은 아버지 다윗이 그에게 가르쳐준 말을 상기합니다.

이 가르침을 마음에 새기고 내 말대로 행하여라. 그리하면 네가 살 것이다!(4절, 메시지)

다윗은 훌륭한 인격을 가진 사람이었습니다. 지금도 여전히 유대인들에게 가장 존경받는 민족적인 지도자로 남아 있습니다. 하지만 그에게도 부족함과 실수가 많이 있었습니다. 그의 가르침이 항상 옳다고 말할 수는 없습니다. 이 땅의 모든 아버지가 완벽하다고 말할 수 없듯이, 다윗도 완벽한 아버지는 아니었습니다. 그렇다면 아버지의 가르침을 무조건 따라야 할 이유는 없습니다. 아버지의 명령을 지킨다고 해서 잘 살게 될 것이라는 보장도 없습니다.

그러나 솔로몬이 이렇게 힘주어서 말하고 있는 이유는 그 가르침이 아버지 다윗한테서 나온 것이 아니기 때문입니다. 솔로몬에게 남긴 유언에서 다윗은 이렇게 말했습니다.

다윗이 죽을 날이 임박하매 그의 아들 솔로몬에게 명령하여 이르되
네 하나님 여호와의 명령을 지켜 그 길로 행하여 그 법률과 계명과 율례와 증거를 모세의 율법에 기록된 대로 지키라. 그리하면 네가 무엇을 하든지 어디로 가든지 형통할지라(왕상 2:1, 3).

그러니까 다윗이 솔로몬에게 명령한 내용은 곧 모세를 통해서 이스라엘 백성에게 주신 하나님의 명령이었습니다. 그 가르침을 평생 마음에 새기면서 살라고 말하고 있는 것입니다. 그리하면 무엇을 하든지 어디로 가든지 '형통'할 것이라 말합니다. 우리말 '형통亨通'이란 모든 일이 '뜻대로' 잘 되어 가는 것을 의미합니다. 그런데 '뜻대로'라고 하여 사람이 마음먹은 대로 잘 되는 것으로 생각하면 안 됩니다.

요셉을 보십시오. 그는 약관 30세에 애굽의 국무총리가 된 지혜로운 사람입니다. 성경은 "여호와께서 그를 범사에 형통하게 하셨다"(창 39:23)고 합니다. 그러나 실제로 요셉의 인생은 힘난했습니다. 형들에게 배신당하여 종으로 팔려 왔고, 억울한 누명을 쓰고 옥살이를 했습니다. 생각지도 않은 나쁜 일들이 자꾸 벌어졌습니다. 그런데도 성경은 요셉을 '형통한 자'라고 말합니다. 그 이유가 무엇일까요?

모든 일이 '뜻대로' 잘 되어 갔기 때문입니다. 누구의 뜻일까요? 그렇습니다. 하나님의 뜻입니다. 만일 요셉의 뜻대로 잘 되는 것이 '형통'이었다면, 그가 종으로 팔려 오거나 억울하게 옥살이를 해서는 안 될

니다. 그러나 하나님의 뜻대로 잘 되는 것이라면, 얼마든지 그럴 수 있습니다. 왜냐면 하나님은 어떤 상황도 축복의 재료로 사용하실 수 있기 때문입니다.

다윗은 자신의 인생살이를 통해서 그 진리를 깨달았고, 솔로몬에게 그것을 말했습니다. 그리고 솔로몬 역시 그 진리를 여기에서 그대로 반복하고 있는 것입니다.

인생의 우선순위

아버지로서 자녀들에게 남기는 솔로몬의 훈계는 아주 단순 명료합니다.

> 모든 것을 팔아 지혜를 사거라. … 지혜를 외면하지 마라. … 지혜를 사랑하여라. … 무엇보다 먼저 지혜를 얻어라! … 지혜를 껴안으라(메시지).

같은 말이 계속 반복되고 있지요. 지혜를 얻는 것이 인생의 최우선 순위가 되어야 한다는 겁니다. 그런데 이 세상에 지혜로워지고 싶지 않은 사람이 과연 있을까요? 그리고 "지혜를 얻어라!"라고 아무리 말한다고 해서 과연 지혜를 얻게 될까요? 여기에서 우리는 솔로몬이 말하고 있는 '지혜'란 세상 사람들이 흔히 생각하고 있는 그런 지혜가 아니라는 사실을 기억할 필요가 있습니다.

잠언을 시작하는 대목에서 "여호와를 경외하는 것이 지식의 근본이라"(잠 1:7)라고 했습니다. 성경이 말하는 지혜는 하나님으로 시작하는 것입니다. 하나님께 엎드림으로 배움의 첫걸음을 떼는 것이 지혜입니다. 하나님의 말씀에 귀를 기울이고 그 말씀에 따라서 순종하여 살아가는 것이 지혜입니다. 그것이 인생의 최우선 순위가 되어야 합니다. 그래야 하나님 안에서 인생의 본래 목적을 잃어버리지 않게 되고, 그 위에 세상의 지식이 더해질수록 성숙한 인격으로 성장할 수 있는 것입니다.

그런데 사람들은 어떻게 합니까? 세상의 지식을 갖출 때까지 하나님의 말씀 배우기를 중단해도 된다고 생각합니다. 그래서 대학에 들어가고 취직을 하고 자리를 잡을 때까지 신앙생활을 멈춥니다. 그러다가 어느 정도 여유가 생긴 후에, 하고 싶은 일 다 해보고 난 후에 하나님을 찾습니다. 순서가 뒤바뀐 것입니다. 그렇게라도 하나님을 찾는다면 다행입니다. 대부분은 평생 하나님과 상관없이 살다가 일생을 마치게 되니 말입니다.

첫 단추를 잘 끼어야 합니다. 하나님을 경외하는 것이 우선입니다. 하나님의 지혜를 얻는 것이 먼저입니다. 그렇게 하나님을 높이면 하나님이 우리를 높여 주십니다. 하나님의 지혜를 품으면 그 지혜가 우리를 영화롭게 합니다. 하나님의 뜻에 따라서 우리를 형통한 삶으로 인도합니다.

▫ 은혜 나누기

지금 나에게 가장 중요한 사람 또는 일, 세 가지를 말해봅시다. 그중에 하나님은 몇 번째에 있습니까?

▫ 공동 기도

하나님 아버지, 우리의 인생에서 돈이 우선이 되지 않게 해 주세요. 아무리 해야 할 일이 많아도 그것이 하나님보다 앞서지 않게 해 주세요. 아무리 다급한 일을 만나더라도 하나님과의 관계를 놓치지 않게 해 주세요. 어떤 상황 속에서도 가장 먼저 하나님을 선택하게 해 주세요. 예수님의 이름으로 기도합니다. 아멘.

3월 2주 네 마음을 지켜라!

- 주님의 기도 주님이 가르쳐주신 기도로 가정예배를 시작합니다.
- 찬송 부르기 455장(주님의 마음을 본받는 자)
- 성경 읽기 잠언 4:23-27

  ※ 개역개정판

  23모든 지킬 만한 것 중에 더욱 네 마음을 지키라. 생명의 근원이 이에서 남이니라. 24구부러진 말을 네 입에서 버리며 비뚤어진 말을 네 입술에서 멀리하라. 25네 눈은 바로 보며 네 눈꺼풀은 네 앞을 곧게 살펴 26네 발이 행할 길을 평탄하게 하며 네 모든 길을 든든히 하라. 27좌로나 우로나 치우치지 말고 네 발을 악에서 떠나게 하라.

  ※ 메시지성경

  23두 눈을 부릅뜨고 네 마음을 지켜라. 마음은 생명의 근원이다. 24한 입으로 두말하지 말고 경솔한 농담, 악의 없는 거짓말, 잡담을 피하여라. 25똑바로 앞만 쳐다보고 온갖 엉뚱한 것들에는 눈길도 주지 마라. 26조심조심 걸어라! 그러면 네 앞길이 평탄하게 펼쳐질 것이다. 27오른쪽으로나 왼쪽으로나 한눈팔지 말고 악으로부터 멀리 떨어져라.

- 말씀 나누기

  지난 시간에는 인생의 우선순위를 '지혜'를 얻는 일에 두어야 한다는 말씀을 묵상했습니다. 진정한 지혜는 하나님을 경외하는 것으로부터 시작됩니다. 세상의 지식을 갖추고 난 후에, 마음 내키는 대로 인생을 살아본 후에, 나중에 하나님이 주시는 지혜를 찾으려고 하지 말라고 했습니다. 먼저 할 일을 먼저 하는 것이 지혜로운 삶의 비결입니다.

오늘은 '마음을 지키는 것'에 대해서 살펴보겠습니다.

생명의 근원

본문은 이렇게 말합니다.

모든 지킬 만한 것 중에 더욱 네 마음을 지키라. 생명의 근원이 이에서 남이니라(23절).

우리말 '지키다'에 해당되는 히브리어 '나차르natzar'는 성경 다른 곳에서는 '보호하다'(guard, 신 32:10), '감찰하다'(watch, 욥 7:20) 등으로 번역되고 있는 말입니다. 그러니까 "마음을 지키라"는 말씀은 마음을 잘 살피고 보호하라는 뜻입니다. 우리에게는 지켜야 할 것이 많이 있습니다. 건강도 지켜야 하고, 가정도 지켜야 하고, 사업도 지켜야 합니다. 그러나 그 모든 것보다 자신의 마음을 더욱 지켜야 한다는 말씀입니다.

그 이유가 무엇입니까? '생명의 근원'이 마음에서 나오기 때문입니다. NASB성경은 이를 '생명의 샘물'(the springs of life)이라고 표현합니다. 사람은 물을 먹지 않고는 살 수 없습니다. 만일 오염된 물을 먹는다면 몸이 병들거나 생명이 단축됩니다. 마찬가지로 만일 마음에 담고 있는 생각이 오염되어 있다면, 그 사람은 건강하게 살 수 없습니다. 그렇기에 무엇보다도 마음을 잘 지켜야 합니다.

메시지성경의 풀이가 아주 실감 납니다.

두 눈을 부릅뜨고 네 마음을 지켜라. 마음은 생명의 근원이다(23절, 메시지).

비장한 각오가 느껴지지 않습니까? 두 눈을 부릅뜨고 마음을 지키라고 하니 말입니다. 그만큼 중요하다는 뜻입니다. 그런데 우리말로는 "마음은 생명의 근원이다"라고 번역되어 있지만, 영어 원문을 읽어 보면 그 뉘앙스가 약간 다릅니다. "마음은 생명이 출발하는 곳이 다"(That's where life starts).

그렇습니다. 마음에서 삶과 죽음이 결정됩니다. 아무리 어려운 문제에 이중 삼중으로 겹겹이 둘러싸여 있다 하더라도 어떻게든 살아보기로 마음을 먹는다면 또한 얼마든지 살길이 열리게 되어 있습니다. 그러나 조그만 어려움에도 쉽게 마음이 무너져서 자꾸만 죽고 싶다는 생각을 하게 되면 실제로 그런 일이 벌어지게 되어 있습니다.

또한 마음에서 선한 사람과 악한 사람이 결정됩니다. 예수님은 이렇게 말씀하셨습니다. "선한 사람은 마음에 쌓은 선에서 선을 내고 악한 사람은 그 쌓은 악에서 악을 낸다"(눅 6:45). 선인이나 악인은 태어날 때부터 결정되는 것이 아닙니다. 살아가면서 그 마음에 어떤 생각을 쌓느냐에 따라서 선한 사람이 되기도 하고, 악한 사람이 되기도 하는 것입니다.

마음은 생명이 출발하는 곳입니다. 마음은 인간의 됨됨이와 정체성을 결정하는 곳입니다. 그러니 두 눈을 부릅뜨고 지켜내야 합니다.

분명한 기준

그런데 우리의 마음을 지킬 방법이 과연 무엇일까요? 머리 위로 날아다니는 모든 새를 우리가 막을 수 없듯이, 우리의 마음에 시도 때도 없이 들어오는 온갖 나쁜 생각을 다 막을 수는 없는 일입니다. 그렇다면 무슨 수로 우리의 마음을 지킬 수 있다는 것일까요?

메시지성경은 "한 입으로 두말하지 말라"고 합니다. '경솔한 농담'(careless banter)이나 '악의 없는 거짓말'(white lies)이나 '잡담'(gossip)을 피하라고 합니다. 입에서 나오는 악한 말을 경계하라는 권면입니다. 그

리고 똑바로 앞만 쳐다보고, 온갖 엉뚱한 것들(all sideshow distractions)
에는 눈길도 주지 말라고 합니다. 눈에 보이는 악한 유혹을 조심하라는
것입니다. 그러면 앞길이 평탄하게 펼쳐질 것이라고 합니다.

그런데 사실 이런 식으로 말하기 시작하면 한도 끝도 없습니다. 우
리의 마음을 비집고 들어오려고 하는 온갖 악한 것들이 그 외에도 수
를 헤아릴 수 없을 정도로 많기 때문입니다. 그리고 그것이 정말 악한
지, 어떤지 우리의 능력으로 분별할 수 없는 경우도 얼마나 많은지 모
릅니다. 그렇다면 어떻게 해야 할까요? 그 해답이 오늘 본문에 기록되
어 있습니다.

좌로나 우로나 치우치지 말고 네 발을 악에서 떠나비 하라(27절).

좌우를 분별하려면 먼저 기준이 정해져 있어야 합니다. 그 기준선
에서 왼쪽으로 치우치지도 말고 오른쪽으로 치우치지도 말라는 것입
니다. 기준선을 벗어나지 않고 그것에 따라서 살면 악에서 떠나게 될
것이라는 말씀입니다. 성경이 가르치는 기준은 분명합니다. 바로 하
나님의 말씀입니다.

그런즉 너희 하나님 여호와께서 너희에비 명령하신 대로 너희는 삼가 행하여
좌로나 우로나 치우치지 말고(신 5:32).

하나님의 가르침과 명령이 하나님의 백성으로서 우리가 살아가야
할 삶의 기준입니다. 그 기준을 떠나서 조금이라도 좌로나 우로나 치
우치는 것은 모두 악한 것입니다. 악한 생각으로부터 우리의 마음을
지키려면 우리의 마음에 이 기준선이 분명하게 그려져 있어야 합니다.
그리고 그 길에서 벗어나지 말아야 합니다.

어렸을 때는 비교적 그 선이 분명합니다. 그러나 나이가 들어 자신
의 주관적인 생각이 고개를 들면서 그 선이 점점 희미해지기 시작합니
다. 기준이 모호해지니까 세상의 생각들과 적당히 타협하게 되고, 점

점 세상의 즐거움에 맛 들이게 됩니다. 그리하여 마침내 온갖 악한 생각에 무감각한 무방비 상태가 되고 마는 것입니다.

따라서 마음을 지키려면 기준선을 분명하게 그려야 합니다. 그리고 어떤 일이 있더라도 그 기준에서 떠나지 않도록 해야 합니다. 하나님이 창조하신 우리 인생의 성공과 실패가 바로 그것에 달려있습니다.

▫ 은혜 나누기

내 마음에 하나님 말씀의 기준선이 분명하게 그려져 있습니까? 그렇지 않다면 그 이유는 무엇이라고 생각합니까? 자기 생각을 솔직하게 나누어 보십시오.

▫ 공동 기도

하나님 아버지, 우리가 품는 마음의 생각이 우리를 건강하게 하고 또한 살리게 하는 것이 되게 해 주세요. 그러기 위해서 우리의 마음에 하나님 말씀의 기준선이 분명하게 그려지게 하시고, 그 기준에서 조금이라도 벗어나지 않도록 우리를 지켜주세요. 예수님의 이름으로 기도합니다. 아멘.

3월 3주 네 아내를 즐거워하라!

- 주님의 기도 주님이 가르쳐주신 기도로 가정예배를 시작합니다.
- 찬송 부르기 559장(사철에 봄바람 불어 잇고)
- 성경 읽기 잠언 5:15-21

  ※ 개역개정판

  15너는 네 우물에서 물을 마시며 네 샘에서 흐르는 물을 마시라. 16어찌하여 네 샘물을 집 밖으로 넘치게 하며 네 도랑물을 거리로 흘러가게 하겠느냐. 17그 물이 네게만 있게 하고 타인과 더불어 그것을 나누지 말라. 18네 샘으로 복되게 하라. 네가 젊어서 취한 아내를 즐거워하라. 19그는 사랑스러운 암사슴 같고 아름다운 암노루 같으니 너는 그의 품을 항상 족하게 여기며 그의 사랑을 항상 연모하라. 20내 아들아 어찌하여 음녀를 연모하겠으며 어찌하여 이방 계집의 가슴을 안겠느냐. 21대저 사람의 길은 여호와의 눈앞에 있나니 그가 그 사람의 모든 길을 평탄하게 하시느니라.

  ※ 메시지성경

  15이런 격언을 아느냐? "네 빗물통의 물을 마시고 네 샘에서 솟아난 우물물을 길어 올리라." 16맞는 말이다. 그렇지 않으면 어느 날 집에 돌아와 빈 물통과 오염된 우물을 보게 될 것이다. 17네 샘물은 너 혼자만의 것이니, 낯선 자들과 나누지 마라. 18맑은 물이 흐르는 네 샘을 복되게 하여라! 젊은 시절에 너와 결혼한 아내를 즐거워하여라! 19천사처럼 사랑스럽고 장미처럼 아리따운 여인이니 언제까지고 아내의 육체에서 기쁨을 얻어라. 아내의 사랑을 결코 당연하게 여기지 마라! … 21명심하여라. 하나님은 네가 하는 일을 하나도 놓치지 않으시고 네 모든 발걸음을 아신다.

지난 시간에는 '마음을 지키는 것'이 얼마나 중요한지에 대해서 살펴보았습니다. 마음은 생명이 출발하는 곳이며, 인간의 됨됨이와 정체성을 결정하는 곳이라고 했습니다. 그렇기에 두 눈을 부릅뜨고 지켜내야 합니다. 문제는 마음을 지켜내는 방법입니다. 굳게 결심한다고 해서 실제로 마음을 지킬 수 있는 것은 아니기 때문입니다. 성경이 가르쳐 주는 방법이 있습니다. 그것은 하나님의 말씀을 삶의 기준으로 삼아 그 길에서 벗어나지 않는 것입니다.

오늘 우리가 살펴볼 내용은 아내에 대한 '남편의 마음'입니다. 세상 사람들은 흔히 '여자의 마음'을 바람에 날리는 '갈대'로 비유하곤 합니다. 그러나 그렇게 일반화시켜 말하는 것은 위험천만한 일입니다. 흔들리는 여자나 흔들리지, 모든 여자가 다 그러는 것은 아닙니다. 도리어 성경은 결혼 생활에서 마음을 지켜야 할 당사자로 남편을 지목합니다. 남편의 마음이 그만큼 더 걱정스럽다는 뜻입니다.

남편의 마음

본문은 이렇게 말합니다. "너는 네 우물에서 물을 마시며 네 샘에서 흐르는 물을 마시라"(15절). 여기에서 '우물'과 '샘'은 배우자에 대한 비유적인 표현입니다(아 4:15). '네 우물' 또는 '네 샘'과 같이 소유격으로 표현하는 것은 결혼을 통해서 배우자와 특별한 관계, 즉 남들이 끼어들지 못하는 배타적인 관계에 들어갔다는 뜻입니다. 그래서 "그 물은 너 혼자만의 것으로 삼고, 다른 사람들과 나누지 말라"(17절, 새번역)고 말하는 것입니다. 결혼 생활의 즐거움은 오직 당사자들끼리만

나눌 수 있는 특권입니다.

그런데 세월의 흐름에 따라서 더러 마음이 변하기도 합니다. 처음에는 그토록 사랑스럽게 여기고, 아름답게 여기던 아내를 이제는 같은 눈으로 바라보지 않게 됩니다. 그래서 본문은 말합니다. "네 샘으로 복되게 하라. 네가 젊어서 취한 아내를 즐거워하라"(18절). 이에 대한 새번역성경의 풀이가 더 쉽게 다가옵니다. "네 샘이 복된 줄 알고, 네가 젊어서 맞은 아내와 더불어 즐거워하여라"(18절, 새번역). 아내를 복으로 알고 감사하며 살아야 하는데, 그러지 않는 남편이 있다는 겁니다.

그 이유가 무엇일까요? 마음을 지키지 못했기 때문입니다. 마음에 들어오는 잘못된 생각을 떨쳐버리지 못했기 때문입니다. 대부분 사회적으로나 경제적으로 어느 정도 성공한 후에 이런 유혹에 빠지는 것을 흔히 목격하게 됩니다. "도둑질한 물이 달고 몰래 먹는 떡이 맛이 있다"(잠 9:17)는 말처럼, 젊어서 결혼한 아내가 아니라 다른 여인에게로 눈을 돌리는 것이지요. 그러나 육신의 정욕에 따라 사는 것은 하나님이 정해 놓은 지혜로운 삶이 아닙니다. 오히려 불행한 결말로 달려가는 지름길입니다.

메시지성경은 이렇게 말합니다. "아내의 사랑을 결코 당연하게 여기지 마라!"(19절, 메시지) 그렇습니다. 아내의 사랑은 결코 당연한 것이 아닙니다. 만일 다른 곳에 마음을 빼앗겨 살다가는 집에 돌아왔을 때 '빈 물통'과 '오염된 우물'을 보게 될 것을 각오해야 합니다(16절, 메시지).

돕는 배필

그렇다면 이러한 유혹에 넘어가지 않기 위해서 어떻게 해야 할까요? 아주 간단합니다. 하나님을 경외하면 됩니다. 하나님을 경외하는 사람은 모든 일 속에 하나님을 포함하여 생각한다고 했습니다. 결혼 생활도 마찬가지입니다. 하나님을 경외하는 사람은 단지 자신의 감정이나 기분에 따라서 배우자를 선택하지 않습니다. 두 사람에게 부부의 인연을 맺게 해 주신 진정한 중매인, 하나님을 늘 기억합니다.

그래서 본문은 "대저 사람의 길은 여호와의 눈앞에 있다"(21절)고 말합니다. 메시지성경은 "하나님은 네가 하는 일을 하나도 놓치지 않으시고 네 모든 발걸음을 아신다"(21절, 메시지)고 풀이합니다. 하나님은 우리가 무슨 생각을 하는지, 어떤 일을 하는지 다 보고 계신다는 것입니다. 우리가 실수하기를 기다렸다가 벌주기 위해서가 아닙니다. 그만큼 우리를 사랑하시고 관심을 가지고 계신다는 뜻입니다. 우리가 하나님의 뜻대로 살아가는 모습을 보고 싶어 하시는 것입니다.

결혼 생활에 대한 하나님의 기대는 분명합니다. 서로에게 '돕는 배필'(창 2:18)이 되는 것입니다. 그런데 '돕는 배필'을 주연主演을 돋보이게 도와주는 조연助演으로 오해하면 안 됩니다. '배필配匹'에서 '배配'는 배우자를 의미하고, '필匹'은 '짝' 또는 '맞수'를 의미합니다. 부부夫婦로서 서로에게 짝이 되면서, 동시에 맞상대가 될 만한 사람을 의미하는 것입니다. 물론 싸움의 맞상대가 아니라 인격과 사랑과 도움의 맞상대입니다. '돕는 배필'이란 하나님을 대신하여, 하나님처럼 돕는 자입니다.

부부는 서로에게 그런 사람이 되어야 합니다. 결혼 서약을 통해서 그렇게 살기로 약속했습니다. 우리 주님은 "하나님이 짝지어 주신 것을 사람이 갈라놓아서는 안 된다"(마 19:6, 새번역)고 말씀하셨습니다. 그런데 많은 경우에 결혼 당사자들이 스스로 부부 관계를 갈라놓는 것을 봅니다. 그 이유가 무엇일까요? 하나님을 포함하여 시작하지 않았기 때문입니다. 아니 처음에는 하나님을 포함하여 시작했지만, 세월이 흐르면서 다른 생각을 품게 되었기 때문입니다. 마음을 지키지 못했기 때문입니다.

하나님이 원하시는 가정을 만들어가기 위해서는 '남편의 마음'이 결정적으로 중요합니다. 특히 아내에 대해서 다른 마음을 품으면 안 됩니다. 단지 희끗희끗해지는 머리카락이나 늘어나는 잔주름이나 굵어가는 허리로만 그 가치를 평가하려고 하면 안 됩니다. 젊은 시절에 결혼한 아내를 하나님께서 붙여주신 '돕는 배필'로 인정하고 평생 귀하게 여겨야 합니다.

무엇이든 뿌리는 대로 거두는 법입니다. 아내를 존중하면 아내의 존중을 받게 됩니다. 부부가 서로를 존중하면, 그 모습을 보며 자라나는 자녀들의 존경을 받게 됩니다. 이와 같은 복은 오직 하나님 말씀의 기준에서 좌로나 우로나 치우치지 않는 가정에만 부어집니다. 그리고 그 모든 일은 '남편의 마음'에 달려 있습니다.

□ 은혜 나누기
화목한 가정을 만들기 위해서 내가 할 수 있는 일이 무엇이라고 생각합니까? 각자의 생각을 말해봅시다.

□ 공동 기도
하나님 아버지, 우리 가정은 하나님이 원하시는 아름다운 가정이 되기를 원합니다. 아빠와 엄마가 '돕는 배필'이 되어 서로를 존중하게 해 주시고, 자녀들은 부모를 존경하며 따르게 해 주세요. 그렇게 하나님이 주시는 복을 누리는 우리 가정이 되게 해 주세요. 예수님의 이름으로 기도합니다. 아멘.

3월 4주 개미에게 얻는 지혜

□ 주님의 기도 주님이 가르쳐주신 기도로 가정예배를 시작합니다.

□ 찬송 부르기 330장(어둔 밤 쉬 되리니)

□ 성경 읽기 잠언 6:6-11

※ 개역개정판

6게으른 자여, 개미에게 가서 그가 하는 것을 보고 지혜를 얻으라. 7개미는 두령도 없고 감독자도 없고 통치자도 없으되 8먹을 것을 여름 동안에 예비하며 추수 때에 양식을 모으느니라. 9게으른 자여 네가 어느 때까지 누워 있겠느냐. 네가 어느 때에 잠이 깨어 일어나겠느냐. 10좀더 자자, 좀더 졸자, 손을 모으고 좀더 누워 있자 하면 11네 빈궁이 강도같이 오며 네 곤핍이 군사같이 이르리라.

※ 메시지성경

6게으르고 어리석은 자여, 개미를 보아라. 개미를 자세히 지켜보고 한 수 배워라. 7아무도 할 일을 일러 주지 않지만, 8개미는 여름내 먹이를 마련하고 추수철에 양식을 비축한다. 9너는 언제까지 하는 일 없이 빈둥거리려느냐? 언제 잠자리에서 일어나려느냐? 10"여기서도 자고, 저기서도 자자. 여기서도 하루 쉬고, 저기서도 하루 쉬자. 편히 앉아 느긋하게 쉬자" 하면 무슨 일이 닥치는지 아느냐? 11바랄 것은 단 하나, 찢어지게 가난한 생활뿐이다. 가난이 네 영원한 식객이 된다!

하나님은 이 세상을 창조하신 분입니다. 하늘과 바다와 그사이에
존재하는 모든 생물은 다 하나님의 작품입니다. 그중에 가장 위대한
걸작은 물론 사람입니다. 하나님은 손수 흙을 빚어서 사람을 만드시
고 생기를 그 코에 불어 넣으셨습니다(창 2:7). 각종 들짐승과 새도 역
시 하나님이 직접 흙으로 지으신 것들입니다(창 2:19). 모두 나름의 목
적을 가지고 이 세상에 존재하게 된 것입니다.

사도 바울이 말한 것처럼 우리는 자연과 만물을 통해서 창조주 하
나님의 영원하신 능력과 신성을 발견할 수 있습니다(롬 1:20). 예수님
은 '공중의 새'와 '들의 백합화'를 통해서 우리를 향하신 하나님의 마음
을 깨닫게 하셨습니다(마 6:26, 28). 지동설地動說을 주장한 갈릴레오
Galileo Galilei는 이렇게 말했습니다. "우리는 하나님의 솜씨를 자연이라
는 책에서 배운다." 그렇습니다. 우리가 자연을 통해서 배워야 할 것이
참 많이 있습니다.

오늘 본문은 개미가 하는 것을 보고 지혜를 얻으라고 말씀합니다.
만물의 영장이라고 하는 우리 인간이 작은 개미를 지켜보면서 '한 수'
배울 것이 있다고 합니다. 그것이 무엇일까요?

시키지 않아도 일하는 지혜

본문은 이렇게 말합니다. "개미는 두령도 없고 감독자도 없으되 먹
을 것을 여름 동안에 예비하며 추수 때에 양식을 모으느니라"(7-8절).
우리는 『개미와 베짱이』의 이솝 우화를 잘 알고 있습니다. 개미는 여
름내 열심히 일해서 추운 겨울을 아무 걱정 없이 보내게 되었지만, 놀
기만 했던 베짱이는 추위에 떨며 고생하게 되었다는 것입니다. 부지
런히 노력하여 준비하면 그만큼의 보상이 돌아온다는 교훈을 담고 있

는 이야기입니다.

그러나 오늘 본문이 주목하고 있는 것은 개미의 부지런함이 아닙니다. 오히려 우두머리의 지시가 없어도 자기가 해야 할 일을 묵묵히 해내고 있는 모습입니다. 메시지성경은 "아무도 그에게 할 일을 일러 주지 않았다"(Nobody has to tell it what to do)고 말합니다. 그런데도 개미는 더운 여름 내내 부지런히 일한 것입니다. 어떻게 그럴 수 있을까요? 자신이 창조된 목적을 잘 알기 때문입니다.

바울은 에베소서에서 두 종류의 종에 대해서 말합니다. 하나는 '눈가림만 하여 사람을 기쁘게 하는 종'이고 다른 하나는 '주께 하듯 기쁜 마음으로 섬기는 종'입니다(엡 6:6-7). '눈가림'을 NASB성경은 '아이-서비스eye-service'라고 표현합니다. 주인이 지켜볼 때만 일한다는 뜻입니다. 그 반면에 윗사람이 지켜보고 있든지 보고 있지 않든지 주님을 섬기는 마음으로 일하는 종이 있다고 합니다.

우리 그리스도인들은 후자가 되어야 합니다. 왜냐면 우리는 윗사람의 마음을 기쁘게 하려고 일하는 사람이 아니라, 하나님을 위해서 우리에게 맡겨진 일을 하는 사람이기 때문입니다. 우리가 만일 우리를 창조하신 하나님의 목적을 알고 있다면 누가 시키지 않아도 그 목적을 이루기 위해서 성실하게 일할 것입니다. 그러나 그 목적을 알지 못한다면 지시하는 사람이 없이는 아무 일도 하려고 하지 않을 것입니다.

결국 자신의 인생에 하나님을 포함하고 있는지, 그렇지 않은지의 문제입니다. 하나님을 경외함으로 인생을 시작하는 사람은 누가 시키지 않아도 일하는 지혜를 갖게 됩니다.

때를 분별하는 지혜
우리가 개미를 통해서 배워야 할 또 다른 교훈은 때를 분별하는 지혜입니다. 본문은 "네가 어느 때까지 누워있겠느냐. 네가 어느 때에 잠이 깨어 일어나겠느냐"(9절)라고 하면서 게으른 자를 책망합니다. 메시지성경은 "너는 언제까지 하는 일 없이 빈둥거리려느냐? 언제 잠자리에서 일어나려느냐?"라고 합니다. 해가 이미 중천에 떠올랐는데도 잠자리에서 일어날 생각을 하지 않고 그렇게 게으름을 피우는 이유가 무엇일까요?

때를 분별하지 못하기 때문입니다. 베짱이가 왜 여름 내내 놀기만 할까요? 이제 곧 여름이 끝난다는 사실을 알지 못하기 때문입니다. 여름이 지나가면 조만간 추운 겨울이 닥쳐오리라는 사실을 모르고 있는 것이지요. 인생도 마찬가지입니다. 젊은 시절이 언제까지나 계속되는 것은 아닙니다. 모든 일에는 하나님이 정해 놓은 때가 있습니다.

전도서는 말합니다.

모든 일에는 다 때가 있다. 세상에서 일어나는 일마다 알맞은 때가 있다. 태어날 때가 있고, 죽을 때가 있다. 심을 때가 있고, 뽑을 때가 있다. 죽일 때가 있고, 살릴 때가 있다. 허물 때가 있고, 세울 때가 있다. 울 때가 있고, 웃을 때가 있다. 통곡할 때가 있고, 기뻐 춤출 때가 있다(전 3:1-4, 새번역).

정말 그렇습니다. 모든 일에는 다 때가 있습니다. 공부해야 할 때가 있고, 놀아야 할 때가 있습니다. 공부해야 할 때 펑펑 놀다가는 평생 후회하게 됩니다. 그런데 실제로 그런 사람들이 참 많이 있습니다. 때를 분별하지 못한 탓입니다. 그때가 지나가면 다시는 같은 기회가 오지 않는다는 사실을 잘 모르기 때문입니다.

하나님을 믿는 일에도 때가 있습니다. 사람들은 바쁜 일 먼저 마쳐 놓은 후에 조금 한가해지거든 신앙생활 하겠다고 말합니다. 젊었을 때는 해 보고 싶은 일을 다 해 보고, 나중에 늙어서 할 일이 없어지면 그때 가서 교회에 다니겠다고 합니다. 문제는 인생의 마지막 때가 언제 닥칠지 아무도 알 수 없다는 사실입니다. 그때는 하나님이 정하십니다.

그래서 바울은 말합니다. "보십시오. 지금이야말로 은혜의 때요, 지금이야말로 구원의 날입니다"(고후 6:2b, 새번역). 공부할 때를 놓치면 평생을 후회하며 살겠지만, 구원받을 때를 놓치면 영원토록 후회하게 될 것입니다. 그러니 뒤로 미룰 일이 아닙니다. 때를 분별하는 지혜를 얻으려면 하루라도 빨리 하나님을 우리의 인생에 모셔 들여야 합니다. 그래야 영원을 준비하며 살 수 있습니다.

지혜로운 사람은 자신의 인생에 하나님을 포함합니다. 그리고 자신에게 주어진 기회를 놓치지 않습니다. 그런 사람에게 하늘의 복이 부어지는 것은 지극히 당연한 일입니다.

▢ 은혜 나누기

자연을 통해서 하나님의 섭리와 진리를 깨달은 경험이 있다면 함께 나누어 봅시다.

▢ 공동 기도

하나님 아버지, 모든 일에 하나님이 정하신 때가 있다는 사실을 알게 해 주시니 감사합니다. 우리를 창조하신 하나님의 목적을 깨닫게 해 주시고, 그 목적을 이루면서 살아가는 지혜를 가질 수 있게 해 주세요. 그리하여 하늘의 복을 누리며 살아가는 우리 가정이 되게 해 주세요. 예수님의 이름으로 기도합니다. 아멘.

하나님의 복을 받는 지혜

(4~6월)

4월 1주 하나님이 미워하시는 것

□ 주님의 기도 주님이 가르쳐주신 기도로 가정예배를 시작합니다.
□ 찬송 부르기 366장(어두운 내 눈 밝히사)
□ 성경 읽기 잠언 6:16-19

※ 개역개정판

16여호와께서 미워하시는 것 곧 그의 마음에 싫어하시는 것이 예닐곱 가지이니 17곧 교만한 눈과 거짓된 혀와 무죄한 자의 피를 흘리는 손과 18악한 계교를 꾀하는 마음과 빨리 악으로 달려가는 발과 19거짓을 말하는 망령된 증인과 및 형제 사이를 이간하는 자이니라.

※ 메시지성경

16여기 하나님이 미워하시는 여섯 가지가 있고, 그분이 몹시 싫어하시는 한 가지가 더 있다. 17거만한 눈, 거짓말하는 혀, 죄 없는 사람을 살해하는 손, 18흉계를 꾸미는 마음, 악한 길로 급히 달려가는 발, 19거짓 증언하는 증인의 입, 집안에서 분쟁을 일으키는 자.

□ 말씀 나누기

아이들이 '미운 짓'을 하는 시기가 있습니다. 예전에는 '미운 일곱 살'이라고 했는데, 그 나이가 점점 어려져서 이제는 '미운 세 살'이라고 합니다. 나이가 들어가면서 자아 개념이 생기고 자율성에 대한 욕구가 커지면서 자기주장을 앞세우고 부모의 말을 듣지 않게 되는 것이지요. 사실 그것은 아이가 성장하면서 겪게 되는 자연스러운 현상입니다. 청소년기에 찾아오는 '중2병'도 그 연장선상에서 충분히 이해할 수 있는 일입니다.

그러나 문제는 성인이 된 후에도 여전히 '미운 짓'을 하는 사람이 적지 않다는 사실입니다. 부모의 말을 아예 무시하거나 그것도 모자라서 부모가 싫어하는 일만 골라서 하는 사람도 있습니다. 그것은 부모와의 관계가 바르게 세워지지 않았다는 증거입니다. 어렸을 때부터 부모에게 지나친 간섭과 통제를 받으면서 자란 경우에 그렇게 될 가능성이 큽니다.

따라서 적절한 선에서 아이의 마음을 잘 이해하면서 또한 바른 습관을 가르치는 지혜가 부모에게 필요합니다. 그와 동시에 부모가 가지고 있는 권위와 한계를 인정하면서 순종하여 따르는 지혜도 자녀에게 필요합니다. 어떤 이유로든 서로 싫어하는 일만 골라서 한다면 부모-자녀의 관계는 점점 더 나빠지고, 인생은 점점 더 불행해질 것입니다.

하나님 아버지와의 관계도 마찬가지입니다. 메시지성경은 '하나님이 미워하시는 것' 여섯 가지와 '몹시 싫어하시는 것' 한 가지가 있다고 말합니다. 하나님과 바른 관계를 유지하려면 어떤 경우든지 하나님이 싫어하는 일을 하면 안 됩니다. 오늘은 그중에서 두 가지만 살펴보겠습니다.

거짓된 혀

하나님은 '거짓된 혀'(a lying tongue)를 미워하십니다(17절). 우리말 '거짓'에 해당하는 히브리어 '쉐케르sheqer'를 영어로는 '속임수'(deception) 혹은 '허위'(falsehood)로 번역합니다. '속임수'가 고의성을 가지고 거짓말을 하는 것을 말한다면, '허위'는 속이려는 의도는 없었다고 하더라도 결과적으로 거짓을 말하게 되는 경우입니다. 무엇이 되었든지 사실(facts)과 진실(truth)을 말하지 않았다는 점에서 크게 다르지 않습니다. 하나님은 그렇게 거짓말하는 혀를 미워하십니다.

십계명에서 하나님은 "네 이웃에 대하여 거짓 증거하지 말라"(출 20:16)고 말씀하셨습니다. '거짓 증거'(false witness)란 법정에서 상대방에 대하여 사실이 아닌 거짓을 증언하는 것을 말합니다. 본래 '증인'은 자신이 직접 목격하거나 들은 사실에 대해서만 신중하게 말해야 합니다. 그 증언에 따라서 한 사람의 생애가 달라질 수 있기 때문입니다.

법정에서만 그런 것은 아닙니다. 정확하게 알지 못하는 일에 대해서 함부로 말하는 것은 당사자에게 치명적인 상처를 입힐 수 있습니다. 예수님은 자신에 대해서 이러쿵저러쿵 뒷말하는 사람들에게 "수군거리지 말라"(요 6:43)고 하셨습니다. 로마교회에 보낸 편지에서 바울은 하나님을 무시하는 사람들의 특징으로 '수군수군하는 자'를 지목하고 있습니다(롬 1:29). 의도적인 속임수만 거짓말이 아닙니다.

심지어 하나님의 이름으로 거짓말하는 사람도 있습니다. 이웃이 잃어버린 물건을 줍고도 그 사실을 부인하면서 '거짓 맹세'를 하는 경우입니다(레 6:3). 자신의 거짓말을 감추기 위해서 하나님을 이용하는 것입니다. 그래서 예수님은 "어떤 것으로도 맹세하지 말라"(마 5:34)고 말씀하셨습니다. 단지 '그렇다', '아니다'라고 말하면 된다는 것입니다. 사사로운 속셈을 감추려고 사람들은 필요 이상으로 과장하여 말하곤 합니다.

사람은 외모를 보지만 하나님은 중심을 보신다고 했습니다(삼상 16:7). 모든 일에 하나님을 인정하며 살아가는 사람은 거짓말을 할 수 없습니다. 오직 사실과 진실을 말합니다. 비록 그 일로 인해서 손해를 본다고 하더라도 말입니다.

분쟁을 일으키는 자

하나님은 '형제 사이를 이간하는 자'를 미워하십니다(19절). '이간離間'이란 두 사람 사이를 헐뜯어 서로 멀어지게 하는 것을 의미합니다. 그런데 그냥 '두 사람'이 아닙니다. '형제 사이'입니다. 한 가족입니다. 그래서 메시지성경은 '집안에서 분쟁을 일으키는 자'(a troublemaker in the family)라고 풀이합니다. 문제를 일으켜서 가족들 사이에 편이 갈라지게 만드는 사람이라는 뜻입니다. 히브리 본문을 직역하면 '불화의 씨앗을 뿌리는 자'(a person who sows discord)입니다.

대개는 자기 중심성이 강한 사람이 불화不和를 만들어내곤 합니다. 가족들의 감정을 헤아리지 않고 자신의 의견만 일방적으로 주장하는 것이지요. 그것이 아무리 사실에 근거한 정당한 주장이라고 하더라도 가족들 사이를 서로 멀어지게 만들면서까지 고집할 필요는 없는 일입니다. 정말 죽고 사는 일이 아니라면 말입니다. 그런데 대부분은 사소한 일에 목숨을 걸다가 다툼이 만들어지는 것을 봅니다.

모든 일에 대해서 반드시 한 가지 의견을 가져야만 한 가족이 될 수 있는 것은 아닙니다. 얼마든지 서로 다른 생각을 가질 수도 있습니다. 가족은 혈연공동체입니다. 피를 나눈 사이입니다. 이 세상 어디에서도 찾아볼 수 없는 단 하나의 운명 공동체입니다. 그렇다면 어떤 경우에도 가족들끼리 분쟁을 만드는 일은 하지 말아야지요. '다름'에 주목하기보다는 '같음'에 주목해야지요.

신앙공동체인 교회도 마찬가지입니다. 우리는 하나님을 '아빠, 아버지'로 고백하는 사람들입니다. 비록 언어가 다르고 인종이 달라도 한 아버지를 섬기는 한 형제요 자매가 된 것입니다. 그렇다면 교회에서는 어떤 이유로든 분쟁이 만들어지면 안 됩니다. 사회적인 이슈로 성도들 사이에 편이 갈라지게 하면 안 됩니다. 그런데 실제로는 어떻습니까? 고린도교회의 경우에는 한 교회 안에 '사색당파'가 존재했습니다. 서로 견제하며 깎아내리며 주도권 다툼하다가 교회다움을 상실하고 말았지요.

그들에게 바울은 말합니다.

형제들아, 내가 우리 주 예수 그리스도의 이름으로 너희를 권하노니 모두가 같은 말을 하고 너희 가운데 분쟁이 없이 같은 마음과 같은 뜻으로 온전히 합하라(고전 1:10).

그렇습니다. 굳이 말을 해야 한다면 '같은 말'을 하면 됩니다. 그러면 다툴 이유가 없어집니다. 그런데 자꾸 '다른 말'을 앞세우기에 편이 갈라지고 분쟁이 만들어지는 것입니다. 하나님은 분쟁을 일으키는 사람을 미워하신다는 사실을 우리가 기억한다면, 공동체 안에서 해야 할 말과 하지 않아야 할 말을 잘 분별하게 될 것입니다. 하나님을 경외하는 지혜로운 사람은 어떤 경우에도 하나님이 싫어하는 일을 하지 않습니다.

□ 은혜 나누기

'선의의 거짓말'(a white lie)은 괜찮을까요? 오늘 묵상한 말씀에 비추어서 생각해 봅시다.

□ 공동 기도

하나님 아버지, 우리 가족들 사이에는 거짓말이 없게 해 주세요. 또한 우리 가정에서는 어떤 다툼도 만들어지지 않게 해 주세요. 그러기 위해서 해야 할 말과 하지 않아야 할 말을 잘 구분할 수 있게 하시고, 어떤 경우에도 하나님이 싫어하는 일은 하지 않게 해 주세요. 예수님의 이름으로 기도합니다. 아멘.

4월 2주 마음 판에 새긴 말씀

- ☐ 주님의 기도 주님이 가르쳐주신 기도로 가정예배를 시작합니다.
- ☐ 찬송 부르기 204장(주의 말씀 듣고서)
- ☐ 성경 읽기 잠언 7:1-5

　※ 개역개정판

1내 아들아, 내 말을 지키며 내 계명을 간직하라. 2내 계명을 지켜 살며 내 법을 네 눈동자처럼 지키라. 3이것을 네 손가락에 매며 이것을 네 마음 판에 새기라. 4지혜에게 너는 내 누이라 하며 명철에게 너는 내 친족이라 하라. 5그리하면 이것이 너를 지켜서 음녀에게, 말로 호리는 이방 여인에게 빠지지 않게 하리라.

　※ 메시지성경

1친구여, 내 말을 따르고 내 신중한 가르침을 간직하여라. 2내 말대로 행하면 잘살게 될 것이다. 내 가르침은 네 시력만큼 귀하니 잘 지켜라! 3그것을 네 손바닥에 적고 심장의 두 심실에 새겨라. 4누이를 대하듯 지혜에게 말을 걸고 동무를 대하듯 통찰력을 대하여라. 5그것이 유혹하는 여자를 막아주고 달콤한 말로 나긋나긋 호리는 여자에게서 벗어나게 할 것이다.

- ☐ 말씀 나누기

　'마음을 지키는 일'이 얼마나 중요한지에 대해서 우리는 이미 묵상했습니다(잠 4:23). 그리고 마음을 지키는 방법은 하나님의 말씀을 기준으로 삼아 그 길에서 좌로나 우로나 벗어나지 않는 것이라 했습니다. 그렇다면 마음을 지키기 위해서는 먼저 하나님의 말씀을 잘 알아야 합니다. 그래야 그 말씀을 삶의 기준으로 삼을 수 있습니다.

따라서 어렸을 때부터 하나님의 말씀을 배우는 것이 매우 중요합니다. 그런데 누가 그 말씀을 가르쳐야 할까요? 물론 부모가 가르쳐야합니다. 신명기에서 하나님은 이렇게 말씀하십니다.

오늘 내가 네게 명하는 이 말씀을 너는 마음에 새기고 네 자녀에게 부지런히 가르치며 집에 앉았을 때에든지 길을 갈 때에든지 누워 있을 때에든지 일어날 때에든지 이 말씀을 강론할 것이며(신 6:6-7).

이른바 '쉐마Shema'로 잘 알려진 유명한 구절입니다. 그렇습니다. 하나님의 말씀을 자녀에게 가르칠 책임은 일차적으로 부모에게 있습니다. 가르치더라도 '부지런히' 가르치라고 합니다. 집에 앉아있을 때나, 길을 걸을 때나, 누워있을 때나, 일어날 때도 하나님의 말씀을 '강론'하라고 합니다. '강론講論'이라 해서 지레 겁먹을 필요는 없습니다. 충분히 익힐(講) 때까지 계속해서 말해 주라(論)는 뜻이기 때문입니다.

오늘 우리가 묵상할 잠언 본문도 역시 그 점을 강조합니다.

심장에 말씀 새기기

본문은 이렇게 말합니다. "내 말을 지키며 내 계명을 간직하라"(1절). 우리말 '지키다'에 해당하는 히브리어 '샤마르shamar' 동사는 '유지하다'(keep), '지켜보다'(watch), '보존하다(preserve)'라는 뜻을 포함합니다. 우리말 '간직하다'로 번역된 '짜판saphan' 동사는 '귀한 보물로 모아둔다'(treasure up)라는 의미입니다. 그러니까 하나님의 말씀을 마치값비싼 보물을 모으듯이 마음에 간직해 두어야 한다는 가르침입니다.

나이가 어릴 적에는 부모의 말을 잘 듣습니다. 부모가 가르치는 하나님의 말씀을 잘 간직합니다. 그러나 나이가 들면서 점점 부모의 말에 반항하게 되고, 덩달아 하나님의 말씀을 소홀히 여기게 됩니다. 교회를 완전히 떠나지는 않는다고 하더라도 그가 알고 있는 하나님 말씀은 초등학교 시절에 들은 것이 전부일 경우가 많이 있습니다. 도중에 말씀 배우기를 멈춘 것이지요.

대부분은 세상의 지식을 얻기 위해서 하나님 말씀 배우기를 중단합니다. 대학 입시나 취업이라는 관문을 통과하기 위해서는 세상의 지식이 훨씬 더 가치 있는 보물처럼 생각될지 모릅니다. 그러나 하나님의 말씀은 영원의 삶을 결정한다는 사실을 기억해야 합니다. 지혜로운 인생을 살기 위해서는 그 무엇보다도 하나님의 말씀을 늘 가까이 해야 합니다. 그래서 본문은 말합니다. "이것을 네 손가락에 매며 이것을 네 마음 판에 새기라"(3절). 하나님의 말씀이 언제나 눈에 보일 수 있게 해야 한다는 뜻입니다.

그런데 '손가락에 매는 것'보다 '마음 판에 새기는 것'이 더 중요합니다. 이스라엘 백성들은 하나님의 말씀을 '돌판'에 새겨서 보관했습니다. 그렇지만 얼마 지나지 않아서 그 말씀을 잊어버리고 우상을 섬기게 되었습니다. 아무리 돌판에 새겨도 쳐다보지 않으면 아무 소용이 없습니다. 손가락에 매어 두어도 조만간 귀찮은 것이 되고 맙니다. 어떤 경우에도 잊어버리지 않도록 하려면 우리의 마음 판에 새겨 두어야 합니다.

메시지성경은 "심장의 심실에 새기라"(Etch it on the chambers of your heart)고 풀이합니다. 심장에서는 쉴새 없이 온몸과 폐로 혈액을 보내기 위한 펌프질이 이루어지고 있습니다. 두 개의 심방과 두 개의 심실을 통해서 산소가 부족해진 피에 산소를 공급하여 내보내는 것이지요. 그렇게 혈액순환이 계속 이루어져야 우리의 생명이 유지될 수 있습니다.

하나님 말씀도 마찬가지입니다. 우리 삶의 모든 순간이 하나님의 말씀이 새겨진 방을 지나가게 해야 합니다. 그래야 우리의 마음속에 들어왔던 나쁜 생각들이 걸러지고 그동안 놓치며 살았던 인생의 목적을 다시 발견할 수 있게 되는 것입니다.

새겨진 말씀의 유익

우리의 심장에 말씀을 새기려면 계속 읽고 묵상하는 길밖에 없습니다. 부모가 자녀에게 가르쳐야 할 것은 엄밀하게 말하자면 '하나님 말씀' 자체가 아니라 '하나님 말씀을 읽고 묵상하는 습관'입니다. 신학대학에서 성경을 전문적으로 연구한 목회사라고 해도 모든 말씀의 뜻을 정확하게 풀어서 설명하기는 쉽지 않습니다. 하물며 평신도 부모에게는 더 말할 것도 없습니다.

그러나 부모가 해 줄 수 있는 일이 있습니다. 그것은 성경을 읽어 주는 것입니다. 성경을 읽고 묵상하는 습관을 길러주는 것입니다. 메시지성경의 표현처럼 '누이를 대하듯 지혜에게 말을 걸고, 동무를 대하듯 통찰력을 대하는 것'(4절)입니다. 아무리 바쁘게 산다고 하더라도 가족과는 함께 밥을 먹고 대화를 나누는 시간이 있어야 합니다. 그래야 가족입니다.

하나님의 말씀도 마찬가지입니다. 아무리 분주해도 가족을 대하듯이 말씀을 대해야 합니다. 정 바쁘다면 얼굴을 마주 보면서 인사라도 해야 합니다. 마음이 있다면 하루에 성경 말씀 한 구절이라도 읽을 수 있습니다. 그렇게 해야 하는 중요한 이유가 있습니다. 매일 접하는 하나님의 말씀이 세상의 유혹으로부터 우리를 지켜주기 때문입니다.

본문은 세상의 유혹을 '음녀'와 '말로 호리는 이방 여인'으로 비유합니다. 메시지성경은 이를 '유혹하는 여자', '달콤한 말로 나긋나긋 호리는 여자'라고 풀이합니다. 그렇다고 해서 여성을 비하하려는 뜻으로 생각하면 안 됩니다. 이것은 '아들'(1절)에게 주어진 권면입니다. 그에게 성적인 유혹은 여자를 통해서 다가옵니다. 그래서 이렇게 표현하고 있는 것이지요.

어릴 적부터 꾸준하게 하나님의 말씀을 읽고 묵상해 온 사람에게는 이 세상의 유혹이 다가오고 나쁜 생각이 침투해 들어온다고 해도 걱정할 것이 없습니다. 심장에 새겨진 하나님의 말씀이 그것을 모두 걸러내기 때문입니다. 따라서 말씀을 가까이하는 사람이 지혜로운 사람입니다. 자녀의 마음 판에 계명을 새겨 주는 것이 부모에게 맡겨진 가장 중요한 사명입니다.

□ 은혜 나누기

하나님의 말씀을 심장에 새기기 위해서 우리가 할 수 있는 일이 무엇일까요? 함께 나누어 봅시다.

□ 공동 기도

하나님 아버지, 하나님의 말씀을 우리의 마음에 보물처럼 간직할 수 있게 해 주세요. 아무리 바빠도 성경을 읽고 묵상하는 일을 거르지 않게 해 주세요. 그렇게 우리의 심장에 새겨진 말씀으로 세상의 유혹과 나쁜 생각을 넉넉히 이겨 내며 살게 해 주세요. 예수님의 이름으로 기도합니다. 아멘.

4월 3주   지혜로운 선택

- 주님의 기도 주님이 가르쳐주신 기도로 가정예배를 시작합니다.
- 찬송 부르기 342장(너 시험을 당해)
- 성경 읽기 잠언 8:5-11

※ 개역개정판

5어리석은 자들아 너희는 명철할지니라. 미련한 자들아 너희는 마음이 밝을지니라. 6너희는 들을지어다. 내가 가장 선한 것을 말하리라. 내 입술을 열어 정직을 내리라. 7내 입은 진리를 말하며 내 입술은 악을 미워하느니라. 8내 입의 말은 다 의로운즉 그 가운데에 굽은 것과 패역한 것이 없나니 9이는 다 총명 있는 자가 밝히 아는 바요 지식 얻은 자가 정직하게 여기는 바니라. 10너희가 은을 받지 말고 나의 훈계를 받으며 정금보다 지식을 얻으라. 11대저 지혜는 진주보다 나으므로 원하는 모든 것을 이에 비교할 수 없음이니라.

※ 메시지성경

5잘 들어라, 미련한 자들아. 건전한 상식을 배워라! 어리석은 자들아, 처신을 똑바로 하여라! 6제대로 사는 법, 최상의 모습으로 사는 법을 일러줄 테니 한 마디도 놓치지 마라. 7내 입은 진실만 씹고 맛보고 즐긴다. 악의 맛은 참을 수가 없다! 8내 입에는 참되고 바른 말만 있다. 왜곡되거나 비뚤어진 말은 한 마디도 없다. 9마음을 열고 들으면 내 말이 참되다는 것을 알게 될 것이다. 진실을 받아들일 준비가 된 사람은 단번에 알아볼 것이다. 10돈보다 나의 생생한 훈계를 택하고 벌이가 좋은 직업보다 하나님을 아는 지식을 택하여라. 11지혜는 온갖 화려한 장신구보다 낫고 너희가 바라는 그 어떤 것보다 귀하다.

"순간의 선택이 10년을 좌우합니다!" 오래전 어느 가전제품 회사가 사용한 광고 문구입니다. 신중한 구매를 강조하면서 동시에 자사 제품을 내세우는 이 절묘한 카피는 지금까지도 많은 사람의 기억 속에 남아 있습니다. 정말 그렇습니다. 무엇이든지 잘 선택해야 합니다. 특히 인생과 관련된 일은 더욱 신중해야 합니다. 가전제품이야 되물리거나 다른 것으로 교체할 수 있지만, 한번 선택한 인생은 결코 되물릴 수 없기 때문입니다.

문제는 우리가 나름대로 최선이라 생각하여 선택한 것이 기대와는 전혀 다른 결과로 나타나는 경우가 적지 않다는 사실입니다. 사실 우리의 판단에 문제가 있었던 것입니다. 그때는 잘 몰라서 그렇게 선택한 것이지요. 결국 지혜로운 삶은 지혜로운 선택에 달려있다고 할 수 있습니다. 그 지혜는 과연 어디에서 올까요?

잠언은 분명하게 말합니다. "하나님을 경외하는 것이 지혜의 시작이다!"(1:7) 오직 자신의 인생에 하나님을 포함할 때에만 바르게 선택할 수 있는 것입니다. 따라서 가장 먼저 하나님을 선택하는 것이 지혜로운 모든 선택의 출발입니다. 오늘 우리가 묵상할 말씀입니다.

어리석은 자의 선택

본문은 이렇게 시작합니다. "어리석은 자들아, 너희는 명철할지니라"(5절a). '명철明哲'이란 '총명하고 사리에 밝다'는 뜻입니다. '어리석음'과 정반대의 말입니다. 그런데 어리석은 자에게 "명철하라!"라고 요구하는 것이 조금 어색하게 느껴지지 않습니까? 그것은 마치 초등학교에 다니는 아이에게 고등학교에서나 배우게 될 어려운 수학 문제를 풀라고 요구하는 것과 같습니다.

그런데 우리말 '명철하다'에 해당되는 히브리어는 '빈bin' 동사입니다. 이를 영어로는 '분별하다'(discern)로 풀이합니다. 솔로몬이 왕이 된 후에 하나님께 '일천 번제'를 드리면서 이렇게 기도했지요. "듣는 마음을 종에게 주사 주의 백성을 재판하여 선악을 분별하게 하옵소서"(왕상 3:9). 여기에서 '분별하다'가 바로 히브리어로 '빈'입니다. 어리석은 자는 옳고 그름을 분별하지 못합니다. 그래서 어리석은 선택을 하는 것입니다.

그다음 말씀도 마찬가지입니다. "미련한 자들아, 너희는 마음이 밝을지니라"(5절b). 미련한 사람에게 "마음이 밝으라!"고 요구하는 게 잘 어울리지 않지요. 그러나 우리말 '밝다'로 번역된 히브리어가 사실은 '빈bin' 동사라는 사실을 알고 나면 달라집니다. 앞에서 '명철하다'로 번역된 같은 단어입니다. 그러니까 "밝은 마음을 가지라!"는 말씀은 "분별하는 마음을 가지라!"는 뜻입니다. 미련한 자에게는 분별하는 마음이 없습니다. 그래서 미련한 선택을 하는 것입니다.

분별하는 능력은 오직 하나님에게서 옵니다. 이는 자신의 인생에 하나님을 포함할 때에 갖게 되는 지혜입니다. 이 세상에는 하나님 없이 살아가는 사람이 훨씬 더 많습니다. 물론 그들 나름대로 최선을 다해서 노력합니다. 다양한 지식을 쌓으려고 열심히 공부하고, 필요한 스펙을 갖추기 위해서 무진 애를 씁니다. 그러나 결정적인 순간에 잘못된 선택을 합니다. 왜 그럴까요? 하나님이 정해 놓으신 이치를 분별하는 능력이 없기 때문입니다.

따라서 정말 '제대로 사는 법'(how to live well), '최상의 모습을 사는 법'(how to live at your best)을 배우고 싶다면 하나님을 경외해야 합니다. 후회 없는 인생을 살고 싶다면 하나님 안에서 선택해야 합니다. 그러지 않기에 인생을 다 살고 난 후에 어리석은 자요 미련한 자로 판가름 나고 마는 것입니다.

지혜로운 자의 선택

사람들의 판단을 흐리게 만드는 가장 큰 문제는 바로 '재물'입니다. 물론 돈은 우리에게 꼭 필요합니다. 돈 없이는 하루도 살 수 없습니다. 그러나 재물은 인생의 도구일 뿐 인생의 목적이 될 수 없습니다. 그런데 이 세상에는 이른바 '돈에 눈먼 사람'이 너무나 많이 있습니다. 돈에 눈을 빼앗기면 모든 것이 돈으로 보입니다. 어느 쪽이 자신에게 경제적으로 이득이 될지 계산하기에 바쁩니다. 그런 사람이 과연 인생의 진정한 가치를 제대로 판단할 수 있겠습니까?

그래서 오늘 본문은 이렇게 말합니다. "너희가 은을 받지 말고 나의 훈계를 받으며 정금보다 지식을 얻으라"(10절). 메시지성경은 "돈보다 나의 생생한 훈계를 택하고 벌이가 좋은 직업보다 하나님을 아는 지식을 택하라"고 풀이합니다. 돈을 좇아가려고 하지 말고(chasing after money) 하나님이 정해 놓으신 삶의 규율(life-disciplines)에 따라서 살라는 것입니다.

그런데 실제로는 어떻습니까? 하나님을 섬기는 일에 방해가 되더라도 돈벌이가 좋은 직업을 선택하려고 합니다. 하나님이 우리에게 기대하시는 삶의 원칙을 포기하더라도 재물을 얻는 일은 포기하지 않습니다. 보석으로 장식된 화려한 삶을 위해서라면 세상의 불의와 적당히 타협하기를 주저하지 않습니다. 아니 한 걸음 더 나아가서 어떻게든 남들보다 더 잘 사는 것을 하나님이 주시는 복으로 생각하려고 합니다. 돈에 마음을 빼앗겨 판단력을 상실한 것이지요.

예수님은 "한 사람이 두 주인을 섬기지 못한다"라고 하면서 "하나님과 재물을 겸하여 섬기지 못한다"라고 말씀하셨습니다(마 6:24). 그렇습니다. 우리 인생의 주인은 하나님 한 분이어야 합니다. 돈에 대한 욕심을 포기하지 않으면서 동시에 하나님을 잘 섬길 수는 없습니다. 하나님 외의 다른 것을 먼저 선택하면, 하나님이 우리에게 주려고 준비해놓으신 것을 받지 못합니다. 하나님을 가장 먼저 선택하는 사람에게 하나님은 필요한 모든 것을 더해 주십니다(마 6:33).

자, 그렇다면 우리는 무엇을 선택해야 하겠습니까? 눈앞의 것을 선택하다가 영원을 놓쳐버리는 어리석은 자가 되지 말아야 하겠습니다. 세상의 재물에 욕심내다가 하늘의 보화를 잃어버리는 미련한 자가 되지 말아야 하겠습니다. 가장 지혜로운 선택은 가장 먼저 하나님을 선택하는 것입니다.

▫ 은혜 나누기
교회에 다니지는 않지만 나보다 돈을 많이 버는 친구를 부러워해 본 적이 있습니까?

▫ 공동 기도
하나님 아버지, 우리는 영원을 선택하며 살아가는 사람이라는 사실을 절대로 잊어버리지 않게 해 주세요. 모든 일을 오직 하나님 안에서 선택하게 해 주시고, 하나님이 주시는 은혜로 만족하며 살아가게 해 주세요. 예수님의 이름으로 기도합니다. 아멘.

4월 4주　복 있는 사람

□ 주님의 기도 주님이 가르쳐주신 기도로 가정예배를 시작합니다.

□ 찬송 부르기 449장(예수 따라가며)

□ 성경 읽기 잠언 8:32-36

※ 개역개정판

32아들들아, 이제 내게 들으라. 내 도를 지키는 자가 복이 있느니라. 33훈계를 들어서 지혜를 얻으라. 그것을 버리지 말라. 34누구든지 내게 들으며 날마다 내 문 곁에서 기다리며 문설주 옆에서 기다리는 자는 복이 있나니 35대저 나를 얻는 자는 생명을 얻고 여호와께 은총을 얻을 것임이니라. 36그러나 나를 잃는 자는 자기의 영혼을 해하는 자라. 나를 미워하는 자는 사망을 사랑하느니라.

※ 메시지성경

32그러니 친구들이여, 잘 들어라. 내 길을 따르는 이들은 가장 복된 자들이다. 33절제된 생활에 주목하고 지혜롭게 살아라. 네 소중한 인생을 허비하지 마라. 34내 말을 듣는 이, 아침마다 깨어나 나를 맞이하는 이, 하루 일과를 시작하는 내게 정신을 바짝 차리고 반응하는 이는 복이 있다. 35나를 만나는 이는 참 생명을 얻고 하나님의 기뻐하심을 얻는다. 36그러나 나를 무시하는 자는 자기 영혼을 해친다. 나를 거절하면 죽음과 불장난을 하게 된다.

이 세상에 복 받는 것을 싫어하는 사람은 단 한 명도 없을 것입니다. 교회에 다니는 사람이나 다니지 않는 사람이나 복 받는 것을 좋아한다는 점에서는 별로 차이가 없습니다. 유교에서는 오복五福을 말합니다. 장수하면서(壽), 돈도 많이 벌고(富), 건강하고 평안하게 살면서(康寧), 다른 사람에게 덕을 끼치다가(攸好德), 편안히 죽음을 맞이하는 것(考終命)을 복이라고 생각합니다. 대부분 사람이 기대하는 복은 이런 것입니다.

그러나 성경이 말하는 '복'은 그와 전혀 다릅니다. 여기에서 관건은 '복 있는 사람'이라고 판단하는 주체가 누구인가 하는 점입니다. '나 자신'이나 '다른 사람'이 아니라 '하나님'이 어떤 사람을 복 있다고 판단하실 것인가가 중요합니다. 과연 하나님이 인정해 주시는 '복 있는 사람'이 누구인지 오늘 말씀을 통해서 살펴보겠습니다.

도를 지키는 자

본문은 "내 도를 지키는 자가 복이 있다"(32절)고 합니다. 우리말 '도道'로 번역된 히브리어 '데렉derek'은 '길'(way) 또는 '태도'(manner)를 의미합니다. 그래서 메시지성경은 "내 길을 따르는 이들은 가장 복된 자들이다"라고 합니다. 하나님의 도를 지키는 사람은 하나님이 원하는 삶의 자세를 가지고, 하나님이 정해 놓은 길을 따라 사는 사람입니다. 그런 사람을 하나님은 '가장 복된 자들'이라고 판단하신다는 것입니다. 바로 그런 사람이 인생을 창조하신 하나님의 목적을 이루며 살 수 있기 때문입니다.

본문은 하나님의 도를 지키는 사람의 구체적인 모습을 두 가지로 설명합니다. 그 하나는 "훈계를 들어 지혜를 얻고, 그것을 버리지 않는 것"(33절)입니다. 여기에서 '훈계'로 번역된 히브리어 '무사르'musar는 '훈육'(discipline) 또는 '교정'(correction)을 의미합니다. 잠언 3장에서는 '징계'로 번역되기도 했습니다(잠 3:11). 무엇이 되었든지 간에 하나님이 목적하는 바른 삶을 훈련하는 것을 의미합니다. 그 훈련을 소홀히 여기지 않는 사람이 바로 '복 있는 사람'입니다.

다른 하나는 "날마다 문 곁에서 기다리는 것"(34절)입니다. 여기에서 강조점은 '날마다'에 있습니다. 메시지성경은 이렇게 풀이합니다. "아침마다 깨어나 나를 맞이하는 이, 하루 일과를 시작하는 내게 정신을 바짝 차리고 반응하는 이는 복이 있다." 사람들은 가장 중요한 일을 가장 먼저 하게 되어 있습니다. 날마다 하나님의 말씀 듣는 것을 가장 중요한 일로 여기는 사람, 매일 하나님이 새롭게 행하실 일에 정신 바짝 차리고 반응하는 사람이 바로 '복 있는 사람'입니다.

그렇게 하나님이 정해 놓으신 길을 따라 살아가는 사람은 어떤 상황에서도 잘못될 수가 없습니다. 왜냐면 여호와를 경외하는 사람은 악을 미워하게 되어 있기 때문입니다(8:13). 그리고 그런 사람을 하나님은 끝까지 책임지고 복 있는 사람으로 만들어 주시기 때문입니다.

생명을 얻는 복

하나님의 도를 지키는 사람이 받는 복에 대해서 본문은 이렇게 말합니다. "대저 나를 얻는 이는 생명을 얻고 여호와께 은총을 얻을 것임이니라"(35절). 메시지성경은 "나를 만나는 이는 참 생명을 얻고 하나님의 기뻐하심을 얻는다"라고 풀이합니다. 그렇습니다. 생명을 얻는 것이 복입니다. 생명을 한자어로 풀이하면 '살라는(生) 명령(命)'입니다. 우리의 생명은 하나님으로부터 주어집니다. 하나님께서 우리에게 살라고 명령하는 동안만 우리는 살게 되어 있습니다. 그래서 생명이 은총입니다. 하나님의 은혜입니다.

어떤 분은 이렇게 반문할지 모릅니다. '하나님 믿지 않는 사람도 잘 먹고 잘살던데요?' 물론 그렇게 보일 수 있습니다. 그러나 하나님과 아무 상관 없이 자기 마음대로 사는 것은 절대로 잘사는 게 아닙니다. 본문은 말합니다. "나를 잃는 자는 자기의 영혼을 해하는 자라. 나를 미워하는 자는 사망을 사랑하느니라"(36절). 메시지성경의 풀이가 아주 실감 납니다. "나를 무시하는 자는 자기 영혼을 해친다. 나를 거절하면 죽음과 불장난을 하게 된다."

하나님이 인생을 위해 정해 놓으신 길을 무시하면 반드시 망하게 되어 있습니다. 아무리 많은 재산을 모았다고 하더라도 그것은 진정한 복이 되지 못합니다. 아무리 높은 자리까지 올라갔다고 하더라도 그것은 자신의 영혼을 해치는 일이 되고 맙니다. 하나님의 길을 거절하는 순간 죽음과의 불장난이 시작됩니다. 그 종착역은 허무한 죽음입니다.

시편 1편은 '복 있는 사람'에 대해서 이렇게 노래합니다.

오직 하나님 말씀에 사로잡혀 밤낮 성경말씀 곱씹는 그대! 에덴에 다시 심긴 나무, 달마다 신선한 과실 맺고 잎사귀 하나 지는 일 없이, 늘 꽃 만발한 나무라네(시 1:2-3, 메시지).

하나님의 말씀을 즐거워하며 밤낮으로 묵상하는 사람이 복 있는 사람입니다. 왜냐면 하나님이 다스리시는 계절 따라서 풍성한 열매를 맺고, 어떤 상황에서도 그 잎이 시들지 않을 것이기 때문입니다. 그것이 바로 하나님이 부어 주시는 생명의 복입니다. 이를 다른 말로 바꾸면 '살맛 나게 사는 복'이라고 할 수 있습니다.

예수님이 이 세상에 오신 이유도 바로 그 때문입니다.

도둑은 다만 훔치고 죽이고 파괴하려고 오는 것뿐이다. 나는, 양들이 생명을 얻고 또 더 넘치게 얻게 하려고 왔다(요 10:10, 새번역).

예수님은 하나님 아버지께로 갈 수 있는 바로 '그 길'(the way)입니다(요 14:6). 예수님을 영접하여 그 길을 걷는 자들에게는 생명의 복이 부어집니다. 그러나 많은 사람이 그러듯이 욕심이라는 도둑을 따라가다가는 반드시 망하게 되어 있습니다.

조금은 더디게 느껴지고, 때로는 멀리 돌아가는 것처럼 보일지라도 하나님이 가르쳐 주시는 그 길을 벗어나지 않고 끝까지 걸어가는 자가 '복 있는 사람'입니다. 우리 모두 그런 사람으로 살기를 소망합니다.

▢ 은혜 나누기

복 있는 사람으로 살기 위해서 지금부터 우리가 해야 할 일이 있다면 무엇일까요?

▢ 공동 기도

하나님 아버지, 세상 사람들이 서로 가려고 하는 '넓은 길'이나 '지름길'을 선택하기보다는 하나님이 우리를 위해 정해 놓으신 '생명의 길'을 선택하여 따를 수 있게 해 주세요. 그리하여 하나님이 부어 주시는 '생명의 복'을 누리며 살아가게 해 주세요. 예수님의 이름으로 기도합니다. 아멘.

5월 1주 책망에도 지혜가 필요하다

◻ 주님의 기도 주님이 가르쳐주신 기도로 가정예배를 시작합니다.

◻ 찬송 부르기 559장(사철의 봄바람 불어 잇고)

◻ 성경 읽기 잠언 9:7-10

※ 개역개정판

7거만한 자를 징계하는 자는 도리어 능욕을 받고 악인을 책망하는 자는 도리어 흠이 잡히느니라. 8거만한 자를 책망하지 말라. 그가 너를 미워할까 두려우니라. 지혜 있는 자를 책망하라. 그가 너를 사랑하리라. 9지혜 있는 자에게 교훈을 더하라. 그가 더욱 지혜로워질 것이요 의로운 사람을 가르치라. 그의 학식이 더하리라. 10여호와를 경외하는 것이 지혜의 근본이요 거룩하신 자를 아는 것이 명철이니라.

※ 메시지성경

7오만하게 빈정대는 자를 타이르면 뺨을 맞고 못된 행동을 지적하면 정강이를 걸어차일 것이다. 8그러니 비웃는 자에게 시간을 낭비하지 마라. 수고의 대가로 욕만 먹게 될 것이다. 그러나 인생을 귀하게 여기는 사람을 꾸짖는 것은 다르다. 그들은 그 보답으로 너를 사랑할 것이다. 9지혜로운 사람들에게만 훈계를 해라. 그들이 더 지혜로워질 것이다. 네가 아는 바를 선한 사람들에게 말해 주어라. 그들이 유익을 얻을 것이다. 10삶의 진수는 하나님을 경외하는 것에서 시작된다. 인생에 대한 통찰력은 거룩하신 하나님을 아는 데서 나온다.

□ 말씀 나누기

5월은 '가정의 달'입니다. 어린이날도 있고 어버이날도 있기 때문입니다. 자녀는 부모에게 감사와 존경의 마음을 표현하고, 부모는 자녀에게 사랑의 마음을 표현하기에 참 좋은 달입니다. 그러나 가족 모임이 많아지면 오히려 갈등의 골이 더 깊어지는 부작용이 생기기도 합니다. 특히 평소에 가족들 사이의 대화가 부족한 상태로 지내던 가정에서 그런 일이 일어나는 것을 봅니다.

떡 본 김에 제사 지낸다고 오랜만에 자녀와 만난 김에 부모의 잔소리가 시작되는 것이지요. 그냥 가벼운 잔소리로 그치면 다행이지만, 대부분은 책망으로 이어진다는 것이 문제입니다. 그러면 서로 불편한 마음으로 헤어지게 되고, 점점 더 어색한 관계로 발전하게 됩니다. 물론 자녀에게는 부모의 호된 책망이 필요합니다. 그러나 그것도 때와 장소를 잘 가려서 해야 합니다. 책망에도 지혜가 필요한 법입니다.

거만한 자를 책망하지 말라!

본문은 "거만한 자를 징계하는 자는 도리어 능욕을 받는다"(7절)고 말합니다. 여기에서 우선 '징계한다'는 말부터 설명할 필요가 있습니다. 이에 해당하는 히브리어 '야사르yasar' 동사는 물론 '벌을 주다'(징벌)라는 뜻도 가지고 있지만(레 26:28), 그보다는 '가르쳐 주다'(discipline) 또는 '바로 잡다'(correct)라는 의미로 더 많이 사용되고 있습니다(신 4:36; 욥 4:3). 부모는 자녀의 잘못을 바로잡아 주어야 할 책임이 있는 사람입니다.

문제는 그 자녀가 '거만한 자'일 경우입니다. 이에 해당하는 히브리어 '루츠luts'는 본래 '통역해주는 사람'(a interpreter)을 의미합니다(창 42:23). 그렇게 본다면 그리 나쁜 의미는 아닙니다. 그러나 모든 일에 자신의 해석만을 앞세워 주장한다면 이야기가 달라집니다. 그래서 '루츠'를 '빈정대는 사람'(a mocker)으로도 해석합니다. 자신의 주장과 다른 사람을 늘 놀림감으로 삼고 조롱하기 때문입니다. 메시지성경은 이를 '비웃는 자'(a scoffer)로 번역합니다.

자, 만일 내 자식이 그런 사람이라면 어떻게 해야 할까요? 본문은 뜻밖에도 이렇게 말합니다. "거만한 자를 책망하지 말라. 그가 너를 미워할까 두려우니라"(8절a). 이에 대한 메시지성경의 풀이가 더욱 쉽게 다가옵니다. "그러니 비웃는 자에게 시간을 낭비하지 마라. 수고의 대가로 욕만 먹게 될 것이다." 우리말로는 '욕'이라고 번역되어 있지만, 영어 원문에는 '학대'(abuse)로 표현합니다.

이게 무슨 뜻입니까? 아무리 내가 낳은 자식이라고 하더라도 굳이 고쳐 주려고 하지 말라는 겁니다. 학대받을까 봐 두려워서가 아닙니다. 그래 봐야 아무 소용이 없기 때문입니다. 단지 시간 낭비일 뿐입니다. 그렇다면 어떻게 해야 할까요? 손 놓고 가만히 있어야 할까요? 제 마음대로 아무렇게나 살도록 그냥 내버려 둘까요?

아닙니다. '책망' 말고도 부모가 할 수 있는 일은 얼마든지 있습니다. 아무리 눈에 거슬려도 끝까지 포기하지 않고 사랑해 주는 겁니다. 위해서 계속 기도해 주는 겁니다. 사람을 근본적으로 변화시키는 것은 오직 하나님만 하실 수 있는 일입니다. 책망을 듣지 못해서 '지혜 있는 자'가 되지 못하는 것은 아닙니다. '거만한 자'는 책망하면 할수록 더욱 '빈정대는 사람'이 될 뿐입니다.

지혜 있는 자를 책망하라!

본문은 말합니다. "지혜 있는 자를 책망하라. 지혜 있는 자에게 교훈을 더하라"(8a-9절). 우리의 상식으로는 잘 이해가 되지 않습니다.

지혜 있는 자를 굳이 책망할 필요가 있을까요. 지혜 있는 자를 굳이 가르칠 필요가 있을까요. 이미 지혜롭게 일을 잘하고 있는데, 거기에다가 책망이나 교훈을 보탤 필요는 없지 않겠습니까. 차라리 지혜 없는 자를 책망하고 훈계해야 하지 않을까요.

그런데 여기에서 '지혜 있는 자'(the wise)는 세상의 지식과 경험을 두루 갖추고 있는 똑똑한 사람을 의미하지 않습니다. 잠언이 말하는 '지혜 있는 자'는 하나님을 경외하는 사람입니다. 본문은 이 대목에서 잠언의 주제를 다시 한번 반복해서 말합니다. "여호와를 경외하는 것이 지혜의 근본이요 거룩하신 자를 아는 것이 명철이니라"(10절). 그렇습니다. '지혜 있는 자'는 세상의 모든 지식을 가지고 있는 완벽한 사람이 아닙니다. 단지 하나님을 경외할 줄 아는 사람입니다.

그렇다면 앞에서 언급한 '교만한 자'는 어떤 사람일까요? 하나님을 경외하지 않는 사람입니다. 자신의 인생에 하나님을 포함하지 않는 사람입니다. 하나님 없이 살아가는 사람입니다. 그렇기에 다른 사람을 우습게 생각합니다. 다른 사람의 말을 잘 들으려고 하지 않습니다. 특히 잘못을 지적하는 사람을 참아내지 못합니다. 그 사람이 자신을 낳아 길러준 부모라고 하더라도 말입니다.

그러나 하나님을 경외하는 사람은 자신이 완벽하지 않다는 사실을 잘 압니다. 언제나 하나님의 가르침을 경청합니다. 잘못을 바로잡아 주려는 부모의 말씀에 겸손히 귀를 기울입니다. 자신을 사랑하기 때문에 때로 따끔한 지적을 한다는 사실을 잘 압니다. 그래서 그렇게 말씀해 주시는 부모를 사랑하여 따릅니다. 그런 사람이 더욱 지혜로워지는 것은 지극히 당연한 일입니다.

메시지성경은 '지혜 있는 자'를 '인생을 귀하게 여기는 사람'(those who care about life)으로 표현합니다. 마치 세상의 모든 이치를 혼자서

다 알고 있는 듯이 잘난 척하는 사람은 '인생을 귀하게 여기지 않는 사람'입니다. 만일 자신의 인생을 귀하게 여긴다면 부모의 쓴소리를 겸손하게 들을 수 있어야 합니다. 그것이 두고두고 자신의 삶에 유익이 될 것을 알고 있어야 합니다.

결국 하나님을 경외하는 것이 우선입니다. 자녀를 책망하고 야단치는 일에만 맛 들이면 안 됩니다. 그런다고 해서 바로 세워지지 않습니다. 어렸을 때는 힘에 눌려서 순종하는 척하겠지만, 조만간 부모를 우습게 여길 때가 올 것입니다. 부모가 먼저 신실하게 하나님을 섬기는 본을 보이고, 자녀는 그 모습을 보면서 자라게 해야 합니다. 그러면 그 자녀는 자연스럽게 '지혜로운 자'가 됩니다. 하나님을 경외하고 부모의 책망을 받아들일 줄 알게 됩니다.

□ 은혜 나누기

부모의 책망을 부당하다고 생각해 본 적이 있나요?

□ 공동 기도

하나님 아버지, 우리 가족은 모두 하나님을 경외할 수 있게 해 주세요. 자녀는 부모님을 존경하며 따르게 하시고, 부모님은 자녀를 사랑으로 세워가게 해 주세요. 우리 가정에서는 책망하는 소리보다 서로를 위해서 기도하는 소리가 더 크게 들리게 해 주세요. 예수님의 이름으로 기도합니다. 아멘.

5월 2주 　효도하는 자녀

- 주님의 기도 주님이 가르쳐주신 기도로 가정예배를 시작합니다.
- 찬송 부르기 438장(내 영혼이 은총 입어)
- 성경 읽기 잠언 10:1-5

　※ 개역개정판

　¹솔로몬의 잠언이라. 지혜로운 아들은 아비를 기쁘게 하거니와 미련한 아들은 어미의 근심이니라. ²불의의 재물은 무익하여도 공의는 죽음에서 건지느니라. ³여호와께서 의인의 영혼은 주리지 않게 하시나 악인의 소욕은 물리치시느니라. ⁴손을 게으르게 놀리는 자는 가난하게 되고 손이 부지런한 자는 부하게 되느니라. ⁵여름에 거두는 자는 지혜로운 아들이나 추수 때에 자는 자는 부끄러움을 끼치는 아들이니라.

　※ 메시지성경

　¹지혜로운 아들은 아버지를 흐뭇하게 하지만 어리석은 아들은 어머니를 슬프게 한다. ²부정하게 모은 재산은 쓸모가 없지만 정직한 삶은 영원히 남는다. ³하나님은 정직한 사람을 굶기지 않으시고 악인의 탐욕을 물리치신다. ⁴게으르면 가난해지고 부지런하면 부유해진다. ⁵해가 떠 있을 때 건초를 말리는 것은 영리한 일이지만 추수철에 낚시하러 가는 것은 어리석은 일이다.

- 말씀 나누기

　우리나라는 예로부터 '효도孝道'를 강조해왔습니다. 부모를 정성껏 섬기는 일은 자녀에게 요구되는 가장 중요한 덕목입니다. 그런데 어떻게 해야 부모에게 효도할 수 있을까요? 한자어 '효孝' 자를 풀어보면, 늙은(耂노) 부모를 아들(子자)이 업고 있는 모습입니다. 그러니까 늙은 부모를 잘 받들어 모시는 것이 자식이 마땅히 해야 할 효도라는 의미입니다.

물론 그렇습니다. 부모가 나이 들어 병약해질 때 특별히 자녀의 정성스러운 보살핌이 필요합니다. 그렇지만 효도하기 위해서 부모가 늙을 때까지 기다려야 하는 것은 아니지요. 평소에 자식 된 도리를 다하지 않던 불효자가 나중에 가서 갑작스럽게 효자가 되는 일은 거의 없습니다. 뒤늦게 정신 차리고 효도해보려고 하지만, 그때는 이미 늦어버립니다. 부모가 기다려 주지 않기 때문입니다. 그래서 효도할 기회를 놓치고 평생 후회하며 사는 사람들이 많습니다.

성경 역시 '효도'를 아주 중요한 덕목으로 여깁니다. 하나님은 십계명에서 "네 부모를 공경하라"(출 20:12)고 가르치셨습니다. 예수님은 '하나님께 드렸다'(고르반)라는 이유로 부모에 대한 경제적인 의무를 회피하는 사람을 꾸짖으셨습니다(막 7:11-13). 하나님 백성과 하나님 자녀의 정체성은 부모 공경으로 드러납니다. 오늘 본문은 부모에게 효도하는 지혜를 우리에게 가르쳐 줍니다.

부모의 기쁨

오늘 본문은 이렇게 말합니다. "지혜로운 아들은 아비를 기쁘게 하거니와 미련한 아들은 어미의 근심이니라"(1절). 이 부분을 메시지성경은 "지혜로운 아들은 아버지를 흐뭇하게 하지만 어리석은 아들은 어머니를 슬프게 한다"고 풀이합니다. 성경이 가르치는 효도는 아주 단순합니다. 부모에게 기쁨이 되는 것입니다. 부모의 마음에 근심과 슬픔을 안겨주는 자녀는 불효자입니다. 반면 부모의 얼굴을 기쁨으로

환하게 빛나게 만드는 자녀는 효자입니다.

그런데 여기에서 우리는 부모가 과연 어떤 일로 자녀에게 기쁨을 얻게 될 것인지 생각해 보아야 합니다. 만일 공부를 잘해서 좋은 성적을 낸다면 부모는 분명 기뻐할 것입니다. 일류 대학에 진학하거나 번듯한 직장에 취직할 때도 마찬가지일 것입니다. 부모에게 용돈을 넉넉히 드릴 수 있을 만큼 성공한 자녀로 기뻐할 것입니다. 부모는 자녀가 잘되는 모습을 보며 흐뭇해합니다.

그러나 그것은 세상 사람들의 이야기입니다. 하나님을 경외하는 가정에서 부모는 '지혜로운 자녀'로 인해 기뻐하고 '미련한 자녀'로 인해 근심합니다. 잠언이 말하는 '지혜로운 자녀'는 공부를 잘하는 사람을 의미하지 않습니다. 하나님을 경외하는 사람, 하나님의 말씀에 순종하여 따르는 사람을 의미합니다. 마찬가지로 '미련한 자녀'는 선천적으로 지능이 떨어져서 공부를 잘하지 못하는 사람이 아닙니다. 자기 고집을 앞세워서 하나님의 말씀을 무조건 거부하는 사람입니다.

경쟁 사회 속에서 모든 사람이 '일등'을 할 수는 없습니다. 일등은 단 한 사람입니다. 그렇다면 그 사람만 '승자'(winner)고 나머지는 다 '패자'(loser)인가요? 아닙니다. 사람의 가치는 다른 사람보다 앞섬으로써 증명되는 것이 아닙니다. 오히려 자신을 창조하신 하나님의 목적에 따라 살아감으로써 증명됩니다. 하나님 없이 살아가는 사람은 '일등'에 목숨을 걸지만, 자신의 인생에 하나님을 포함하는 사람은 다릅니다. 잘되어도 하나님께 영광을 돌리고, 자신의 기대에 미치지 못해도 하나님께 감사합니다.

하나님을 믿는 부모는 자녀가 하나님을 경외하면서 정직하고 성실하게 살아가는 모습을 볼 때 기뻐합니다. 그에게 하나님이 풍성한 복을 내려주실 것을 잘 알기 때문입니다. 그러나 하나님과 아무 상관 없이 오직 세상의 즐거움에 취해서 욕심부리며 살아가는 자녀를 볼 때 근심하고 슬퍼합니다. 그에게 하나님의 심판이 임할 것을 잘 알기 때문입니다.

지혜로운 자녀

'지혜로운 자녀'와 '미련한 자녀'의 차이는 재물에 대한 태도에서 가장 잘 드러납니다. 미련한 자녀는 수단과 방법을 가리지 않고 어떻게든 재산을 모으는 일에만 열중합니다. 그것이 바로 '불의의 재물'입니다. 정당한 방법으로는 많은 재산을 모을 수 없기에, 불의한 방법을 사용합니다. 그러나 아무리 많이 모았다고 하더라도 '부정하게 모은 재산'은 아무 쓸모가 없습니다. 왜냐면 하나님은 악인의 탐욕을 물리치는 분이시기 때문입니다.

하나님은 돈의 문제에 관해서 정직하고 깨끗한 사람을 귀하게 여기십니다. "공의는 죽음에서 건진다"(2절)고 말씀합니다. 이 부분을 메시지성경은 "정직한 삶은 영원히 남는다"로 풀이합니다. 그렇습니다. 이 세상에는 돈에 욕심부리다가 망한 사람들이 참 많이 있습니다. 한때는 성공한 사람처럼 보일지 모르지만, 그리 오래가지 않습니다. 하나님이 반드시 드러내십니다. 그리고 하나님은 정직한 사람을 책임지십니다. 절대로 굶기지 않으십니다. 욕심부리지 않으면 얼마든지 행복하게 살 수 있습니다.

미련한 자녀는 게으르기까지 합니다. 부지런히 일해야 할 때 일하지 않습니다. 왜냐면 그들의 관심은 '불의의 재물'에 있기 때문입니다. 이른바 일확천금을 노리는 '한탕주의'에 빠져있는 것이지요. 요즘 주식이나 가상화폐의 환상에 빠져서 빚더미에 앉는 사람들이 점점 늘어나고 있습니다. 사실 그런 일들은 인류 역사를 통해 언제나 있었습니다. 손을 게으르게 놀리는 사람이 가난해지는 것은 당연한 일입니다.

지혜로운 자녀는 해가 떠 있을 때 건초를 말립니다. 땀 흘려서 일합니다. 많은 소득은 아니어도 정직한 소득을 거둡니다. 그 일에 큰 보람과 만족을 느낍니다. 그런 사람들이 진짜 부자입니다. 그러나 미련한 자녀는 추수 때에 쿨쿨 잡니다. 메시지성경은 "추수철에 낚시하러 간다"라고 풀이합니다. 이는 단지 게으름의 문제만은 아닙니다. 그일을 우습게 여긴다는 것이 더 큰 문제입니다.

하나님을 믿지 않는 부모는 어떻게 해서든 돈을 많이 벌라고 가르칠지 모릅니다. 모로 가도 서울만 가면 된다고 할지 모릅니다. 그렇게 성공한 자녀를 보며 기뻐할지 모릅니다. 우리 그리스도인은 다릅니다. 하나님의 말씀에 따라서 정직하게 살아가는 자녀의 모습에 기뻐합니다. 많이 가지지는 않았어도 늘 만족하며 살아가는 자녀를 보며 흐뭇해합니다. 그렇지만 하나님 없이 살아가는 자녀로 인해 한없이 슬퍼합니다. 세상의 기준에서 아무리 성공했어도, 하나님의 기준에서는 실패한 인생이기 때문입니다.

부모에게 돈이 아니라 기쁨을 안겨드리는 것이 진정한 효도입니다. 하나님 아버지를 기쁘게 해드리면 육신의 부모를 기쁘게 해드릴수 있습니다. 효도는 하나님 경외로부터 출발합니다.

□ 은혜 나누기

부모님은 자녀에게 가장 큰 기쁨을 얻었던 일이 무엇이었는지, 자녀는 부모님이 가장 기뻐했던 일이 무엇이었는지 함께 나누어 봅시다.

□ 공동 기도

하나님 아버지, 우리 가정이 매일 하나님의 은혜를 경험하는 작은 천국이 되게 해 주세요. 서로를 귀하게 여기며 사랑하게 해 주시고, 특히 부모님께 효도하는 자녀가 되게 해 주세요. 하나님을 경외함으로 우리에게 주어진 삶의 자리에서 맡겨진 일들을 정직하게 잘 감당하게 하시고, 그로 인해 얻어지는 소득으로 만족하며 살게 해 주세요. 예수님의 이름으로 기도합니다. 아멘.

5월 3주 복이 쌓이는 삶

- □ 주님의 기도 주님이 가르쳐주신 기도로 가정예배를 시작합니다.
- □ 찬송 부르기 28장(복의 근원 강림하사)
- □ 성경 읽기 잠언 10:6-9

    ※ 개역개정판

    6의인의 머리에는 복이 임하나 악인의 입은 독을 머금었느니라. 7의인을 기념할 때에는 칭찬하거니와 악인의 이름은 썩게 되느니라. 8마음이 지혜로운 자는 계명을 받거니와 입이 미련한 자는 멸망하리라. 9바른 길로 행하는 자는 걸음이 평안하려니와 굽은 길로 행하는 자는 드러나리라.

    ※ 메시지성경

    6선하고 정직하게 사는 자는 복을 부르지만 악인의 입은 독설이 가득한 어두운 동굴이다. 7선하고 정직하게 살면 칭찬을 받고 기억되지만 사악하게 살면 썩은 내만 남는다. 8마음이 지혜로운 이는 명령을 따르지만 머리가 텅 빈 자는 어려움을 겪는다. 9정직하면 당당하고 근심 없이 살지만 구린 짓은 언젠가 드러나기 마련이다.

- □ 말씀 나누기

    이 세상에 복福 받기를 싫어하는 사람이 과연 있을까요? 아마 하나도 없을 것입니다. 하나님도 모든 사람이 복을 받으며 살기를 원하셨습니다. 그래서 인간을 창조하시며 이렇게 말씀하셨지요. "하나님이 그들에게 복을 주시며 이르시되 생육하고 번성하여 땅에 충만하라.

땅을 정복하라. 바다의 물고기와 하늘의 새와 땅에 움직이는 모든 생물을 다스리라"(창 1:28).

그렇습니다. 우리는 복을 받으며 살도록 창조되었습니다. 그런데 실제로는 복을 받고 있다고 생각하지 않는 사람들이 많습니다. 그 이유가 무엇일까요? '하나님이 주시는 복'이 아니라 '자신이 욕심껏 부풀려놓은 복'을 기대하기 때문입니다. 게다가 복은 위로부터 받는 것인데, 자기 스스로 복을 찾아다닙니다. 엉뚱한 곳에서 엉뚱한 복을 찾고 있으니 복을 받지 못하는 것이지요.

다윗은 "하나님의 선하심과 인자하심이 평생 나를 따를 것이라"(시 23:6) 노래했습니다. 사는 날 동안 하나님의 은혜가 늘 자신을 쫓아다닐(chase after me) 것이라는 확신입니다. 하나님이 주시는 복도 마찬가지입니다. 만일 우리가 하나님이 원하시는 대로 살기만 한다면 우리가 어디로 가든지 항상 복이 따라오게 되어있습니다. 굳이 복을 찾아서 헤매고 다닐 필요가 없는 것입니다.

의인이 받는 복

본문은 분명히 말합니다. "의인의 머리에는 복이 임한다"(6절). '의인'(the righteous)은 성경에서 '상태의 용어'가 아니라 '관계의 용어'로 사용됩니다. 다시 말해서 의인이란 아무런 흠이 없는 상태에 있는 사람이 아니라, 하나님과 바른 관계에 있는 사람을 가리킨다는 것입니다. 하나님을 경외하는 지혜로운 사람이 바로 '의인'입니다. 그의 머리에 하나님이 내려주시는 복이 마치 왕관처럼 씌워집니다(to crown, NIV). 따라서 우리가 복을 받으려면 먼저 '의인'이 되어야 합니다. 하나님과 바른 관계를 맺으며 살아야 합니다.

메시지성경은 이 부분을 "선하고 정직하게 사는 자는 복을 부른다"

라고 풀이합니다. 우리말로는 '부른다'로 번역되었지만, 본래는 '축적
(누적)되다'(to accrue)라는 뜻입니다. 복이 계속해서 쌓인다는 것입니
다. 그렇습니다. 진정한 복은 일회성이 아닙니다. 한 번 왕창 받고 마
는 게 아닙니다. 매일 조금씩 누적되어 쌓이는 것입니다. 어떤 사람에
게 그런 복이 쌓입니까? 선하고 정직하게 사는 사람(a good and honest
life)입니다.

한 걸음 더 나아가 진정한 복은 당대에만 받는 것이 아니라고 말씀
합니다. 이 세상에서의 삶을 마치고 난 후에도 두고두고 받게 된다는
것입니다. "의인을 기념할 때에는 칭찬하거니와 악인의 이름은 썩게
되느니라"(7절). 선하고 정직하게 살던 의인의 이름은 후손에게 복으
로 기억되지만, 사악하게 살던 사람의 이름은 단지 썩은 냄새만 풍길
뿐이라는 뜻입니다.

실제로 악인은 자신의 이름이 후손에게 어떻게 기억될지 전혀 신
경 쓰지 않습니다. 그래서 악한 일을 함부로 행하는 것입니다. 그러나
의인은 다릅니다. 이 세상의 삶이 전부가 아니라는 걸 잘 압니다. 그렇
기에 선하고 정직하게 살아서 그 이름을 후손들이 복의 대명사로 기억
하고 자랑스럽게 부르게 되는 것입니다.

계명을 받는 자

자, 그런데 의인과 악인은 왜 그렇게 다른 방식으로 살아가는 것일
까요? 무엇이 그들의 삶을 구분 짓게 했을까요? 본문은 이렇게 말합
니다. "마음이 지혜로운 자는 계명을 받거니와 입이 미련한 자는 멸망
하리라"(8절). 그렇습니다. 의인과 악인은 하나님의 말씀을 대하는 태
도에 차이가 있습니다. 선하고 정직하게 사는 사람은 하나님의 계명
을 받습니다. 하나님의 명령에 따릅니다. 그래서 의인입니다. 하나님

과 바른 관계를 맺고 살아가는 사람입니다. 그런 사람에게 복이 쌓이는 것입니다.

그러나 하나님을 자신의 인생에 포함하지 않는 악인은 하나님의 계명을 받지 않습니다. 제 기분 내키는 대로 살아갑니다. 입에 머금고 있는 독설을 함부로 내뱉습니다. 그렇게 자신의 미련함을 드러냅니다. 그 인생의 결말이 어떨지 굳이 끝까지 가 보지 않아도 알 수 있습니다. 악인이 다다를 종착역은 이미 정해져 있습니다. 하나님의 심판과 영원한 멸망입니다.

악인이라고 해서 복을 싫어하는 것은 아닙니다. 복을 싫어하는 사람은 이 세상에 하나도 없다고 했습니다. 악인도 마찬가지입니다. 그런데 악인이 기대하는 복은 하나님이 주시려는 복과 전혀 다릅니다. 그들은 어떤 나쁜 짓을 해서라도, 다른 사람의 소유를 강제로 빼앗아서라도 자기 배를 채우는 것을 복으로 생각합니다. 하나님의 계명을 받지 않기 때문에 그렇게 생각하는 것이지요.

하나님이 주시는 복은 반드시 '평안함'을 동반합니다. "바른 길로 행하는 자는 걸음이 평안하려니와 굽은 길로 행하는 자는 드러나리라"(9절). 여기에서 '바른길'과 '굽은 길'은 각각 의인과 악인이 선택하는 길을 가리킵니다. 우리가 이미 묵상한 대로(잠 2:13-15), '바른길'은 '정직한 길'(straight paths)이요 '올곧은 길'입니다. 이와 반대되는 '굽은 길'은 '구부러진 길'(crooked paths)입니다.

그런데 악인은 왜 넓고 반듯한 길을 놔두고 구부러진 길을 선택하려고 할까요? 왜냐면 그것이 자신의 욕심을 채울 수 있는 지름길이라고 생각하기 때문입니다. 사실 선한 양심에 따라 정직하게 살아서는 마음껏 욕심을 채울 수 없습니다. 때로 구린 짓을 해야 합니다. 그러려면 어두운 길이 필요합니다. 밝은 대낮에 사람들 앞에서 나쁜 짓을 할 수는 없기 때문입니다. 그래서 악인은 구부러진 길을 선택하는 것입니다.

나쁜 짓으로 떼부자가 될 수 있을지 모릅니다. 그렇다고 복을 받은 것은 아닙니다. 메시지성경은 이렇게 표현합니다. "정직하면 당당하고 근심 없이 살지만 구린 짓은 언젠가 드러나기 마련이다"(9절, 메시지). 하나님의 말씀에 순종하여 정직하게 사는 사람은 늘 당당합니다. 감출 것이 없기 때문입니다. 그래서 마음이 늘 평안합니다. 반면 구부러진 길에서 구린 짓을 한 사람은 늘 마음을 졸이며 불안하게 살 수밖에 없습니다. 시간문제이지 결국에는 그 일이 다 드러나게 되어 있기 때문입니다.

하나님을 경외하는 지혜로운 사람은 하루하루 복을 쌓으며 살아갑니다. 일상 속에서 작은 행복을 느끼고 언제나 마음의 평안함을 맛봅니다. 다른 사람보다 더 많이 가지려는 욕심을 내려놓고 하나님의 말씀에 순종하면 우리에게 복이 쌓입니다. 그 복은 우리의 후손에게 이어집니다. 그렇게 살아가라고 하나님이 우리를 창조하셨습니다.

□ 은혜 나누기

성경이 가르치는 복과 세상 사람이 추구하는 복의 차이점에 대해서 함께 나누어 봅시다.

□ 공동 기도

하나님 아버지, 우리는 하나님이 내려주시는 복을 받는 지혜로운 사람이 되게 해 주세요. 자기 욕심을 채우는 것을 복으로 착각하지 않게 하시고, 매일 하나님의 말씀을 가까이하여 따름으로 언제나 평안과 만족을 누리며 살게 해 주세요. 예수님의 이름으로 기도합니다. 아멘.

5월 4주 입이 지혜로운 사람

□ 주님의 기도 주님이 가르쳐주신 기도로 가정예배를 시작합니다.

□ 찬송 부르기 212장(겸손히 주를 섬길 때)

□ 성경 읽기 잠언 10:11-14

※ 개역개정판

11의인의 입은 생명의 샘이라도 악인의 입은 독을 머금었느니라. 12미움은 다툼을 일으켜도 사랑은 모든 허물을 가리느니라. 13명철한 자의 입술에는 지혜가 있어도 지혜 없는 자의 등을 위하여는 채찍이 있느니라. 14지혜로운 자는 지식을 간직하거니와 미련한 자의 입은 멸망에 가까우니라.

※ 메시지성경

11선한 사람의 입은 생명을 주는 깊은 우물이지만 악한 사람의 입은 독설이 가득한 어두운 동굴이다. 12미움은 싸움을 일으키지만 사랑은 다툼을 덮어 준다. 13통찰력 있는 사람의 입술에는 지혜가 있지만 시야가 좁은 사람은 따귀를 맞아야 정신을 차린다. 14지혜로운 사람이 쌓은 지식은 참된 보물이지만 다 아는 체하는 사람의 말은 쓰레기일 뿐이다.

□ 말씀 나누기

고대 그리스 철학자 아리스토텔레스Aristoteles는 인간을 '이야기하는 동물'이라고 했습니다. 자신의 삶을 통일된 이야기로 구성하여 표현할 수 있는 능력은 오직 사람에게만 있다는 것입니다. 20세기 독일 철학자 하이데거Martin Heidegger는 언어를 '존재의 집'이라고 정의했습니다. 사람은 언어를 통해서 다른 사람에게 자기 생각을 전달합니다. 따라서 말은 그냥 말이 아닙니다. 말에는 그 사람의 사고와 인격과 존재와 정체성이 담겨있습니다.

요즘 정치인의 '막말'이 자주 구설에 오르곤 합니다. 그런데 '막말'은 단순한 '말실수'가 아닙니다. 막말을 통해서 그 사람의 인격이 드러납니다. 우리 주님도 이렇게 말씀하셨지요. "너희 삶을 더럽히는 것은 너희가 입으로 삼키는 것이 아니라, 너희 입에서 토해내는 것이다. 그것이야말로 정말 더러운 것이다"(막 7:15-16, 메시지). 사람들이 함부로 내뱉는 더러운 말로 이 세상이 얼마나 더 더러워지는지 모릅니다.

그렇습니다. 더러운 마음을 가진 사람이 더러운 말을 하고, 천박한 인격을 가진 사람이 천박한 말을 하는 법입니다. 그렇게 아무 말이나 함부로 내뱉는다는 것은 그가 하나님을 경외하지 않는다는 확실한 증거입니다. 자신의 인생에 하나님을 포함하여 사는 사람의 언어생활은 다릅니다. 그의 입에서는 언제나 지혜로운 말이 나옵니다.

살리는 말

지혜로운 사람의 입에서는 '죽이는 말'이 아니라 '살리는 말'이 나옵니다. "의인의 입은 생명의 샘이라도 악인의 입은 독을 머금었느니라"(11절). 생명의 샘물을 마시면 죽어가던 사람도 살아납니다. 그러나 독을 탄 물을 마시면 멀쩡한 사람도 죽어버립니다. 사람의 말이 그렇다는 겁니다. 다른 사람을 살리기도 하고 죽이기도 합니다. 그렇기에 아무리 화가 나더라도 가시 돋친 말을 함부로 내뱉으면 안 됩니다. 그 말에 마음의 상처가 깊어지면 마침내 죽음에 다다를 수도 있기 때문입니다.

메시지성경은 이렇게 풀이합니다. "선한 사람의 입은 생명을 주는 깊은 우물이지만 악한 사람의 입은 독설이 가득한 어두운 동굴이다." '깊은 우물'이든 '어두운 동굴'이든 속을 들여다볼 수 없기는 매한가지입니다. 사람 속은 아무도 알 수 없습니다. 그러나 말을 통해서 그 사람의 감추어진 정체가 드러납니다. 만일 그가 샘물을 담고 있는 우물이라면 생수를 낼 것이고, 독을 담고 있는 동굴이라면 독을 낼 것입니다.

그런데 참으로 이상한 것은 대부분 자기와 가장 가까운 사람에게 그렇게 험한 말을 마구 쏟아낸다는 사실입니다. 특별히 가족들 사이에 상처를 주는 말을 너무나 쉽게 주고받는 것을 봅니다. 가까이 살기에 서로 부딪힐 일도 많고, 이무럽게 여기다 보니까 여과되지 않은 직설적인 표현이 나올 수도 있습니다.

그렇지만 조심해야 합니다. 가까울수록 더욱 예의를 갖추어야 합니다. 의도적으로라도 살리는 말을 하려고 애써야 합니다. 가족은 생명의 피를 서로 나눈 사이이기 때문입니다. 가족의 생명은 서로 연결되어 있습니다. 가족이 살아야 나도 살게 됩니다. 그 반대도 마찬가지입니다.

사랑의 말

지혜로운 사람의 입에서는 '다툼의 말'이 아니라 '사랑의 말'이 나옵니다. "미움은 다툼을 일으켜도 사랑은 모든 허물을 가리느니라"(12절). 여기에서 '미움'은 그냥 미워하는 마음이 아닙니다. 미워하는 마음에서 나오는 말을 의미합니다. 마음속으로만 미워한다면 사실 다툴 일이 생기지 않습니다. 그러나 마음에 담고 있는 생각은 어떤 식으로든 겉으로 드러나게 되어 있습니다. 그래서 기회만 생긴다면 미움을 담고 있는 사람의 입에서 가시 돋친 말이 터져 나오는 것입니다.

'사랑'도 마찬가지입니다. 만일 상대방을 사랑하는 마음이 있다면 굳이 그의 허물을 들추어내려고 애쓰지 않을 것입니다. 오히려 그가 가진 피치 못할 사정을 조금이라도 더 이해하려 하고, 그의 허물을 조금이라도 더 덮어 주려고 할 것입니다. 얼마든지 상대방의 잘못을 지적하고 책망할 수 있는 상황이라고 하더라도 그의 감정을 상하게 하는 대신 좋은 말로 잘 타일러서 바로 잡으려고 할 것입니다.

과연 어떤 사람을 지혜롭다고 말할 수 있을까요? 미워하는 사람일까요 아니면 사랑하는 사람일까요? 다툼을 일으키는 사람일까요 아니면 다툼을 잠재우는 사람일까요? 정답은 분명합니다. 그러나 정답을 아는 것과 그에 따라 사는 것은 별개의 문제입니다. 우리는 아무리 결심하고 노력해도 순간순간 분노의 감정에 너무나 쉽게 무너지는 존재입니다. 그러다가 어느새 가장 가까운 가족과 죽일 듯이 혈기를 부리며 다투는 우리의 부끄러운 모습을 발견하곤 합니다.

그래서 진정한 지혜는 하나님에게서 온다고 말씀하는 것입니다. 지혜로운 입은 오직 하나님만이 주실 수 있습니다. 때에 적절하게 '살리는 말'을 하려면, 먼저 하나님을 우리의 인생에 온전히 모셔야 합니다. 다툼을 잠재우는 '사랑의 말'을 하려면, 먼저 하나님의 영이 우리의 생각과 마음을 다스리게 해야 합니다. 우리를 향한 하나님의 사랑을 겸손히 받아들일 때만 우리도 누군가를 진정으로 사랑할 수 있게 되는 것입니다.

지혜로운 입은 '선택'이 아니라 '필수'입니다. "미련한 자의 입은 멸망에 가깝다"(14절)고 했습니다. 망하는 인생을 살지 않으려면 우리는 반드시 지혜로운 입을 가지고 있어야 합니다. "지혜 없는 자의 등을 위하여는 채찍이 있다"(13절)고 했습니다. 이에 대한 메시지성경의 풀이가 재미있습니다. "시야가 좁은 사람은 따귀를 맞아야 정신을 차린다"(13절, 메시지).

따귀를 맞고 나서라도 정신을 차릴 수 있다면 그나마 다행한 일입니다. 그러나 대개는 자신이 무엇을 잘못했는지도 잘 모릅니다. 오히려 화를 냅니다. 끝까지 다 아는 체하면서 자신의 옳음을 강변합니다. 그러다가 정말로 망하는 사람들이 이 세상에 얼마나 많이 있는지 모릅니다. 모두 미련해서 그렇습니다. 하나님이 주시는 지혜가 없어서 그렇습니다.

자신의 인생에 하나님을 포함하는 사람은 지혜로운 입을 갖게 됩니다. 어떤 상황에서도 상대방을 '살리는 말'을 하고, 다툼을 잠재우는 '사랑의 말'을 하게 됩니다. 그래서 다른 사람과 공동체에 유익을 끼칠 뿐만 아니라 자기 자신도 하나님이 내려주시는 풍성한 복을 누리며 살게 됩니다. 우리 가족 모두 지혜로운 입을 가진 사람이 되기를 간절히 소원합니다.

▫ 은혜 나누기

가족이나 다른 사람에게서 '살리는 말'과 '사랑의 말'을 들어본 경험이 있습니까? 함께 나누어 봅시다.

▫ 공동 기도

하나님 아버지, 우리의 마음과 입술을 성령의 능력으로 온전히 다스려 주세요. 어떤 경우에도 상대방을 죽이는 말이나 다툼을 일으키는 말은 절대로 하지 않게 해 주세요. 우리의 입에서는 오직 살리는 말과 사랑의 말이 나오게 해 주세요. 그리하여 서로를 사랑하고 존경하며 행복을 맛보며 살아가는 작은 천국이 우리 가정에 이루어지게 해 주세요. 예수님의 이름으로 기도합니다. 아멘.

5월 5주 하나님이 주시는 복

□ 주님의 기도 주님이 가르쳐주신 기도로 가정예배를 시작합니다.

□ 찬송 부르기 429장(세상 모든 풍파 너를 흔들어)

□ 성경 읽기 잠언 10:22-25

※ 개역개정판

22여호와께서 주시는 복은 사람을 부하게 하고 근심을 겸하여 주지 아니하시느니라. 23미련한 자는 행악으로 낙을 삼는 것같이 명철한 자는 지혜로 낙을 삼느니라. 24악인에게는 그의 두려워하는 것이 임하거니와 의인은 그 원하는 것이 이루어지느니라. 25회오리바람이 지나가면 악인은 없어져도 의인은 영원한 기초 같으니라.

※ 새번역성경

22주님께서 복을 주셔서 부유하게 되는 것인데, 절대로 근심을 곁들여 주시지 않는다. 23미련한 사람은 나쁜 일을 저지르는 데서 낙을 누리지만, 명철한 사람은 지혜에서 낙을 누린다. 24악인에게는 두려워하는 일이 닥쳐오지만, 의인에게는 바라는 일이 이루어진다. 25회오리바람이 지나가면 악인은 없어져도, 의인은 영원한 기초처럼 꿈짝하지 않는다.

□ 말씀 나누기

경제적인 문제로 하루하루 힘겹게 살던 사람이 있습니다. 그 문제를 놓고 하나님께 간절히 기도하는 중에 어느 날 뜻밖에도 자신의 통장에 거액이 입금되었다는 사실을 알게 됩니다. 누군가 실수로 입금

한 것이지요. 자, 이럴 때 어떻게 해야 할까요? 그걸 자신의 기도에 대한 하나님의 응답으로 생각해야 할까요? 아니면 본래의 주인에게 되돌려주어야 할까요?

물론 하나님이 하시는 일은 우리가 감히 상상할 수 없습니다. 우리에게 복을 내려주시는 방법은 무궁무진합니다. 때로 사람의 실수를 통해서 역사하실 수도 있습니다. 하지만 다른 사람에게 막대한 금전적 손해를 안겨준 실수를 덥석 받아먹는 것을 과연 믿음이라고 말할 수 있을까요? 아닙니다. 그것은 단지 정직하지 못한 마음일 뿐입니다. 하나님은 우리를 부정직하게 만들면서 복을 주시지는 않습니다. 우리를 부정직하게 만드는 것은 사탄의 시험입니다.

하나님이 주시는 복을 분별하는 지혜가 우리에게 있어야 합니다. 그렇지 않으면 자신의 욕심을 잔뜩 부풀려놓고서는 그것을 마치 하나님이 주시는 복인 것처럼 착각하게 됩니다. 하나님이 우리에게 주시는 복에는 분명한 원칙이 있습니다.

근심이 없는 복

오늘 본문은 말합니다. "하나님이 주시는 복은 사람을 부하게 하고 근심을 겸하여 주지 아니하시느니라"(22절). 우리말 '부하게 하다'로 번역된 히브리어 '아샤르ashar' 동사는 단지 부자가 되는 것을 의미하지 않습니다. 이를 영어로는 '넉넉하게 하다'(enrich)로 번역합니다. 그렇습니다. 하나님이 주시는 복은 단지 재물을 많이 소유하게 되는 것이 아닙니다. 그렇다면 굳이 하나님을 믿을 필요가 없습니다. 이 세상에는 하나님을 믿지 않는 부자들이 얼마든지 많기 때문입니다.

그렇다면 하나님이 주시는 복은 무엇이 다를까요? 하나님은 복을 주되 '근심'을 겸하여 주지 않으신다고 말씀하셨습니다. 근심을 동반

하지 않으면서 부하게 되는 것이 진정한 복입니다. 우리말 '근심'(sor-row)에 해당하는 히브리어는 '에체브etseb'입니다. 다른 곳에서는 '고통'(pain, 창 3:16), '수고'(toil, 시 127:2) 등으로 번역되는 말입니다.

예를 들어 어떤 사람이 '돈벼락'을 맞아 하루아침에 갑부가 되었다고 합시다. 그다음에 과연 어떤 일이 벌어질까요? 돈 걱정이 없어졌으니 이제부터 행복하게 살게 될까요? 아닙니다. 그때부터 오히려 마음에 근심이 많아지고 가족들 사이의 갈등과 다툼이 만들어지기 시작합니다. 그것을 '복'이라고 할 수는 없습니다. 차라리 근심이나 다툼 없이 소박하고 행복하게 사는 것이 복입니다.

따라서 하나님을 자신의 인생에 포함하는 지혜로운 사람은 굳이 부자가 되겠다고 목매달지 않습니다. 어떤 수단과 방법을 동원해서라도 남들보다 더 많이 가지겠다고 애쓰지 않습니다. 주어진 자리에서 성실하고 정직하게 일합니다. 그래서 이전보다 넉넉하고 여유롭게 살게 되었다면 그것을 하나님이 주시는 복으로 여기고 만족합니다.

이런 사람은 사도 바울처럼 자족하는 비결을 터득합니다. 배부르거나 굶주리거나, 많이 가졌거나 빈손이거나 행복하게 살 수 있는 비결을 알게 됩니다(빌 4:12, 메시지). 어떤 상황에서도 하나님의 은혜에 감사하고, 조금이라도 넉넉한 것이 있다면 그것을 이웃과 함께 나눕니다.

이렇게 사는 사람을 하나님은 가만히 두지 않으십니다. 날마다 복을 더해 주십니다. 그래서 더욱 넉넉하게 살게 됩니다. 바로 이것이 하나님을 경외하는 사람에게 주시는 복입니다.

지혜로 낙을 삼는 복

하나님을 믿는 사람은 '일확천금一攫千金'이나 '대박'을 기대하면 안 됩니다. 하나님은 그런 방식으로 복을 주시지 않기 때문입니다. 부정직한 방법으로 돈을 많이 번 사람이 교회에 헌금을 많이 한다고 해서 갑자기 복 받은 사람으로 탈바꿈할 수 있는 것은 아닙니다.

오늘 본문은 이어서 말합니다. "미련한 자는 행악으로 낙을 삼는 것같이 명철한 자는 지혜로 낙을 삼는다"(23절). 메시지성경은 이 말씀을 "미련한 사람은 나쁜 일을 저지르는 데서 낙을 누리지만, 명철한 사람은 지혜에서 낙을 누린다"라고 풀이합니다. 여기에서 우리말 '낙'樂으로 번역된 히브리어는 '세호크sechoq'입니다. KJB를 비롯한 대부분의 영어 성경은 이것을 '스포츠sport'로 번역합니다. 나쁜 일을 마치 스포츠처럼 즐긴다는 뜻입니다.

물론 이 세상에는 다른 사람을 괴롭히면서 즐거움을 느끼는 '나쁜 놈'이 참 많이 있습니다. 그러나 이 구절은 단순히 악한 성품을 가진 그런 '나쁜 놈'을 지적하는 말씀이 아닙니다. 이 말씀은 바로 앞에서 언급한 '하나님이 주시는 복'과 연결해서 풀어야 합니다. 경제적인 이익을 얻기 위해서는 얼마든지 '나쁜 일'도 저지를 수 있다고 생각하는 그런 '나쁜 놈'을 이야기하고 있는 것입니다.

수단 방법을 가리지 않고 어떻게 해서든지 부자가 되겠다는 심보를 가진 사람은 '미련한 자'입니다. 적어도 두 가지 이유 때문입니다. 우선 하나님은 그런 사람에게 절대로 복을 주시지 않습니다. 설혹 그가 바라던 대로 부자가 되었다고 하더라도 그 재물이 결코 그의 삶에 복이 되지 않습니다. 오히려 더 많은 근심과 고통이 따라올 뿐입니다.

그렇습니다. 악인에게는 두려워하는 일이 반드시 임하게 되어있습니다(24절a). 그 일이 회오리바람처럼 휩쓸고 지나가고 나면 악인은 흔적도 없이 사라지게 되어있습니다(25절a). 한때는 성공한 삶처럼 보이지만 그리 오래가지 않습니다. 그렇기에 하나님을 경외하는 사람은 악인의 성공을 부러워하지 않습니다. 하나님이 주시는 지혜의 말씀에 따라서 살아가는 것을 즐거움으로 삼습니다. 주어진 삶에 만족하며 감사합니다.

그런 사람에게 하나님은 복을 듬뿍 부어 주십니다. 그가 하나님 뜻 안에서 원하고 바라고 기대하는 모든 일이 실제로 이루어지게 하십니다(24절b). 때로 그의 인생에 회오리바람과 같은 어려움이 닥쳐온다고 하더라도 그로 인해 무너지지 않습니다. 하나님 없이 사는 악인은 사라질지라도 하나님을 자기 인생에 포함한 의인은 영원한 기초처럼 꼼짝하지 않습니다(25절b). 늘 그 자리에 남아 있습니다.

하나님은 우리에게 이와 같은 복을 주시기 원하십니다. 복을 누리며 살도록 하나님은 우리를 창조하셨습니다. 욕심부린다고 복을 받는 게 아닙니다. 하나님이 가르쳐주신 말씀 따라서 하루하루 정직하고 성실하게 살아야 합니다. 그러면 하나님이 부어 주시는 복을 누리며 언제까지든 행복하게 살게 됩니다. 복을 받는 것에도 지혜가 필요합니다.

▫ 은혜 나누기
하나님께 열심히 기도하면 복권에 당첨될 수 있을까요? 자기 생각을 함께 나누어 봅시다.

▫ 공동 기도
하나님 아버지, 우리는 하나님이 주시는 복을 받는 지혜로운 사람이 되게 해 주세요. 우리의 욕심을 앞세워 하나님의 복을 오염시키지 않게 해 주시고, 하나님이 가르쳐 주시는 지혜의 말씀에 따라서 정직하고 성실하게 살아가게 해 주세요. 예수님의 이름으로 기도합니다. 아멘.

6월 1주　　오래 사는 복

- 주님의 기도 주님이 가르쳐주신 기도로 가정예배를 시작합니다.
- 찬송 부르기 484장(내 맘의 주여 소망되소서)
- 성경 읽기 잠언 10:27-30

  ※ 개역개정판

  27여호와를 경외하면 장수하느니라. 그러나 악인의 수명은 짧아지느니라. 28의인의 소망은 즐거움을 이루어도 악인의 소망은 끊어지느니라. 29여호와의 도가 정직한 자에게는 산성이요 행악하는 자에게는 멸망이니라. 30의인은 영영히 이동되지 아니하여도 악인은 땅에 거하지 못하게 되느니라.

  ※메시지성경

  27하나님을 경외하면 오래 살지만 악하게 살면 얼마 살지 못한다. 28선한 사람의 희망은 이루어지지만 악한 사람의 야망은 무너진다. 29하나님은 올바로 사는 이에게 든든한 버팀목이 되시지만 비열한 행위는 두고 보지 않으신다. 30선한 사람은 오래 살고 흔들리지 않지만 악한 사람은 오늘 살아 있어도 내일이면 사라지고 없다.

- 말씀 나누기

  유교에서는 이른바 '오복五福', 즉 '다섯 가지 복'을 말합니다. 그중에서도 장수長壽의 복을 가장 먼저 손꼽습니다. 하긴 불과 1세기 전만 해도 우리나라 사람들의 평균 수명은 기껏해야 40세 정도에 불과했습니다. 그래서 70세를 고희古稀라고 불렀지요. 사람이 일흔 살까지 산다는 것은 옛날부터 드문 일이었다는 뜻입니다. 그러니 최고의 복은 뭐니 뭐니 해도 '장수'라고 할 수 있습니다.

그런데 지금은 사정이 많이 달라졌습니다. 의학의 눈부신 발달로 인해서 인간의 평균 수명이나 기대 수명이 점점 높아져서, 바야흐로 '백세시대'를 눈앞에 두게 되었기 때문입니다. 과연 얼마나 더 오래 살아야 장수의 복을 받았다고 말할 수 있을까요? 앞으로 의학이 더 발달해도 120세를 넘기기 힘들다고 합니다. 그렇다면 현대인 대부분은 이미 장수의 복을 누리고 있는 셈입니다.

성경에서도 '장수'를 하나님이 주시는 복으로 가르칩니다. "하나님을 경외하면 오래 살지만 악하게 살면 얼마 살지 못한다"(27절, 메시지). 만일 오래 사는 것이 하나님을 경외하는 사람에게만 주어지는 특별한 복이라면 현대인은 모두 하나님을 경외하는 사람이라고 해야 할까요? 물론 아닙니다. 하나님을 경외하지 않는 사람이 훨씬 더 많습니다. 자, 그렇다면 이 말씀을 우리는 어떻게 이해해야 할까요?

더해지는 삶

오래 산다고 해서 무조건 하나님을 경외하는 사람이라고 말할 수 없듯이, 단명短命한다고 해서 무조건 악인이라고 말할 수 없습니다. 성경이 가르치는 장수는 삶의 '길이'가 아니라 삶의 '내용'에 대한 설명입니다. 얼마나 오래 사느냐의 문제가 아니라 어떻게 살아가느냐의 문제라는 것입니다.

우리말 성경의 '장수한다' 또는 '오래 산다'로 번역된 부분의 히브리 원어를 직역하면 '날을 더하다'(add days)가 됩니다. 반면 '수명이 짧아지다' 또는 '얼마 살지 못하다'는 본래 '해가 단축된다'(the years will be shortened)라는 뜻입니다. 물론 여기에서 '더하다'(add)와 '단축하다'(shorten)가 대조되지만, 그보다는 '날'(days)과 '해'(years)가 더욱 강하게 대조됩니다. 그러니까 하루하루 날마다 '더해지는 삶'과 남은 햇수가 눈에 띄게 확 '줄어드는 삶'이 비교되고 있는 것입니다.

같은 햇수를 살더라도 내일에 대한 기대를 품고 살아가는 것과 마치 손가락 사이로 모래가 빠져나가듯이 자신의 수명이 단축되는 것을 느끼며 살아가는 것은 전혀 다른 이야기입니다. 전자에서는 새로움에 대한 설렘과 희망이 느껴집니다. 지금까지 살아온 날에 더해지는 또 다른 하루에 대한 고마움이 느껴집니다. 그러나 후자에서는 자신이 쌓아놓은 공든 탑이 무너질까 봐 초조해하는 마음과 살아갈 날이 점점 줄어드는 것에 대한 두려움이 느껴집니다.

그 근본적인 차이는 바로 '하나님 경외'입니다. 하나님을 자신의 인생에 포함한 사람은 매일매일 '더해지는 삶'을 살게 되고, 그렇지 않은 사람은 매일매일 '줄어드는 삶'을 살게 됩니다. 그냥 오래 산다고 해서 다 복이 아닙니다. 어차피 한번 사는 인생입니다. 누구나 죽음 앞에 서게 되어 있습니다. 따라서 얼마나 오래 사느냐가 아니라 주어진 시간에 어떤 내용을 채우며 살 것인가가 더 중요합니다.

우리가 아무리 오래 산다고 하더라도 창세기에 나오는 므두셀라만큼 살 수는 없습니다. 그는 자그마치 969세를 살았습니다(창 5:27). 세상 사람들은 그를 부러워할지 모릅니다. 그러나 성경은 그의 장수에 감탄하지 않습니다. 오히려 겨우 365세를 살았던 에녹을 더 주목합니다. 에녹은 하나님과 동행하며 살았습니다(창 5:24). 그는 하나님 안에서 날마다 '더해지는 삶'을 살았던 것입니다. 그것이 바로 하나님을 경외하는 사람에게 주시는 복입니다.

이루어지는 소망

장수가 진정한 복이 되려면 다가오는 날들에 대한 어떤 기대가 있어야 합니다. 그러지 않으면 오래 산다는 것 자체가 오히려 참아내기 힘든 '고문拷問'이 되고 맙니다. 오늘 본문은 말합니다. "의인의 소망은 즐거움을 이루어도 악인의 소망은 끊어지느니라"(28절). 하나님을 경외하는 사람은 자신의 소망이 이루어질 것을 확신합니다. 그래서 즐거운 마음으로 내일을 기다립니다. 새로운 날에 대한 기대감은 '더해지는 삶'의 특징입니다.

메시지성경은 "선한 사람의 희망은 이루어지지만 악한 사람의 야망은 무너진다"라고 번역합니다. 이 말씀을 영어 원어로 읽으면 뉘앙스가 조금 다르게 느껴집니다. "착한 사람의 열망은 축하로 끝나지만, 나쁜 사람의 야망은 충돌로 끝난다"(The aspirations of good people end in celebration, the ambitions of bad people crash).

여기에서 '의인' 혹은 '선한 사람'은 하나님을 자신의 인생에 포함하여 살아가는 사람을 가리킵니다. 하나님의 말씀을 귀담아듣고 순종하여 따르는 사람입니다. 그런 사람이 하나님과 상관없는 '열망'을 품을 수는 없습니다. 하나님의 뜻에 어긋나는 일에 욕심을 낼 수는 없습니다. 하나님 안에서 품은 열망은 하나님이 반드시 이루어 주십니다. 하나님은 올바로 사는 이에게 든든한 버팀목이 되어 주십니다(29절a, 메시지). 그래서 그 마지막은 축하로 끝나게 되어 있는 것입니다.

반면 '악인' 혹은 '악한 사람'은 하나님과 등지고 사는 사람입니다. 하나님의 뜻에 어긋나는 일만 골라서 하는 사람입니다. 그가 품은 '야망'은 자신의 사사로운 욕심을 채우려는 것입니다. 어떤 수단과 방법을 사용해서라도 그 야망을 이루려고 합니다. 문제는 그렇게 야망을 품은 사람들이 이 세상에 많다는 사실입니다. 그래서 충돌이 일어나고 싸움판이 벌어지는 것입니다. 게다가 하나님은 그들의 비열한 행위를 가만히 두고 보지 않으십니다(29절b, 메시지). 반드시 심판하십니다.

인생의 결론을 보면 그 사람의 정체가 드러납니다. 선한 사람은 오래 살고 흔들리지 않지만, 악한 사람은 오늘 살아 있어도 내일이면 사라지고 없습니다. 우리말 성경은 "악인은 땅에 거하지 못하게 된다"(30절b)라고 표현합니다. "땅에 거하지 못한다"라는 말씀은 단순히 일찍 죽게 된다는 뜻이 아닙니다. 여기에서 '땅'은 하나님의 백성에게 허락하신 '약속의 땅'을 가리키기 때문입니다.

이 대목에서 우리는 '잠언箴言'이 세상에서 흔히 말하는 '격언格言'이나 '금언金言'이 아니라는 사실을 다시 기억할 필요가 있습니다. '잠언'은 하나님의 백성에게 주신 '인생 사용설명서'입니다. '고장 난 인생'이 아니라 '행복한 인생'을 살아가라고 주신 말씀입니다. 무턱대고 장수하는 것이 복이 아닙니다. 약속의 땅에서 오래오래 사는 게 진정한 복입니다. 약속의 땅은 오직 하나님을 경외하는 사람들에게만 허락된 곳입니다.

지금까지 우리가 어떻게 살아왔는지보다 앞으로 우리에게 남겨진 시간 속에 어떤 내용을 채워갈 것인지가 더 중요합니다. 우리는 점점 '줄어드는 삶'이 아니라 날마다 '더해지는 삶'으로 초대받았습니다. 이 땅에서 행복하게 살뿐만 아니라 하나님의 나라에 들어가서 영생을 누리도록 창조되었습니다. 그래서 우리는 기대와 소망으로 내일을 기다리는 것입니다.

□ 은혜 나누기

성경이 가르치는 '장수'에 대해서 어떻게 생각하는지 함께 나누어 봅시다.

□ 공동 기도

하나님 아버지, 앞으로 우리에게 남겨진 시간이 얼마이든지 그 속에 하나님을 경외하는 삶으로 가득 채워가게 해 주세요. 그리하여 점점 줄어드는 삶이 아니라 날마다 더해지는 삶을 경험하며 행복하게 살게 해 주세요. 예수님의 이름으로 기도합니다. 아멘.

6월 2주 원칙을 지키는 삶

□ 주님의 기도 주님이 가르쳐주신 기도로 가정예배를 시작합니다.

□ 찬송 부르기 516장(옳은 길 따르라 의의 길을)

□ 성경 읽기 잠언 11:4-7

※ 개역개정판

4재물은 진노하시는 날에 무익하나 공의는 죽음에서 건지느니라. 5완전한 자의 공의는 자기의 길을 곧게 하려니와 악한 자는 자기의 악으로 말미암아 넘어지리라. 6정직한 자의 공의는 자기를 건지려니와 사악한 자는 자기의 악에 잡히리라. 7악인은 죽을 때에 그 소망이 끊어지나니 불의의 소망이 없어지느니라.

※ 메시지성경

4죽을 상황 앞에서는 두툼한 지폐 다발도 아무 소용 없지만 원칙을 지키고 살면 최악의 상황이라도 감당할 수 있다. 5바르게 살면 앞길이 평탄하지만 악하게 살면 인생이 고단하다. 6훌륭한 인격은 최고의 보험이지만 사기꾼은 자기의 악한 탐욕에 걸려 넘어진다. 7악인이 죽으면 그것으로 끝이다. 희망도 사라지고 더 이상 아무것도 없다.

□ 말씀 나누기

"모로 가도 서울만 가면 된다"라는 속담이 있습니다. 수단이나 방법은 어찌 되었든 목적만 달성하면 된다는 뜻입니다. 이 속담이 우리에게까지 전해진 걸 보면 그동안 이에 공감하는 사람이 적지 않았던 모양입니다. 그러나 목적이 정당하다면 그것에 다다르는 과정도 정당해야 합니다. 성경을 읽기 위해서 남의 집 촛대를 훔칠 수는 없는 일이지요. 어떤 경우에도 목적이 수단을 정당화할 수는 없습니다.

그런데 우리가 살아가는 현실은 아주 다릅니다. 좋은 성적을 얻기 위해서 얼마든지 부정행위를 할 수 있다고 생각합니다. 돈을 더 많이 벌기 위해서라면 불법행위도 마다하지 않습니다. 이런 가치관은 영웅이 등장하는 영화에 고스란히 녹아 있습니다. 똑같은 폭력행위이지만 배트맨이 고담시를 지키기 위해서 사용하는 폭력은 괜찮은 것으로 여깁니다. 강력한 악당이 등장할수록 영웅의 폭력성도 강해집니다. 결과만 좋다면 그 과정에서 일어나는 잘못된 일들은 얼마든지 눈감아줄 수 있다는 식입니다.

이 문제에 대한 성경의 가르침은 분명합니다. 방법이 어떻든지 목적만 달성하면 된다는 생각은 절대로 용인되지 않습니다. 하나님을 경외하는 사람은 그렇게 살 수 없습니다. 왜냐면 하나님은 공의로우신 분이기 때문입니다. 하나님은 그의 백성에게 같은 공의를 기대하시기 때문입니다.

진노하시는 날

그런데 사람들이 죄를 저지를 때마다 하늘에서 벼락이 떨어지는 것은 아닙니다. 만일 하나님이 그렇게 하신다면 이 세상에 살아남을 사람은 아마 하나도 없을 것입니다. 죄를 짓고도 아무 탈 없이 무사히 넘어간다 해서 마음 놓으면 안 됩니다. 하나님이 그것을 정산하시는 날이 반드시 오기 때문입니다. 오늘 본문이 언급하는 '진노하시는 날'이 바로 그날입니다.

"재물은 진노하시는 날에 무익하나 공의는 죽음에서 건지느니라"(4절). '진노의 날'(the day of wrath)은 하나님이 심판하시는 날을 가리킵니다. 그렇다고 굳이 역사의 종말에 있을 '최후의 심판'을 떠올릴 필요는 없습니다. 그에 앞서서 사람들은 누구나 개인적인 종말을 맞이해야 합니다. 한번 죽고 나면 인생을 바로잡을 기회가 다시는 주어지지 않습니다.

한 인생에 대한 성적표는 '최후의 심판' 날에 공개되겠지만, 그 인생에 대한 하나님의 평가는 죽는 순간 이미 내려집니다. 세상 사람들은 그 사람이 남긴 재산으로 성공 여부를 판단할 것입니다. 그러나 하나님은 그런 식으로 사람의 가치를 평가하지 않으십니다. 재물은 죽음 앞에서 아무런 소용이 없습니다. 죽을 상황에서 두툼한 지폐 다발이 무슨 소용입니까?

하나님의 관심은 오히려 '공의公義'에 있습니다. 메시지성경은 '공의'를 '원칙을 지키는 삶'(a principled life)으로 풀이합니다. 아무 원칙이 아닙니다. 하나님이 정해 놓으신 원칙입니다. 인생 사용설명서에 기록해 놓으신 원칙입니다. 그 원칙에 따라서 살았는지, 아니면 그것과 상관없이 제 마음대로 살았는지에 따라서 인생의 종착점이 완전히 달라진다는 것입니다.

결정적인 순간에 운명을 가르는 것은 재물이 아니라 원칙입니다. 하나님의 원칙에 따라서 정직하게 사는 사람은 이 세상에서 재물을 많이 모으지 못할지도 모릅니다. 하지만 최악의 상황 앞에서도 언제나 당당하게 설 수 있습니다. 수단과 방법을 가리지 않는다면 불의한 재물을 많이 모을지도 모릅니다. 하지만 인생이 고단해지고 결국에는 자기 악에 걸려 넘어지게 되어 있습니다(5절b).

자기 인생에 하나님을 포함하는 지혜로운 사람은 하나님이 가르쳐주신 원칙에 따라서 살아갑니다. 하나님이 그의 인생을 책임져 주십니다.

최고의 보험

사람들은 최악의 순간을 대비하여 보험을 듭니다. 갑작스러운 죽음을 대비하여 '사망 보험'을 들고, 암에 걸릴 것을 염려하여 '암 보험'을 들어놓습니다. 그러나 그런다고 해서 죽음이나 암을 피할 수는 없습니다. 기껏해야 남은 가족의 생활비나 환자의 치료비를 준비해놓는 것이 전부입니다. 재물은 진노하시는 날에 무익하다고 했습니다. 하나님이 진노하시는 날에 대비하는 보험이 필요합니다.

본문은 말합니다. "정직한 자의 공의는 자기를 건지려니와 사악한 자는 자기의 악에 잡히리라"(6절). 사람에게 다가올 최악의 순간은 인생의 종말에 하나님의 준엄한 심판대에 서서 영원한 형벌을 선고받는 것입니다. 어떤 일이 있더라도 그것만큼은 피해야 합니다. 방법은 하나입니다. 하나님이 정해 놓은 원칙에 따라 살아가는 것입니다.

이 말씀에 대한 메시지성경의 풀이가 재미있습니다. "훌륭한 인격은 최고의 보험이지만 사기꾼은 자기의 악한 탐욕에 걸려 넘어진다"(6절, 메시지). 그렇습니다. '최고의 보험'(the best insurance)은 '훌륭한 인격'(good character)입니다. 훌륭한 인격은 하나님이 정해 놓으신 인생 사용설명서의 원칙에 따라서 살아갈 때만 만들어집니다.

그런데 그 원칙을 지키며 산다는 것은 말처럼 쉬운 일이 아닙니다. 특히 마음에 탐욕을 품고 살아가는 사기꾼에게는 죽기보다 더 어려운 일입니다. 한 번만 눈 질끈 감고 나쁜 짓 하면 큰돈이 생기는데, 왜 굳이 선한 양심에 따라서 살아야 하겠습니까? 그렇게 살다가는 평생 가도 자신의 욕심을 채울 수가 없습니다. 그래서 위험을 무릅쓰고라도 악한 길을 선택하는 것이지요.

그러나 그들은 참으로 어리석습니다. 그 일에 성공하기 힘들 뿐만 아니라, 혹시 성공한다고 해도 결국에는 아무것도 남지 않는다는 사실을 알지 못하기 때문입니다. "악인은 죽을 때에 그 소망이 끊어진다"(7절a)고 했습니다. 메시지성경은 "악인이 죽으면 그것으로 끝이다"라고 풀이합니다. 아니 어쩌면 그들은 죽음으로 인생이 끝난다고 생각하여 서슴지 않고 악한 일을 행하는지도 모릅니다.

그런데 아닙니다. 그들이 피하고 싶어 했던 최악의 순간이 그들을 기다리고 있습니다. 하나님의 진노하는 날이 다가옵니다. 그제야 그들은 하나님의 원칙을 지키며 사는 것이 '최고의 보험'이었다는 사실을 깨닫게 될 것입니다. 하지만 더는 희망이 없습니다. 다시는 돌이킬 수 없습니다. 뒤늦게 후회해도 달라지는 것은 하나도 없습니다. 그들의 인생 이야기는 그렇게 끝나는 것입니다.

따라서 하나님이 정해 놓은 원칙에 따라서 사는 것이 최선입니다. 좌로나 우로나 치우치지 않고 바른길로 걸어가는 것이 가장 안전합니다. 그것이 지혜로운 삶입니다.

▫ 은혜 나누기

지금까지 살아오면서 하나님의 원칙을 포기할 뻔했던 순간이 있었다면 함께 나누어 봅시다.

▫ 공동 기도

하나님 아버지, 어떤 경우에도 하나님이 가르쳐주신 원칙을 잊어버리지 않게 해 주세요. 돈 욕심에 눈이 멀어 죄를 짓는 어리석음에 빠지지 않게 도와주세요. 비록 많은 재물을 소유하지 못한다고 할지라도 훌륭한 인격을 소유한 사람으로 살아가게 해 주세요. 예수님의 이름으로 기도합니다. 아멘.

6월 3주 남을 축복하는 사람

- 주님의 기도 주님이 가르쳐주신 기도로 가정예배를 시작합니다.
- 찬송 부르기 218장(네 맘과 정성을 다하여서)
- 성경 읽기 잠언 11:24-26

  ※ 개역개정판

  24흩어 구제하여도 더욱 부하게 되는 일이 있나니 과도히 아껴도 가난하게 될 뿐이니라. 25구제를 좋아하는 자는 풍족하여질 것이요 남을 윤택하게 하는 자는 자기도 윤택하여지리라. 26곡식을 내놓지 아니하는 자는 백성에게 저주를 받을 것이나 파는 자는 그의 머리에 복이 임하리라.

  ※ 메시지성경

  24관대한 사람의 세상은 점점 넓어지지만 인색한 사람의 세상은 갈수록 좁아진다. 25남을 축복하는 이는 자기도 풍성히 복을 받고 남을 돕는 이는 자기도 도움을 받는다. 26남에게 불공정한 거래를 강요하는 자에게 저주를! 공정하고 정직하게 거래하는 모든 이에게 축복을!

- 말씀 나누기

  스크루지 영감이 주인공으로 등장하는 디킨스Charles Dickens 원작 소설 『크리스마스 캐럴A Christmas Carol』의 내용을 모르는 사람은 아마 없을 것입니다. 지독한 구두쇠였던 스크루지가 크리스마스 전날 밤에 동업자 말리의 유령을 만나서 자신의 과거와 현재와 미래의 모습을 차례대로 보며 인색한 마음을 고쳐먹게 되었다는 그런 이야기입니다.

이 이야기는 사람들에게 돈보다 가치 있는 것이 무엇인지 생각하게 해 주었습니다. 그리고 진정한 행복은 다른 사람을 행복하게 해 줄 때 비로소 맛볼 수 있다는 사실을 깨닫게 해 주었습니다. 그러나 소설은 소설입니다. 아무리 유익한 교훈을 담고 있다고 하더라도, 아무리 감동의 눈물을 흘린다고 해도 그때뿐입니다. 실제로 삶의 태도를 바꾸는 일은 거의 생기지 않습니다. 소설이기 때문입니다.

하나님의 말씀은 다릅니다. 허구虛構에 기초한 소설이 아닙니다. 하나님은 우리 인생을 창조하신 분입니다. 우리가 어떻게 살아야 진정한 행복을 맛볼 수 있는지 처음부터 다 설계해 놓으셨고, 그 내용을 인생 사용설명서에 자세히 기록해 두셨습니다. 말씀에 대한 반응에 따라 '행복한 인생'이 되기도 하고 '고장 난 인생'이 되기도 합니다.

그 결과는 유령이 스크루지에게 나타나서 겁주는 정도로 끝나지 않습니다. 영생永生과 영벌永罰의 운명이 달려 있습니다. 그러니 잘 새겨 듣고 잘 살아내야 합니다.

넓어지는 세상

예나 지금이나 사람들은 부자가 되는 방법에 참 관심이 많습니다. 예전에는 '절약이 미덕'이라고 했습니다. 무조건 아끼고 절약해야 부자가 될 수 있다고 생각했습니다. 그러나 성경의 가르침은 다릅니다. "흩어 구제하여도 더욱 부하게 되는 일이 있나니 과도히 아껴도 가난하게 될 뿐이니라"(24절). 물론 아끼고 절약하는 습관을 나쁜 것이라 말할 수는 없습니다. 그러나 '절약'과 '인색'은 동의어가 아닙니다. 지나치게 아끼면 오히려 가난하게 됩니다. 흩어 구제하는 넉넉한 마음을 가진 사람이 더 부하게 됩니다.

그런데 이 말씀을 부자가 되는 비결로 이해하려고 하지 마십시오.

그러니까 부자가 되려면 넉넉한 마음을 가져야 한다고 가르치는 것이 아니라는 말입니다. 오히려 넉넉한 마음을 가진 사람이 진정한 부자라는 가르침입니다. 메시지성경이 이를 잘 설명하고 있습니다. "관대한 사람의 세상은 점점 넓어지지만 인색한 사람의 세상은 갈수록 좁아진다"(24절, 메시지).

이기적이고 인색한 사람의 관심은 기껏해야 자기 자신이나 가족을 돌보는 게 전부입니다. 그런 사람이 경제적으로 넉넉해지고 나면 그때는 다른 사람을 돌보는 마음을 조금 갖게 될까요? 아닙니다. 더 많이 가질수록 더 인색해지기에 십상입니다. 도움의 손길이 필요한 사람은 여전히 보이지 않고 자신의 욕심을 만족시켜줄 것에만 눈을 돌리기 때문입니다. 그래서 인색한 사람의 세상은 갈수록 작아지는 것입니다.

그와는 반대로 관대한 마음을 가지고 있는 사람은 이미 그 자체로 부자입니다. 돈이 많아야만 구제하는 마음을 갖게 되는 건 아닙니다. 오히려 마음이 넓어야 그럴 수 있습니다. 이 세상을 향한 하나님의 마음을 품고 있을 때만 지구 끝 오지에 사는 일면식도 없는 사람을 돕겠다고 나설 수 있습니다. 그래서 관대한 마음을 가진 사람의 세상은 점점 더 넓어지는 것입니다.

추수의 원칙

하나님이 이 세상을 창조하실 때 정해 놓으신 불변의 원칙이 하나 있습니다. 그것은 무엇이든 심은 대로 거두게 하시는 '추수의 원칙'입니다. 콩 심은 데 콩 나고, 팥 심은 데 팥 나는 법입니다. 복 받는 일도 마찬가지입니다. 복을 심으면 복을 받고, 저주를 심으면 저주를 받습니다. "구제를 좋아하는 자는 풍족하여질 것이요, 남을 윤택하게 하는 자는 자기도 윤택하여진다"(25절)고 했습니다.

구제는 다른 사람에게 복을 심어주는 행위입니다. 경제적으로 힘겹게 살아가는 사람에게 용기를 북돋아 주는 것입니다. 그렇게 자신의 소유를 다른 사람에게 나누어 주는 것은 결코 손해 보는 일이 아닙니다. 왜냐면 남을 축복하면 자기도 풍성히 복을 받게 되고, 남을 도와주면 자기도 도움을 받게 되기 때문입니다. 그것이 하나님이 정해 놓으신 원칙입니다.

그 반대의 경우도 마찬가지입니다. "곡식을 내놓지 아니하는 자는 백성에게 저주를 받을 것이나 파는 자는 그의 머리에 복이 임한다"(26절)고 했습니다. 이는 흉년이 들었을 때 곡식을 사재기하여 잔뜩 쌓아두는 악덕 상인을 염두에 두고 하신 말씀입니다. 우리가 돈을 주고 쌀을 사 먹지만, 쌀은 돈이 아니라 생명입니다. 밥을 먹지 못하면 굶어 죽습니다. 그런데 흉년을 기회 삼아 떼돈을 벌겠다고 나서는 그런 못된 사람이 있다는 것입니다.

물론 그렇게 해서 큰돈을 벌 수는 있을 겁니다. 더러는 갑부가 될수도 있을 겁니다. 그러나 그는 돈과 함께 사람들의 저주를 받게 될 것입니다. 그를 축복하는 사람은 하나도 없을 겁니다. 오히려 사람들은 이렇게 말할 것입니다. "남에게 불공정한 거래를 강요하는 자에게 저주를! 공정하고 정직하게 거래하는 모든 이에게 축복을!"(26절, 메시지)

만일 다른 사람의 축복이나 저주에 조금이라도 마음을 쓰는 사람이었다면, 처음부터 그렇게 하지는 않았을 것입니다. 앞에서 언급했듯이 인색한 사람의 세상에는 자기 자신이나 가족 외에 다른 사람은 존재하지 않습니다. 그래서 다른 사람이 받는 고통을 외면할 수 있지요. 그러나 그는 엄숙한 진실을 놓치고 있습니다. 사람의 축복이나 저주를 하나님이 듣고 계신다는 사실입니다.

아브라함을 부르시는 장면에서 하나님은 이렇게 말씀하셨습니다. "너를 축복하는 자에게는 내가 복을 내리고 너를 저주하는 자에게는 내가 저주하리니 땅의 모든 족속이 너로 말미암아 복을 얻을 것이라"(창 12:3). 이것이 바로 하나님을 경외하는 사람에게 복을 주시는 하나님의 방법입니다. 물론 하나님을 경외하지 않는 사람에게는 정반대의 일이 벌어집니다.

만일 옳은 일을 하고도 다른 사람에게 욕을 먹는다면 하나님은 오히려 욕하는 그 사람에게 욕이 돌아가게 하실 것입니다. 그러나 인색한 마음으로 행한 일로 인해 다른 사람의 저주를 받는다면 하나님은 그 저주가 이루어지게 하실 것입니다. 그러니 다른 사람을 돕는 것이 내가 잘살게 되는 비결입니다. 남을 축복하면 내가 복을 받습니다. 그렇게 서로를 축복하며 살아가도록 하나님은 우리를 창조하신 것입니다.

□ 은혜 나누기
다른 사람을 축복하면 내가 복을 받는다는 말씀을 어떻게 생각하나요?
□ 공동 기도
하나님 아버지, 부자가 되고 난 후에 다른 사람을 도와주려고 하기보다 먼저 가진 것을 나누어 주는 넉넉한 마음을 갖게 해 주세요. 서로를 축복해 줌으로써 하나님이 주시는 복을 함께 누리며 살 수 있게 해 주세요. 예수님의 이름으로 기도합니다. 아멘.

6월 4주　　　생각의 씨앗

□ 주님의 기도 주님이 가르쳐주신 기도로 가정예배를 시작합니다.
□ 찬송 부르기 424장(아버지여 나의 맘을)
□ 성경 읽기 잠언 12:5-8

※ 개역개정판

5의인의 생각은 정직하여도 악인의 도모는 속임이니라. 6악인의 말은 사람을 엿보다 피를 흘리자 하는 것이거니와 정직한 자의 입은 사람을 구원하느니라. 7악인은 엎드러져서 소멸되려니와 의인의 집은 서 있으리라. 8사람은 그 지혜대로 칭찬을 받으려니와 마음이 굽은 자는 멸시를 받으리라.

※ 메시지성경

5원칙에 충실한 이들의 생각은 정의에 보탬이 되지만 타락한 자들의 음모는 결국 와해된다. 6사악한 자들의 말은 사람을 죽이지만 올바른 이들의 말은 사람을 살린다. 7악한 사람들은 뿔뿔이 흩어져 흔적도 없게 되지만 선한 사람들은 함께 뭉친다. 8이치에 닿게 말하는 사람은 존경을 받지만 멍청이들은 멸시를 받는다.

□ 말씀 나누기

"인간은 생각하는 갈대다." 17세기 프랑스의 사상가였던 파스칼 Blaise Pascal이 남긴 유명한 말입니다. 이 말은 인간의 마음속에 생각이 많이 들어 있어서 마치 갈대가 바람에 흔들리듯이 그렇게 쉽게 흔들린다는 뜻이 아닙니다. 오히려 인간은 바람에 흔들리는 갈대처럼 아주

연약한 존재이지만, 오직 생각할 수 있다는 한 가지 이유로 인해 가치 있는 존재가 된다는 뜻입니다.

그렇다고 해서 아무 생각이나 인간을 가치 있는 존재로 만드는 것은 아니지요. 악한 생각은 악한 사람을 만들고, 선한 생각은 선한 사람을 만듭니다. 마음에 어떤 생각을 담느냐에 따라서 더러는 공동체에 해악을 끼치는 존재가 되기도 하고, 그 반대로 선한 영향력을 끼치는 존재가 되기도 합니다. 그러니까 가치 있는 생각이 인간을 가치 있는 존재로 만든다고 해야 할 것입니다.

진정한 가치는 하나님 경외에서 비롯됩니다. 자신의 인생에 하나님을 포함하여 생각할 때만 인간은 가치 있는 생각을 하는 가치 있는 존재가 되고, 공동체에 유익을 끼치는 존재가 될 수 있는 것입니다.

사람을 살리는 생각

하나님은 그를 경외하는 사람에게 '살리는 생각'의 씨앗을 품게 하십니다. 본문은 "의인의 생각은 정직하여도 악인의 도모는 속임이라"(5절)고 말합니다. 여기에서 '의인'이란 하나님과의 관계가 올바른 사람을 의미합니다. 메시지성경은 '의인'을 '원칙에 충실한 이들'로 풀이합니다. 그 반대로 '악인'은 하나님과 상관없이 살아가는 사람입니다. 의인과 악인은 생각부터가 다릅니다. 의인은 기본적으로 정직한 생각을 품지만, 악인은 남을 속일 생각부터 합니다.

서로 다른 생각의 씨앗은 전혀 다른 결과로 나타납니다. "악인의 말은 사람을 엿보다 피를 흘리자 하는 것이지만, 정직한 자의 입은 사람을 구원한다"(6절). 메시지성경은 "사악한 자들의 말은 사람을 죽이지만, 올바른 이들의 말은 사람을 살린다"라고 풀이합니다. 그렇습니다. 말은 생각에서부터 나옵니다. 나쁜 생각의 씨앗을 품고 있는 악인의 입에서는 사람을 죽이는 말이 나옵니다. 그러나 하나님이 주신 올바른 생각의 씨앗을 품고 있는 의인의 입에서는 다른 사람을 살리는 말이 나옵니다.

무엇보다 생각이 중요합니다. 우리의 생각(thoughts)이 말(words)이 되고, 말이 행동(actions)이 됩니다. 그 행동이 습관(habits)이 되고, 습관이 성격(character)이 됩니다. 그리고 마침내 그 성격이 우리의 운명(destiny)을 만들기 때문입니다. 우리가 마음속에 담고 있는 생각은 그저 한낱 생각이 아닙니다. 그 생각이 우리 자신의 정체성을 결정할 뿐만 아니라(We are what we think) 다른 사람을 죽이기도 하고 살리기도 하는 것입니다.

그래서 "모든 지킬 만한 것 중에 더욱 네 마음을 지키라. 생명의 근원이 이에서 남이니라"(잠 4:23)라고 말씀하셨습니다. 가장 치열한 영적인 싸움이 벌어지는 곳은 우리의 마음입니다. 사탄이 주는 나쁜 생각과 하나님이 주시는 좋은 생각이 언제나 우리 마음속에서 충돌하고 있습니다. 나쁜 생각의 씨앗을 받아들이면 우리는 사탄의 종이 됩니다. 자신도 모르는 사이에 죽이는 말을 함부로 내뱉고 악한 행동을 하게 됩니다. 그러나 좋은 생각의 씨앗을 받아들이면 우리는 하나님의 자녀가 됩니다. 우리를 통해 많은 사람이 구원을 받습니다.

따라서 기회를 얻는 대로 우리의 마음에 말씀의 씨앗을 뿌리는 일을 꾸준히 해야 합니다. 주일예배를 드리는 것만으로는 충분하지 않습니다. 개인적인 묵상도 필요하고, 가정예배를 통한 묵상도 필요합니다. 그렇게 하나님이 주시는 생각의 씨앗을 키워나가는 사람이 하나님을 경외하는 지혜로운 사람입니다.

가정을 세우는 생각

한 사람이 좋은 생각을 품으면 개인적으로만 유익이 되는 것이 아닙니다. 그가 속한 공동체를 든든히 세우게 합니다. 본문에서 "악인은 엎드러져서 소멸되지만, 의인의 집은 서 있을 것"(7절)이라고 말씀합니다. 우선 '엎드러지다'와 '서다'가 대조적입니다. 악인은 넘어지면 그걸로 끝입니다. 메시지성경의 풀이처럼 그들은 뿔뿔이 흩어져 흔적도 남지 않게 됩니다. 그에 비해서 '의인의 집'은 든든히 서 있습니다.

그런데 그냥 '의인'이라고 하지 않고 굳이 '의인의 집'이라고 말씀하신 이유가 무엇일까요? 여기에서 우리는 앞에서 언급된 '악인'은 곧 '악인의 집'을 의미한다는 사실을 알게 됩니다. 한 사람이 품은 생각은 혈연 공동체요 생활 공동체인 한 가정의 운명을 좌우한다는 말씀입니다. 특히 한 가정을 이끌어가는 가장家長의 생각이 가장 중요합니다.

바울과 실라가 빌립보에서 옥에 갇혔을 때 일어난 일입니다. 한밤중에 기도하고 찬송하던 중 갑자기 큰 지진이 일어나서 옥문이 모두 열렸지요. 잠을 자다가 엉겁결에 깨어난 간수는 죄수들이 모두 도망한 줄 알고 스스로 목숨을 끊으려고 합니다. 그러자 바울은 그를 말리면서 이렇게 말합니다. "주 예수를 믿으라. 그리하면 너와 네 집이 구원을 받으리라"(행 16:31). 실제로 그날 간수의 가족이 모두 세례를 받고 하나님을 믿게 되었습니다. 가장의 믿음이 중요합니다.

하나님이 주시는 좋은 생각을 가장이 품고 있다면 그 가정은 어떤 어려운 일을 만나더라도 흔들리지 않고 든든히 서 있게 됩니다. 그러나 사탄이 주는 나쁜 생각을 가장이 품게 되면 그 가정은 조만간 무너지게 되어 있습니다. 따라서 가장의 역할은 가족을 부양하는 경제적인 책임을 지는 것만으로 충분하지 않습니다. 오히려 하나님의 말씀으로 가정을 세우는 일을 잘해야 합니다.

"사람은 그 지혜대로 칭찬을 받지만, 마음이 굽은 자는 멸시를 받는다"(8절)고 했습니다. 자녀는 물론 부모에게 칭찬을 받아야 마땅합니다. 그러나 부모도 마찬가지입니다. 부모 또한 자녀에게 칭찬을 받을 수 있어야 합니다. 무엇으로 칭찬을 받습니까? '그 지혜대로' 칭찬을 받습니다. 메시지성경의 표현대로 하자면 '이치에 닿게 말하는 것'으로 존경을 받습니다.

가장이 돈의 힘이나 완력으로 가정을 다스리려고 하면 그 집은 절대로 바르게 세워지지 않습니다. 그것은 마치 모래 위에 집을 짓는 것 같아서 비가 내리고 바람이 불면 쉽게 무너질 수밖에 없습니다. 반석 위에 집을 세워야 합니다(마 7:24). 하나님의 말씀이 반석입니다. 하나님이 주시는 생각의 씨앗이 바로 반석입니다.

□ 은혜 나누기

이 시간 부모는 자녀를, 자녀는 부모를 서로 칭찬해 봅시다. 어떤 점을 칭찬해 주고 싶은가요?

□ 공동 기도

하나님 아버지, 우리의 마음 밭에 말씀의 씨앗이 뿌려지게 해 주세요. 하나님이 주시는 좋은 생각이 무럭무럭 잘 자라게 해 주세요. 그리하여 다른 사람에게 살리는 말을 해 주는 사람이 되게 해 주시고, 우리 가정이 하나님의 말씀 위에 든든히 세워지게 해 주세요. 예수님의 이름으로 기도합니다. 아멘.

때에 맞는 말을 하는 지혜

(7~9월)

7월 1주 　슬기로운 생활

□ 주님의 기도 주님이 가르쳐주신 기도로 가정예배를 시작합니다.

□ 찬송 부르기 455장(주님의 마음을 본받는 자)

□ 성경 읽기 잠언 12:15-16

　※ 개역개정판

　15미련한 자는 자기 행위를 바른 줄로 여기나 지혜로운 자는 권고를 듣느니라.

　16미련한 자는 당장 분노를 나타내거니와 슬기로운 자는 수욕을 참느니라.

　※ 메시지성경

　15미련한 사람은 고집을 부리며 제멋대로 행동하지만 지혜로운 사람은 충고를 받아들인다. 16어리석은 사람은 참을 줄 모르고 금세 울화를 터뜨리지만 신중한 사람은 모욕을 당해도 가만히 떨쳐 버린다.

□ 말씀 나누기

　지금은 교과 과정이 많이 달라졌지만, 예전에는 초등학교에 들어가면 가장 먼저 '슬기로운 생활'이라는 과목을 배웠습니다. 일상생활 주변에서 일어나는 여러 가지 변화와 다양한 관계를 체험하는 학습입니다. 예를 들어 봄 날씨의 특징에 대해서 알아본다거나 마을 사람들이 하는 일을 조사해본다거나 우리나라의 전통문화를 체험해 본다거나 하는 식입니다.

　'슬기'에 대한 우리말 사전의 정의는 '사물의 이치를 바르게 판단하고 일을 잘 처리해 내는 능력'입니다. 따라서 '슬기로운 생활'이란 그와 같은 지적인 능력을 길러주는 학습 과정으로 이해할 수 있습니다. 잠 언에도 '슬기로운 사람'에 대한 언급이 자주 나옵니다. 그러나 성경이 말하는 '슬기'는 사리를 판단하는 지적인 능력을 의미하지 않습니다. 오히려 다른 사람과 바른 관계를 맺어나가는 능력을 의미합니다.

학교 성적은 아주 뛰어난데 친구들과 잘 어울리지 못하고 늘 다툼을 만들어낸다면, '슬기로운 생활'을 하고 있다고 말할 수 없습니다. 겉으로는 아는 것이 많아 보이는데 정작 알아야 할 중요한 일에 대해서는 하나도 모르는 사람을 우리는 '헛똑똑이'라고 부릅니다. 하나님이 주시는 지혜가 없으면 그렇게 됩니다.

소신과 아집

오늘 본문은 '슬기로운 사람'과 '미련한 사람'이 어떻게 다른지 비교하여 설명합니다. "미련한 자는 자기 행위를 바른 줄로 여기나 지혜로운 자는 권고를 듣느니라"(15절). '미련한 사람'이라고 하면 공부를 잘하지 못하는 사람을 가장 먼저 떠올리지만, 아닙니다. 미련한 사람은 오히려 남들보다 아는 게 더 많습니다. 똑똑하기까지 합니다. 그런데 자기 생각만 옳다고 고집합니다. 자기 판단에 대한 확신이 너무 지나쳐서 다른 사람의 생각을 틀렸다고 말합니다. 그래서 미련합니다.

물론 누구에게나 '소신所信'이 필요합니다. 주변 사람들의 말에 휘둘려서 왔다 갔다 하지 않고, 나름대로 굳게 믿고 있는 바에 따라 행동할 수 있어야 합니다. 그러나 소신이 있다는 것과 다른 사람의 생각을 무조건 무시하는 것은 완전히 다른 이야기입니다. 자기중심의 좁은 생각에 집착하여 다른 사람의 의견을 전혀 받아들이지 않고 오직 자기만을 내세우는 것은 '소신'이 아니라 '아집我執'입니다.

성경은 그 이유를 지혜가 없기 때문이라고 진단합니다. 지혜는 하나님을 경외하는 마음에서 생겨납니다. 지혜가 있는 사람은 '권고'를 듣는다고 말씀합니다. '권고勸告'란 권면해 주는 말입니다. 충고(advice)입니다. 대개는 어른이 아랫사람에게 이런 말을 해 주지요. 그런데 그 말을 듣지 않는 겁니다. 우습게 여깁니다. 그리고 계속해서 자기 행위를 옳다고 여기며 고수합니다. 그런 사람을 가리켜서 성경은 '미련한 사람'이라고 말하는 것입니다.

충고를 받아들이지 않는 두 가지 경우를 생각해 볼 수 있습니다. 하나는 상대방의 지적인 능력이 자신보다 열등하다고 생각할 때입니다. 많이 배우지 못한 부모의 말을 우습게 여기는 고학력의 자녀가 그런 경우입니다. 다른 하나는 자기의 판단이 얼마든지 틀릴 수도 있다는 사실을 인정하지 않을 때입니다. 아는 것이 많을수록 이런 오만함의 함정에 빠지기 쉽습니다. 이 모두 하나님 없이 살아가는 사람의 모습입니다.

그런 사람은 참으로 미련합니다. 생각해 보십시오. 상대방의 이야기를 무시하면서 귀담아들으려고 하지 않는데, 누가 그 사람의 이야기에 관심을 기울이고 그의 주장을 존중해 주겠습니까? 그렇게 계속해서 자기주장만 앞세우다가는 다른 사람과의 관계가 어그러질 수밖에 없습니다. 결국에는 외톨이 독불장군이 되겠지요.

분노와 인내

'슬기로운 사람'과 '미련한 사람'은 화를 내야 하는 상황에서도 큰 차이를 보입니다. "미련한 자는 당장 분노를 나타내거니와 슬기로운 자는 수욕을 참느니라"(16절). 사람이 살다 보면 별별 일을 다 겪게 됩니다. 억울한 일을 당할 때도 있고, 상대방의 잘못이 분명한데도 오히려 비난을 받을 때도 있습니다. 충분히 화를 낼 수 있는 상황입니다.

대부분은 화를 참지 못합니다. 당장에 분노를 나타냅니다. 즉시 울

화를 터뜨립니다. 소리부터 버럭 지르고 봅니다. 그러나 그것이 아무리 정당한 분노였다고 하더라도 그는 미련한 사람입니다. 왜냐면 하나만 알고 둘은 알지 못하기 때문입니다. 상대방의 잘못을 지적하면서 화를 내면 그 사람이 자신의 잘못을 인정하게 될까요? 아닙니다. 오히려 서로의 감정만 상하고 잘못을 바로잡을 기회를 영영 잃어버리게 됩니다.

어떤 사람들은 화를 참지 못하는 걸 성격 탓으로 돌립니다. 그때는 어쩔 수 없었다는 것이지요. 그러면서 자신은 '뒤끝'이 없노라고 변명합니다. 아닙니다. 그렇게 쉽게 화를 내는 것은 '성격' 탓이 아니라 성숙하지 못한 미련한 '인격' 탓입니다. 만일 자신의 감정에 즉시 반응하느라 상대방의 감정을 헤아리는 일에 무지했다면, 바로 그것 자체가 자신의 미련함을 드러내는 증거입니다.

그에 비해서 슬기로운 사람은 '수욕受辱'을 참습니다. '남에게 받는 모욕'을 잘 참아냅니다. 메시지성경은 "모욕을 당해도 가만히 떨쳐버린다"라고 풀이합니다. 우리말 '떨쳐버린다'로 번역된 영어 단어는 본래 '어깨를 으쓱하다'(shrug off)라는 의미로 사용됩니다. 상대방의 모욕적인 언사에 조용히 어깨를 한번 으쓱해줌으로써 대수롭지 않게 넘겨버린다는 것이지요.

그는 참으로 슬기로운 사람입니다. 감정적인 대응은 서로에게 깊은 상처만 남긴다는 사실을 그는 잘 압니다. 그렇습니다. 화를 낸다고 당장에 문제가 해결되는 것은 아닙니다. 문제를 해결할 기회는 나중에 반드시 찾아옵니다. 상대방이 먼저 자신의 잘못을 인정하고 다가올 수도 있습니다. 아니면 감정이 어느 정도 가라앉은 후에 그 문제를 가지고 직접 대면할 수도 있습니다.

화를 내지 않고 차분하게 대화를 나누다 보면 의외로 쉽게 해결되

기도 합니다. 서로에 대한 오해가 풀리고, 서로의 잘못을 고백하며 용서를 구하게 됩니다. 만에 하나 관계가 회복되지 않는다고 하더라도 절반의 성공입니다. 적어도 나 자신 만큼은 상대방에게 화를 내거나 상대방을 미워하는 죄에 빠지지 않았기 때문입니다. 그렇게 잘 참아냄으로써 내가 하나님을 경외하는 슬기로운 사람이라는 사실을 확실하게 보여 주었기 때문입니다.

이 세상에 '정당한 분노'는 없습니다. 오직 '정당한 인내'만 있을 뿐입니다. 아무 죄가 없으신 우리 주님이 십자가에 달리셨을 때 사람들은 머리를 흔들며 예수님을 모욕하며 조롱했습니다. 그때 주님이 어떻게 하셨습니까? 분노하지 않고 인내하셨습니다. 그들의 죄를 용서해 달라고 기도하셨습니다. 그렇게 끝까지 참으심으로써 구원의 길을 활짝 열어놓으셨던 것입니다.

이와 같은 '슬기로운 생활'은 학교에서 배울 수 있는 것이 아닙니다. 오직 하나님을 경외하는 '지혜로운 사람'만이 진정한 의미에서 '슬기로운 생활'을 할 수 있는 겁니다.

□ 은혜 나누기
오늘 말씀을 묵상하면서 혹시라도 마음에 찔림을 받는 부분이 있었다면 이 시간 솔직하게 나누어 봅시다.

□ 공동 기도
하나님 아버지, 똑똑한 사람이라는 말은 듣지 않더라도 슬기로운 사람이라는 칭찬은 들을 수 있게 해 주세요. 서로의 이야기에 귀를 기울여주고, 서로에 대해서 오래 참아주는 우리 가족이 되게 해 주세요. 하나님을 경외함으로 그렇게 슬기로운 생활을 해 나가는 우리 가정이 되게 해 주세요. 예수님의 이름으로 기도합니다. 아멘.

7월 2주 지혜로운 언어생활

□ 주님의 기도 주님이 가르쳐주신 기도로 가정예배를 시작합니다.

□ 찬송 부르기 212장(겸손히 주를 섬길 때)

□ 성경 읽기 잠언 12:17-19

※ 개역개정판

17진리를 말하는 자는 의를 나타내어도 거짓 증인은 속이는 말을 하느니라. 18칼로 찌름같이 함부로 말하는 자가 있거니와 지혜로운 자의 혀는 양약과 같으니라. 19진실한 입술은 영원히 보존되거니와 거짓 혀는 잠시동안만 있을 뿐이니라.

※ 메시지성경

17선한 사람은 진실한 증언으로 의혹을 일소하지만 거짓말쟁이는 속임수로 연막을 친다. 18무분별한 말은 난도질로 상처를 주지만 지혜로운 사람의 말은 상처를 아물게 한다. 19진실은 길이 남고 거짓은 오늘 있다가도 내일이면 사라진다.

□ 말씀 나누기

그 사람의 '말'을 들어보면 '그 사람'이 보입니다. 몇 마디 대화를 나누어 보면 상대방이 어떤 사람인지 충분히 짐작할 수 있습니다. 그래서 '말'은 그냥 '말'이 아닙니다. 말은 마음의 생각에서 나오고 구체적인 행동으로 발전합니다. 말은 그 사람의 정체성을 드러내는 통로입니다.

사도 바울은 "무릇 더러운 말은 입 밖에도 내지 말고 오직 선한 말을 하라"(엡 4:29)고 했습니다. 더러운 말은 더러운 생각에서 나옵니다. 선한 말은 선한 생각에서 나옵니다. 그리고 그에 따른 구체적인 행동을 낳게 됩니다.

요즘 아이들의 입에서 거칠고 자극적인 말이 너무나 쉽게 나오는 걸 자주 목격합니다. 다른 사람의 시선을 끌기 위해서 또는 남보다 더 '튀기' 위해서 그런다고 합니다. 그렇게 또래 집단에서 인기를 얻을 수 있을지는 모르지만, 그리 오래가지 않습니다. 어리석은 말로는 기껏해야 어리석은 친구를 얻을 뿐입니다.

하나님을 경외하는 사람의 말은 하나님 없이 살아가는 사람의 말과 무언가 달라야 합니다. 잠언이 우리의 언어생활에 대해서 특별한 관심을 보이는 이유입니다.

진실한 말

하나님을 경외하는 지혜로운 사람은 언제나 진실한 말을 합니다. "진리를 말하는 자는 의를 나타내어도 거짓 증인은 속이는 말을 하느니라"(17절). 이 말씀은 재판정에서 증인이 증언하는 상황을 배경으로 하고 있습니다. 증인의 말은 죄의 유무를 판단할 때 결정적인 역할을 합니다. 따라서 증인은 자기가 직접 보고 들은 일에 대해서 객관적으로 솔직하게 말해야 합니다.

메시지성경의 풀이처럼 진실한 증인의 말은 의혹을 일소합니다. 그 증언을 통해서 죄가 있는지 없는지 분명하게 판단할 수 있습니다. 그러나 거짓 증인은 속이는 말을 합니다. 속임수의 연막을 쳐서 무엇이 진실인지 모르게 만듭니다. 그래서 아무런 죄가 없는 사람이 억울하게 옥살이를 하기도 하고, 죄가 있는 사람이 오히려 자유의 몸으로 풀려나기도 합니다.

왜 그러는 것일까요? 거짓말로 사람들을 속이려고 하는 이유가 무엇일까요? 왜냐면 거짓 증언을 통해서 얻게 되는 반사 이익이 있기 때문입니다. 나봇의 포도원 사건이 가장 좋은 예입니다. 아합왕은 정당한 값을 치르고 나봇의 포도원을 사려고 했습니다. 나봇은 전통적인 율법에 근거하여 왕의 제의를 거절합니다. 아무리 왕이라고 하더라도 다른 지파 사람에게는 땅을 넘겨주지 못하게 되어 있기 때문입니다.

그러자 이번에는 아합의 아내 이세벨이 나섭니다. 나봇을 모함하여 재판정에 세우고 불량자 두 사람을 동원해서 거짓 증언을 하게 만듭니다(왕상 21:13). 하나님과 왕을 저주하였다는 거짓말에 사람들은 나봇을 성읍 밖으로 끌고 나가서 돌로 쳐 죽입니다. 그리고 나서 아합은 주인이 없어진 포도원을 차지합니다. 물론 거짓 증인들에게는 두둑한 보상이 주어졌을 것입니다.

이처럼 사람들은 돈 때문에 거짓 증언을 합니다. 그러나 그게 전부는 아닙니다. 때로는 자신의 잘못을 감추기 위해서 또는 자신의 생명을 부지하기 위해서 거짓말을 하기도 합니다. 이유가 무엇이든 거짓은 거짓입니다. 돈이나 명예나 생명이나 만일 거짓말로 얻어낸 것이라면 모두 불의한 재물입니다. 하나님이 주시는 복이 아닙니다. 오히려 하나님의 심판을 재촉하는 이유가 되고 맙니다.

진실은 길이 남지만, 거짓은 오늘 있다가도 내일이면 사라지게 되어 있습니다(19절, 메시지). 하나님이 그렇게 만드십니다.

치유하는 말

하나님을 경외하는 지혜로운 사람은 '치유하는 말'을 합니다. "칼로 찌름같이 함부로 말하는 자가 있거니와 지혜로운 자의 혀는 양약과 같으니라"(18절). 칼은 몸에 상처를 입히지만, 혀는 마음에 상처를 입힙니다. 몸에 입은 상처는 시간이 흐르면 자연히 치유되지만, 마음에 입은 상처는 쉽게 치유되지 않습니다. 그래서 칼에 찔려 죽은 사람보다 혀에 찔려 죽은 사람이 훨씬 더 많다고 하지요.

아이러니한 것은 그와 같은 언어의 폭력이 주로 가까운 사이에서 발생한다는 사실입니다. 서로 잘 모르는 사람에게 함부로 말을 내뱉는 경우는 극히 드뭅니다. 그런데 가까운 가족 사이에서는 무분별한 말로 난도질하는 경우를 흔히 발견할 수 있습니다. 물론 나름대로 명분은 있습니다. 잘못을 바로잡기 위해서 그런다고 합니다. 피를 나눈 가족이기에 부모로서, 형제로서 고쳐 주어야 할 책임이 있다고 합니다.

그런데 난도질하는 말로는 절대로 잘못을 고칠 수 없다는 것이 문제입니다. 오히려 마음에 지울 수 없는 깊은 상처를 남기고, 가족 관계를 더 멀어지게 만들 뿐입니다. 잘못을 바로잡고 싶다면 지혜롭게 이야기해야 합니다. 지혜로운 자의 말은 '양약良藥'과 같다고 합니다. '양약'이란 '좋은 약'을 의미합니다. 약은 제때에 적절한 양을 먹어야 효과를 볼 수 있습니다. 아무리 좋은 약이라도 너무 많이 먹으면 독이 됩니다.

말도 마찬가지입니다. 제때에 필요한 말을 해 주어야 합니다. 아무리 좋은 내용이라도 너무 길게 늘어놓으면 듣기 싫은 잔소리가 되고 맙니다. 게다가 말을 하는 태도에도 지혜가 필요합니다. 높은 음색의 가시 돋친 말투로 야단치듯이 퍼붓는 말은 듣는 사람의 마음 문을 처음부터 닫아버리게 만듭니다. 그런 상태에서는 말을 하면 할수록 더욱 '반감'만 생겨날 뿐, 서로에 대한 '교감'은 절대로 이루어지지 않습니다.

지혜로운 사람의 말은 상처를 아물게 합니다. 사실 잘못한 사람은 누가 지적해 주지 않아도 무엇을 잘못했는지 이미 잘 알고 있습니다. 비록 자신이 잘못한 일이지만 그로 인해 스스로 마음에 상처를 받은 겁니다. 거기다 대놓고 무조건 야단을 치면 어떻게 될까요. 상처는 아물지 않고 더욱 깊어집니다. 가뜩이나 떨어진 자존감은 더 떨어지게 되어있습니다.

따라서 상대의 잘못을 지적하여 책망하기보다는 차라리 자기 이야기를 해 주는 것이 훨씬 더 유익합니다. 자신도 과거에 비슷한 실수를 저지른 적이 있었다는 사실을 솔직하게 말해 주는 겁니다. 그 일을 통해서 어떤 교훈을 얻었는지, 어떻게 극복할 수 있었는지 자신의 경험담을 말해 주는 겁니다. 그러면서 시행착오를 두려워하지 말라고 격려해 주는 겁니다. 그러다 보면 어느새 표정이 달라져 있는 것을 발견하게 될 것입니다.

그렇습니다. 어떤 경우에도 다른 사람을 책망할 수 있는 자격을 갖춘 완벽한 사람은 이 세상에 아무도 없습니다. 상대의 잘못에 필요 이상으로 목소리를 높여서 책망하는 사람은 어쩌면 자신의 잘못을 감추기 위해서 그러는 것인지도 모릅니다. 자신의 부족함을 솔직하게 인정할 줄 아는 겸손한 사람이 누군가의 상처를 아물게 하는 지혜로운 말을 해 줄 수 있습니다. 하나님의 은혜를 맛보아 아는 사람만이 그렇게 할 수 있습니다.

▫ 은혜 나누기
자신의 언어생활을 솔직하게 진단해 봅시다. 나는 진실한 말이나 치유하는 말을 하고 있습니까?

▫ 공동 기도
하나님 아버지, 어떤 상황에도 우리의 입에서 거짓말이 나오지 않게 해 주세요. 가까운 가족들에게는 상처를 주는 말이 아니라 상처를 아물게 해 주는 유익한 말을 할 수 있게 해 주세요. 지혜로운 언어생활을 통하여 우리 가정이 날마다 회복될 수 있게 해 주세요. 예수님의 이름으로 기도합니다. 아멘.

7월 3주　사랑의 훈육

□ 주님의 기도 주님이 가르쳐주신 기도로 가정예배를 시작합니다.

□ 찬송 부르기 560장(주의 발자취를 따름이)

□ 성경 읽기 잠언 13:1, 18, 24

※ 개역개정판

1지혜로운 아들은 아비의 훈계를 들으나 거만한 자는 꾸지람을 즐겨 듣지 아니하느니라.

18훈계를 저버리는 자에게는 궁핍과 수욕이 이르거니와 경계를 받는 자는 존영을 받느니라.

24매를 아끼는 자는 그의 자식을 미워함이라. 자식을 사랑하는 자는 근실히 징계하느니라.

※ 메시지성경

1똑똑한 아이는 부모의 말에 귀 기울이지만 어리석은 아이는 제멋대로 한다.

18훈계를 거절하면 거리에 나앉는 신세가 되고 책망을 받아들이면 존경받으며 살게 될 것이다.

24아이를 꾸짖지 않는 것은 사랑하지 않는 것이다. 사랑하거든 자녀를 훈육하여라.

□ 말씀 나누기

예전에는 집마다 '사랑의 매'가 하나씩 있었습니다. 그 시절 부모님들은 "다 자식 잘되라고 이러는 거다"라는 말과 함께 가끔 그 매를 들곤 하셨습니다. 그러나 이제는 시대가 완전히 달라졌습니다. 민법에 남아있던 부모의 징계권 조항이 삭제됨으로써 가정에서 자녀를 체벌하는 일이 법적으로 금지되었습니다. 여기에는 그동안 '자녀 훈육'을 핑계로 '자녀에 대한 폭력'을 일삼아 온 나쁜 부모들 탓이 큽니다.

물론 자녀에 대한 학대는 변명의 여지가 없습니다. 그 어떤 이유로도 정당화될 수 없습니다. 그렇지만 이제부터가 진짜 문제입니다. 부모 노릇 하기가 정말 힘들어졌기 때문입니다. 잘못된 길로 들어서는 아이를 보고도 부모가 할 수 있는 일이 거의 없습니다. 더는 사랑의 매를 들 수도 없고, 심지어 아이에게 소리를 지를 수도 없습니다. 자녀 앞에서 부부가 큰 소리로 싸우는 일도 정서적 학대에 해당한다고 합니다.

잘못되어도 한참 잘못되었습니다. 자녀가 행복하게 살아야 할 권리가 있다는 사실을 강조하려면, 그와 동시에 부모의 정당한 훈육(訓育)을 받아야 할 의무가 그들에게 있다는 사실도 강조해야 합니다. 그러지 않으면 가정이 해체되고 맙니다. 한번 상상해 보십시오. 자기에게 소리를 질렀다는 이유로 부모를 경찰에 신고하는 자녀를 말입니다. 그렇게 속 썩을 바에는 아예 자식을 낳지 않으려고 할 것입니다.

그러나 우리에게는 이미 자녀가 있습니다. 좋든 싫든 그들을 바르게 훈육해야 합니다. 이에 대해서 성경은 우리에게 어떤 지혜를 가르치고 있을까요?

거만한 자녀

같은 어머니 뱃속에서 나와도 같은 아이는 없습니다. 모습도 다르고 성품도 다릅니다. 심지어 쌍둥이도 그렇습니다. 저마다 단 하나뿐인 특별한 존재로 이 세상에 태어납니다. 그러나 성경은 자녀를 두 종류로 구분합니다. "지혜로운 아들은 아비의 훈계를 들으나 거만한 자는 꾸지람을 즐겨 듣지 아니하느니라"(1절). 부모의 '훈계'를 잘 듣는 자녀와 부모의 '꾸지람'을 즐겨 듣지 않는 자녀입니다. 성경은 전자를 '지혜로운 자녀'라고 하고, 후자를 '거만한 자녀'라고 부릅니다.

잘난 체하며 남을 업신여기는 사람을 가리켜서 우리는 '거만(居慢)한 사람'이라고 하지요. 이에 해당하는 히브리어는 '루츠luts'인데, 영어 성경은 '빈정대는 사람'(a mocker)으로 번역합니다. 다른 사람의 말을 놀림감으로 삼고 조롱하기 때문입니다. 부모의 말을 이렇게 우습게 여기는 자녀를 과연 어떻게 훈육할 수 있을까요? 예전 같으면 '사랑의 매'로 호되게 다스렸겠지만, 이제는 그럴 수도 없으니 말입니다.

여기에서 우리는 '지혜로운 자녀'와 '거만한 자녀'는 각각 다른 사람을 가리키는 말이 아니라는 사실에 주목해야 합니다. 오히려 똑같은 자녀인데 부모의 '훈계'와 '꾸지람'에 대해서 서로 다르게 반응하고 있는 것입니다.

우리말 '훈계'에 해당하는 히브리어 '무사르musar'는 본래 '훈육'(discipline) 또는 '교정'(correction)을 의미합니다. 바른 삶을 가르쳐 주는 훈련을 강조하는 말입니다. 이에 비해서 '꾸지람'에 해당하는 히브리어 '게아라gearah'는 말 그대로 신랄하게 '비난'하거나 '책망'(rebuke)하는 것을 의미합니다.

하나님을 경외하는 자녀는 기본적으로 부모의 훈육을 잘 따르게 되어 있습니다. 부모가 그들에게 바른 삶을 가르쳐 주기 위해 얼마나 애쓰는지 잘 알기 때문입니다. 그러나 자녀의 인격을 모욕하며 힐난하는 부모의 책망을 가만히 듣고 있을 사람은 이 세상에 하나도 없습니다. 그러니까 '지혜로운 자녀'와 '거만한 자녀'를 만드는 장본인은 결국 부모 자신인 셈입니다.

물론 부모의 정당한 훈계를 거부하는 못된 자녀도 더러 있습니다.

"훈계를 저버리는 자에게는 궁핍과 수욕이 이르거니와 경계를 받는 자는 존영을 받느니라"(18절). 사랑의 훈계를 거절하는 자녀는 결국 거리에 나앉는 신세가 되고 맙니다. 가난과 수치가 그들을 기다리고 있습니다. 그들이 부모의 권위를 인정하지 않는 것은 하나님을 경외하지 않기 때문입니다. 그들을 하나님이 심판하십니다.

부모의 권위

자, 그렇다면 부모는 어떻게 해야 할까요? 하나님의 심판을 받도록 그냥 내버려 둘 수는 없는 일 아닙니까? 성경은 뜻밖에도 '사랑의 매'를 언급합니다. "매를 아끼는 자는 그의 자식을 미워함이라. 자식을 사랑하는 자는 근실히 징계하느니라"(24절). 매를 아낀다면 그것은 자식을 미워하기 때문이랍니다. 자녀를 정말로 사랑한다면 매를 들어서라도 바로잡아야 한다는 것이지요.

이 대목에서 우리는 딜레마에 빠집니다. '사랑의 매'를 들자니 우리나라의 현행법을 어겨야 하고, 그러지 않자니 하나님의 계명을 어겨야 하니 말입니다. 그런데 여기에서 우리가 분명히 해 두어야 할 것이 있습니다. 본문이 말하는 '매'는 사람들이 흔히 생각하는 '체벌을 위한 도구'를 의미하지 않는다는 사실입니다. 다시 말해서 아이가 저지른 잘못을 징계하기 위해서 드는 몽둥이가 아닙니다.

우리말 '매'로 번역된 히브리어는 '쉐베트shebet'입니다. 성경 다른 곳에서는 왕권을 상징하는 '규'(scepter, 창 49:10)나 목자의 돌봄을 상징하는 '막대기'(rod, 시 23:4) 등으로 번역됩니다. 물론 사람을 체벌하는 '몽둥이'로 사용되기도 했지만(출 21:20) 그것은 극히 일부이고, 대부분은 하나님이 부여하신 어떤 특별한 권위를 상징하는 막대기 모양의 물건을 의미합니다.

왕은 '규'로 백성을 때리지 않습니다. 목자는 '막대기'로 양을 때리지 않습니다. 단지 필요할 때 높이 듭니다. 그 자체로 특별한 권위를 드러내는 것입니다. 마찬가지로 부모는 '매'를 아끼지 말아야 합니다. '매'를 들어 자녀를 체벌해도 괜찮다는 뜻이 아닙니다. 하나님이 부모에게 주신 권위를 잘 사용해야 한다는 말씀입니다.

"근실히 징계한다"(24절b)라는 말씀도 바르게 해석해야 합니다. 여기에서 '징계'로 번역된 히브리어 '무사르musar'는 1절에서 '훈계'로 번역된 바로 그 단어입니다. '훈육'이나 '교정'이 훨씬 더 적절한 표현입니다. 그러니까 '사랑의 매'로 자녀의 잘못을 호되게 징계하라는 그런 뜻이 아닙니다. 진정으로 자녀를 사랑한다면 부모의 권위로 훈련하고 바로잡아 주어야 한다는 뜻입니다.

가정에서 부모의 영적인 권위를 사용하는 가장 좋은 방법은 바로 가정예배입니다. 함께 예배드리며 말씀으로 권면하고 가르치는 것입니다. 그것도 '근실히', 즉 '부지런하고 진실하게' 해야 합니다. KJB성경은 이를 '늦기 전에'(betimes)로 풀이합니다. 모든 일에는 때가 있습니다. 자녀에게 하나님 경외를 가르치는 것은 빠를수록 좋습니다. 기회를 놓치고 나면 정말 부모가 할 수 있는 일이 없어질 때가 옵니다.

□ 은혜 나누기

지금의 내 모습은 어떤 종류의 자녀에 가깝습니까? 함께 나누어 봅시다.

□ 공동 기도

하나님 아버지, 우리 가정을 하나님을 경외하는 믿음의 가정으로 삼아주신 것을 진심으로 감사합니다. 부모의 훈육에 순종하여 따르는 지혜로운 자녀가 되게 하시고, 사랑의 훈육을 통해 자녀를 잘 양육하는 지혜로운 부모가 되게 해주세요. 그리하여 서로를 존경하고 사랑하는 행복한 가족이 되게 해 주세요. 예수님의 이름으로 기도합니다. 아멘.

7월 4주   진정한 부자

□ 주님의 기도 주님이 가르쳐주신 기도로 가정예배를 시작합니다.

□ 찬송 부르기 435장(나의 영원하신 기업)

□ 성경 읽기 잠언 13:7-8

※ 개역개정판

7스스로 부한 체하여도 아무것도 없는 자가 있고 스스로 가난한 체하여도 재물이 많은 자가 있느니라. 8사람의 재물이 자기 생명의 속전일 수 있으나 가난한 자는 협박을 받을 일이 없느니라.

※ 메시지성경

7허식과 허세의 삶은 공허하지만 소박하고 담백한 삶은 충만하다. 8부자는 재산 때문에 고소를 당할 수 있지만 가난한 사람은 그럴 염려가 없다.

□ 말씀 나누기

사람들은 누구나 부자가 되고 싶어 합니다. 부자가 되는 특별한 비결을 가르쳐 준다고 하면 아마 엄청난 인파가 몰릴 겁니다. 학생들이 장래의 직업으로 전문직을 손꼽는 이유도, 사람들이 부동산이나 주식이나 가상화폐에 열광하는 이유도 모두 부자가 되고 싶은 마음 때문입니다. 자본주의 사회 속에서 그런 마음을 가지는 것은 아주 자연스러운 일이라 할 수 있습니다.

그런데 과연 어떤 사람이 부자일까요? 돈을 얼마나 많이 가져야 부자富者라는 소리를 듣게 될까요? 미국에서는 아버지로부터 상속받은 부를 '실버 스푼silver spoon'이라고 부릅니다. 우리말 '은수저'에 해당합니다. '금수저'나 '다이아몬드 수저'에 비하면 아주 소박한 표현입니다. 부모에게 아무것도 물려받지 못한 '흙수저'에게는 부러운 사람들입니다. 평생 알뜰하게 모아도 그들을 따라갈 수 없기 때문입니다.

문득 부자가 되려고 하는 진짜 이유가 무얼까 궁금해집니다. 만일 돈 걱정 없이 여유롭게 살기 위해서라면, 실제로 그렇게 많은 돈이 필요한 것은 아닙니다. 문제는 남보다 더 많이 가지려고 하는 욕심입니다. 남보다 더 큰 집에 살면서 남보다 더 좋은 차를 타고 다니며 남보다 더 자주 호화로운 해외여행을 하려고 하니 늘 돈이 부족할 수밖에요. 그래서 더 많은 돈을 벌려고 욕심부리는 겁니다.

하나님을 경외하는 지혜로운 사람은 이에 대해서 어떤 생각을 품어야 할까요?

부요한 빈자(貧者)

진정한 부자는 '돈의 노예'가 아니라 '돈의 주인'이어야 합니다. 돈을 대하는 태도에서 그 차이가 분명하게 드러납니다. "스스로 부한 체하여도 아무것도 없는 자가 있고 스스로 가난한 체하여도 재물이 많은 자가 있느니라"(7절).

여기에서 '부한 체한다'(pretend to be rich)라는 말에는 이중적인 의미가 담겨있습니다. 부자가 아니면서 '부자 행세'를 한다는 뜻과 실제로 부자이긴 하지만 돈을 오롯이 '부자 행세'하는 일에만 사용한다는 뜻입니다. 남들이 볼 때는 '백만장자'처럼 사는 것 같지만, 그들은 사실 '빈곤한 부자富者'(a poor rich)입니다. 돈을 의미 있게 쓸 줄 모르기 때문입니다.

그에 비해서 '가난한 체하는 부자'도 있습니다. 소박하고 평범한 사람처럼 보이지만, 실제로는 많이 가지고 사는 사람입니다. 그런다고 재산을 일부러 남몰래 감추어 두는 것으로 의심할 필요는 없습니다. 단지 부자 행세하는 겉치레에 돈을 들이지 않을 뿐입니다. 또한 스크루지 영감처럼 인색한 구두쇠로 생각할 필요도 없습니다. 오히려 정반대입니다. 어려운 이웃을 돌보는 일에는 돈을 아끼지 않습니다. 이런 사람을 가리켜서 우리는 '부유한 빈자貧者'(a rich poor)라고 합니다.

사람들은 "내 돈 가지고 내 마음대로 쓰겠다는데 누가 뭐라고 그러느냐?" 말할지 모릅니다. 그런데 그것은 하나님을 알지 못하는 사람들이나 하는 말입니다. 하나님을 자신의 인생에 포함하며 사는 사람은 다릅니다. 아무리 자기가 땀 흘려서 번 돈이라고 하더라도 '자기 돈'으로 생각하지 않습니다. 하나님이 부어주신 '복'으로 생각합니다. 그렇기에 돈을 사용하는 일에도 반드시 하나님을 포함하는 것입니다.

'어리석은 부자의 비유'(눅 12:16-21)에서 우리는 '빈곤한 부자'의 한 가지 좋은 예를 발견합니다. 이 부자는 그해 농사가 풍년이 들자 기존의 곳간을 허물고 더 크게 지을 계획을 세웁니다. 그리고 이제부터 편안히 여생을 즐기며 살아갈 꿈을 꾸지요. 그러나 하나님은 그에게 '어리석은 자'라고 하십니다. 바로 그날 밤에 하나님은 그의 생명을 거두어 가실 계획이었기 때문입니다. 이 비유의 결론을 우리는 주목해야 합니다.

> 자기를 위하여 재물을 쌓아두고 하나님께 대하여 부요하지 못한 자가 이와 같으니라(눅 12:21).

메시지성경의 풀이가 마음에 와닿습니다. "너희의 창고를 하나님이 아니라 너희의 자아로 채우면 바로 이렇게 된다." 세상 사람들은 수십 개의 창고에 재물을 가득 채워 놓고 사는 부자를 내심 부러워할지 모릅니다. 그러나 하나님은 그가 소유한 재물이 아니라 그것을 사용하는 마음의 동기를 살피십니다. 하나님의 계획을 알지 못하는 사람은 오직 자신을 위해서만 쌓아 둡니다. 그 재물이 과연 누구 것이 되겠습니까. 그래서 어리석다고 말씀하시는 것입니다.

하늘에 있는 은행

사람들은 재산이 많아질수록 더욱 자유로워지리라 생각하지만, 그것은 착각입니다. 오히려 신경 쓸 일이 더 많아지고 여유는 그만큼 더 없어집니다. "사람의 재물이 자기 생명의 속전일 수 있으나 가난한 자는 협박을 받을 일이 없느니라"(8절). 여기에서 '속전贖錢'은 납치나 유괴된 사람을 구하기 위해서 치르는 몸값(ransom)을 의미합니다. 재물이 많으면 몸값을 치르는 일도 생겨난다는 겁니다.

정말 그렇습니다. 세상은 부자를 부러워하면서 동시에 가만히 내버려 두지 않습니다. 어떻게든 이용하려고 하고, 심지어 빼앗으려고까지 합니다. 그래서 부자는 더더욱 방어적인 자세를 취하게 되지요. 자신에게 접근하는 사람을 일단 의심의 눈길로 대합니다. 그러니 인간관계가 점점 좁아질 수밖에 없습니다. 안전을 위해서 담장을 높이 쌓아보지만 그럴수록 자유는 더 없어집니다.

그에 비해서 가난한 사람은 몸값의 협박을 받을 일이 없습니다. 자, 그렇다면 아무것도 가지지 않고 가난하게 살아야 할까요? 그런 말씀이 아닙니다. 자기를 위해서 재물을 쌓아 두지 말라는 말씀입니다. 그러다가는 몸값으로 빼앗기든지, 죽고 난 후에 다른 사람에게 넘어가든지, 결국에는 없어지기 때문입니다. 따라서 살아 있는 동안 자신의 의지에 따라 선택할 능력이 있을 때 재물을 선용善用해야 합니다. 그것이 지혜로운 삶입니다.

예수님은 재물을 선용하는 방법에 대해서 다음과 같이 말씀하셨습니다.

사람들은 돈을 안전하게 보관하기 위해서 은행에 맡깁니다. 그런다고 정말 안전할까요? 아닙니다. 통장을 비우게 만드는 일은 너무나 쉽습니다. 돈이 없어지려면 어떤 식으로든 없어지고 맙니다. 가장 좋은 방법이 하나 있습니다. '하늘 은행'(a bank in heaven)에 맡기는 것입니다. 가난한 사람들에게 후하게 베풀 때마다 그 돈은 하늘 은행에 입금됩니다. 그렇게 차곡차곡 쌓아 둔 것이 오래오래 남아 있는 진짜 보물입니다.

다른 사람에게 허세를 부리려고 부자가 되지는 마십시오. 오히려 하나님의 뜻에 쓰임 받기 위해서 부자가 되십시오. 움켜쥐면 결국 다 사라지지만, 나누어 주면 더욱 풍성해집니다. 그렇게 재물을 잘 사용할 줄 아는 사람이 진정한 부자입니다.

□ 은혜 나누기
나는 어떤 부자가 되고 싶은지 함께 나누어 봅시다.

□ 공동 기도
하나님 아버지, 부자가 되더라도 하나님의 마음으로 가득 채워진 부자가 되게 해 주세요. 하나님이 주신 복을 가난한 사람들과 함께 나누는 진정한 부자가 되게 해 주세요. 그리하여 하늘 은행에 보물을 쌓으며 살아가는 지혜로운 사람이 되게 해 주세요. 예수님의 이름으로 기도합니다. 아멘.

7월 5주 눈에 보이는 것

□ 주님의 기도 주님이 가르쳐주신 기도로 가정예배를 시작합니다.

□ 찬송 부르기 430장(주와 같이 길 가는 것)

□ 성경 읽기 잠언 14:12-13, 15-16

※ 개역개정판

12어떤 길은 사람이 보기에 바르나 필경은 사망의 길이니라. 13웃을 때에도 마음에 슬픔이 있고 즐거움의 끝에도 근심이 있느니라.

15어리석은 자는 온갖 말을 믿으나 슬기로운 자는 자기의 행동을 삼가느니라. 16지혜로운 자는 두려워하여 악을 떠나나 어리석은 자는 방자하여 스스로 믿느니라.

※ 메시지성경

12괜찮아 보이는 생활방식이라도 다시 들여다보면 지옥으로 직행하는 길이다. 13잘 지내는 것처럼 보여도 그들의 모든 웃음은 결국 비탄으로 바뀐다. 15어수룩한 사람은 듣는 말을 다 믿지만, 신중한 사람은 무슨 말이든 면밀히 살피고 따져 본다. 16지혜로운 사람은 행동을 조심하고 악을 피하지만 어리석은 사람은 고집불통에 무모하기까지 하다.

□ 말씀 나누기

"눈 뜨고 코 베인다"라는 우리 속담이 있습니다. 세상이 하도 험악해서 정신을 바짝 차리지 않으면 그렇게 손해를 보게 된다는 뜻입니다. 전화 금융사기에 속아 넘어가는 피해자들을 보면 이 말이 정말 실감 납니다. 아무리 마음을 단단히 먹는다고 해도 속이기로 작정하고 덤벼드는 사기꾼을 당해낼 수는 없습니다. 일단 대화를 시작하면 그들이 파놓은 함정에 갇히게 됩니다.

이 세상 모든 사기꾼의 원조는 바로 사탄입니다. 사탄은 '거짓말쟁이'요 '거짓의 아비'라고 했습니다(요 8:44). 사탄이 사용하는 모국어는 거짓말입니다. 처음부터 끝까지 거짓을 말합니다. 지금까지 얼마나 많은 사람이 그 속임수에 넘어갔는지 모릅니다. 금융사기는 기껏해야 우리의 돈을 빼앗아 가지만, 사탄의 속임수는 우리의 영혼을 빼앗아 갑니다. 눈 뜨고 영혼을 잃어버리게 되는 것입니다.

여기에는 인간이 가진 태생적인 약점, 즉 눈에 보이는 것이 전부라고 생각하는 어리석음이 한몫합니다. 사탄은 아담과 하와를 거짓말로 꼬여서 선악을 알게 하는 나무의 실과를 '보암직'하게 만들었습니다(창 3:6). 그리고 결국 먹게 했습니다. 사탄은 지금도 '안목의 정욕'(the lust of the eyes)을 즐겨 사용합니다(요일 2:16). 눈에 보여 주기만 하면 무조건 덥석 믿어버리는 인간의 약점을 교묘히 이용하고 있는 것입니다.

그러니 우리가 눈을 부릅뜬다고 해결될 일이 아닙니다. 마땅히 보아야 할 것을 볼 수 있는 지혜가 필요합니다.

사람이 보기에

오늘 본문은 말합니다. "어떤 길은 사람이 보기에 바르나 필경은 사망의 길이니라"(12절). 살다 보면 인생의 갈림길을 만나게 되고, 그 중에서 어느 한 길을 선택해야 할 때가 옵니다. 사람들은 나름대로 신중하게 생각하여 결정합니다. 문제는 그 길의 끝을 알지 못한다는 사실입니다. 그것이 사람이 가지고 있는 한계입니다. 그래서 최선이라 여겨 선택하지만, 때로는 최악의 결과를 만나기도 하는 것입니다.

이에 대한 메시지성경의 풀이가 마음에 와닿습니다. "괜찮아 보이는 생활방식이라도 다시 들여다보면 지옥으로 직행하는 길이다"(12절, 메시지). 여기에서 '괜찮아 보인다'로 번역된 말은 본래 '충분히 무해無害하다'(harmless enough)라는 뜻입니다. 그러니까 안전한 생활 방식인 줄 알고 선택했는데, 나중에 보니까 지옥으로 향하고 있더라는 겁니다. 도대체 무엇이 문제였을까요?

어쩌다가 그렇게 되는 게 아닙니다. '사람이 보기에' 옳은 길을 선택했기 때문입니다. 다시 말해서 하나님을 포함하지 않고 결정한 것입니다. 인생을 창조하신 하나님의 계획과 목적은 전혀 고려하지 않고 오로지 자기가 원하는 길을 욕심껏 선택한 것입니다. 바로 이 대목에 사탄이 비집고 들어올 틈이 생깁니다. 사탄은 '안목의 정욕'을 부추기면서 그럴듯한 생활 방식을 제시합니다. 사람들은 '보암직'한 길을 선택하지만, 결국은 지옥으로 직행하게 되는 것이지요.

물론 '사망의 길'을 걷는다고 해도 다른 사람의 눈에는 행복하게 잘 사는 것처럼 보일 수 있습니다. 그들의 삶을 부럽게 생각하는 사람들도 많이 있을 것입니다. 그러나 본문은 말씀합니다. "웃을 때에도 마음에 슬픔이 있고 즐거움의 끝에도 근심이 있느니라"(13절). 메시지성경은 "잘 지내는 것처럼 보여도 그들의 모든 웃음은 결국 비탄으로 바뀐다"로 풀이합니다. 그들은 그 길이 어떻게 끝날지 아직 모릅니다. 그래서 즐거워합니다. 그러나 하나님은 그들의 웃음이 곧 비탄으로 바뀔 것을 알고 계십니다.

따라서 우리 눈에 괜찮아 보이는 생활 방식이라도 다시 한번 들여다보아야 합니다. 하나님의 시선으로 다시 살펴보아야 합니다. 그리고 더 늦기 전에 삶의 방향을 바꾸어야 합니다.

지혜로운 사람

자신의 인생에 하나님을 포함하는 지혜로운 사람은 눈에 보이는 것이나 귀에 들리는 것이 전부가 아니라는 사실을 잘 압니다. "어리석은 자는 온갖 말을 믿으나 슬기로운 자는 자기의 행동을 삼가느니라"(15절). 어리석은 사람은 자기 귀에 솔깃하게 들리는 말들을 무조건 믿어버립니다. 그 말이 자신의 욕심을 부추기는 사탄의 속임수일지도 모른다고 생각하지 않습니다. 그래서 어리석은 사람입니다.

그러나 지혜로운 사람은 성급하게 행동하지 않습니다. 메시지성경의 풀이처럼 무엇이든 일단 '면밀히 살피고' 따져 봅니다. 그렇다고 다른 사람의 말을 무조건 의심하면서 까다롭게 따져 묻는다는 뜻이 아닙니다. 오히려 하나님의 말씀에 하나씩 비추어 본다는 뜻입니다. 하나님을 경외하는 일에 적합한지 아닌지를 살펴보는 것입니다. 혹시라도 하나님의 뜻과 상관없이 자기의 욕심을 추구하는 함정은 아닌지 조심스럽게 점검해 보는 것이지요.

그러다가 만일 하나님의 뜻과 어긋나는 길이라는 걸 알게 되면 과감하게 그 길에서 떠납니다. "지혜로운 자는 두려워하여 악을 떠나나 어리석은 자는 방자하여 스스로 믿느니라"(16절). 물론 처음부터 악한 길을 선택하지 않는 것이 최선입니다. 잘 모르고 그 길을 선택했다면 나중에라도 빨리 떠나야 합니다. 하나님에게로 삶의 방향을 수정해야 합니다.

그런데 어리석은 사람은 그러지 않습니다. 그들은 '방자하여 스스로 믿는다'고 합니다. 우리말 '방자하다'로 번역된 히브리어 '아바르_{abar}'는 본래 '무시하다'(pass over)라는 뜻입니다. 악한 길이라는 사실을 알고도 그냥 무시해버린다는 것입니다. 그것은 하나님에게 지극히 무례하고 방자_{放恣}한 태도입니다.

그렇게 하는 이유가 있습니다. 스스로 믿기 때문입니다. 다시 말해서 자신의 선택이 옳다고 확신하는 것이지요. 메시지성경의 표현처럼 그들은 '고집불통에 무모하기까지' 합니다. 끝까지 그 길을 고집합니다. 자기의 욕심을 포기하지 않습니다. 그러다가 결국에는 지옥으로 직행하게 되는 것입니다.

눈에 보이는 것이 전부가 아닙니다. 하나님을 경외하는 사람은 마땅히 보아야 할 것을 보는 눈을 가지고 있습니다. 만일 잘못 선택했다는 것을 깨달았다면 이제라도 바로잡으면 됩니다. 늦었다고 생각할 때가 가장 빠를 때입니다. 하나님을 경외하는 사람은 삶의 방향을 수정하는 것을 두려워하지 않습니다.

□ 은혜 나누기

사람이 보기에 좋은 길과 하나님이 보시기에 좋은 길 중에서 나는 지금 어떤 것을 선택하고 있다고 생각하나요?

□ 공동 기도

하나님 아버지, 마땅히 보아야 할 것을 볼 수 있는 눈과 거짓말에 속지 않는 지혜를 우리에게 허락해 주세요. 하나님에게서 멀어지는 길을 과감히 떠날 수 있는 용기와 하나님을 향해 삶의 방향을 고칠 수 있는 담대함을 우리에게 허락해 주세요. 예수님의 이름으로 기도합니다. 아멘.

8월 1주 　분노조절장애

- □ 주님의 기도 주님이 가르쳐주신 기도로 가정예배를 시작합니다.
- □ 찬송 부르기 342장(너 시험을 당해)
- □ 성경 읽기 잠언 14:17, 29

  ※ 개역개정판

  17노하기를 속히 하는 자는 어리석은 일을 행하고 악한 계교를 꾀하는 자는 미움을 받느니라.

  29노하기를 더디 하는 자는 크게 명철하여도 마음이 조급한 자는 어리석음을 나타내느니라.

  ※ 메시지성경

  17성미 급한 자들은 나중에 후회할 일을 하고 냉담한 자들은 나중에 냉대를 받는다.

  29좀처럼 성을 내지 않는 사람은 지혜가 깊어지지만, 성미가 급한 사람은 어리석음이 쌓인다.

- □ 말씀 나누기

  직장이나 가정이나 학교에서 받는 스트레스가 적지 않습니다. 그것이 자꾸 쌓이다 보면 신경이 점점 더 예민해지고, 별일도 아닌데 버럭 화를 내는 경우가 생깁니다. 물론 얼마든지 그럴 수 있다고 봅니다. 문제는 그 빈도가 너무 잦은 사람, 매사에 화부터 내고 보는 사람이 점점 늘어나고 있다는 사실입니다.

  예전에는 그것을 다혈질의 '욱하는 성격' 탓이라 변명했지만, 요즘은 '분노조절장애'라는 말로 비껴가려고 합니다. 마치 분노를 통제하지 못하는 정신적인 장애가 있어서 어쩔 수 없다는 식이지요. 그러나 어떤 이유를 붙이든지 간에 다른 사람에게 분노를 폭발하는 것을 정당화할 수는 없습니다.

사실 이러한 문제는 어제오늘의 이야기가 아닙니다. 동생 아벨을 향한 가인의 분노가 인류 최초의 살인 사건을 만들었지요(창 4:5). 그와 비슷한 일들이 인류 역사를 통해서 끊임없이 반복되고 있습니다. 오늘도 우리는 다른 사람을 향한 분노가 만들어내는 크고 작은 비극을 매일 목격하고 있습니다.

이 문제에 대해서 성경은 무엇이라 말하고 있을까요? 오늘 우리가 살펴보려고 하는 내용입니다.

노하기를 속히 하는 자

한평생 화를 내지 않고 사는 사람은 없습니다. 아무리 대단한 성인군자라고 하더라도 화를 낼 때가 반드시 있는 법입니다. 하나님을 경외하는 사람이라고 해서 크게 다르지 않습니다. 그래서 성경은 '화를 내는 사람'과 '화를 내지 않는 사람'으로 구분하지 않습니다. 오히려 화를 '속히 내는 사람'과 '더디 내는 사람'으로 구분합니다. "노하기를 속히 하는 자는 어리석은 일을 행하고 악한 계교를 꾀하는 자는 미움을 받느니라"(14:17).

'노하기를 속히 하는 자'를 메시지성경은 '성미 급한 자'(the hot-headed)로 풀이합니다. 이를 직역하면 더 실감이 납니다. "뜨거운(hot) 머리를 가진(headed) 사람." 이들은 화가 치밀어 올라 머리가 뜨거워지면 이것저것 생각하지 않고 일단 자신의 분노를 마구 쏟아내고 봅니다. 그리고는 나중에 자신의 성급한 행동을 후회합니다. 그래서 어리석은 사람입니다.

그렇다면 '악한 계교를 꾀하는 자'는 누구일까요? 이들은 자신의 분노를 즉시 드러내지 않고 마음속에 담아두는 사람입니다. 화를 참기 위해서가 아닙니다. 오히려 복수할 기회를 노리기 위해서입니다. 가인이 그랬습니다. 하나님은 그에게 "죄가 너를 원하나 너는 죄를 다스리라"(창 4:7)고 경고하셨습니다. 그러나 가인은 마음에 품은 악한 계획을 결국 행동으로 옮기고 맙니다.

그러니까 즉시 분노를 드러내는 사람이나 마음에 담아두는 사람이나 본질상 큰 차이가 없습니다. 모두 상대방을 해치려는 악한 의도를 품고 있습니다. 버럭 화를 내고 나면 속이 후련해질지 모릅니다. 나중에 멋지게 복수를 하고 나면 기분이 좋아질지도 모릅니다. 그러나 그것은 잠시뿐입니다. 자신에게 부메랑이 되어 돌아올 괴로움을 받아들여야 한다는 사실을 기억해야 합니다.

메시지성경은 "냉담한 자들은 나중에 냉대를 받는다"고 풀이합니다. 생글생글 웃으면서 화를 내는 사람은 아무도 없습니다. 화를 내면 대개는 표정이 싸늘해집니다. 가인도 '안색이 변했다'고 했습니다. 그렇게 상대방에 대한 분노를 드러내는 것이지요. 자, 그러면 어떻게 될까요? '냉대'(the cold shoulder)가 자신에게 돌아옵니다. 상대방도 나를 똑같이 쌀쌀맞게 대할 것입니다.

얼마든지 예상할 수 있는 일입니다. 그러나 사람들은 그것까지 생각하려고 하지 않습니다. 아니 그럴 겨를이 없습니다. 단지 자신의 감정에 따라서 즉흥적으로 반응할 뿐입니다. 그냥 버럭 화를 냅니다. 그래서 성경은 그들을 가리켜서 '어리석은 사람'이라고 말하는 것입니다. 하나만 알지 둘은 모르는 사람이기 때문입니다.

노하기를 더디 하는 자

정말 지혜로운 사람은 성급하게 화를 내지도 않고, 그렇다고 해서 화를 마음속에 담아두지도 않습니다. 노하기를 더디 합니다. "노하기를 더디 하는 자는 크게 명철하여도 마음이 조급한 자는 어리석음을 나타내느니라"(29절). 우리말 '더딘'(slow)으로 번역된 히브리어 '아레크arek'는 본래 '오랜'(long)이라는 뜻입니다. 분노에 다다르기까지 오래 걸린다는 것입니다. 이는 '마음이 조급한(short) 자'와 정반대의 모습입니다.

노하기를 더디 하는 사람은 감정에 따라 즉흥적으로 행동하지 않습니다. 화를 낼 만한 정당한 이유가 있다 하더라도 일단 참고 봅니다. 그러는 동안 상대방에 대해서 조금씩 이해하게 됩니다. 전후의 사정을 살펴서 그럴 수밖에 없었던 이유를 찾아봅니다. 만일 오해 때문이라면 그것을 풀면 됩니다. 만일 자신의 잘못 때문이라면 용서를 구하면 됩니다. 만일 상대방의 잘못이라면 그것을 바로잡으면 됩니다. 그러다 보면 굳이 화를 내지 않고도 문제를 해결할 길이 보입니다.

일단 참으면 자기 자신의 정체성에 대해서 살펴볼 여유가 생겨납니다. 우리는 하나님을 경외하는 사람입니다. 하나님의 다스림을 받는 하나님의 백성입니다. 하나님을 알지 못하는 세상 사람들과 똑같이 살지 말라고 부르심을 받았습니다. 그런데 기분이 나쁘다고 버럭 화를 내고, 감정이 상했다고 똑같이 갚아 준다면 다를 것이 하나도 없지요. 똑같이 후회할 인생을 사는 것입니다.

그리고 보면 노하기를 더디 하는 것은 바로 하나님의 성품입니다. 하나님은 시내 산에서 자신을 드러내시며 이렇게 선포하셨습니다. "여호와라, 여호와라. 자비롭고 은혜롭고 노하기를 더디 하고 인자와 진실이 많은 하나님이라"(출 34:6). 이사야 선지자를 통해서 다음과 같이 말씀하셨습니다. "내 이름을 위하여 내가 노하기를 더디 할 것이며 내 영광을 위하여 내가 참고 너를 멸절하지 아니하리라"(사 48:9).

만일 하나님이 조급한 성품을 가진 분이셨다면, 우리 중에 그 누구도 구원받지 못했을 것입니다. 우리가 죄를 지을 때마다 하늘에서 벼락이 떨어졌을 테니 말입니다. 주님의 재림이 자꾸 지연되는 것처럼 보여도 실제로는 아무도 멸망하지 않기를 바라는 하나님께서 지금 참으시는 중입니다(벧후 3:9). 노하기를 더디 하시는 하나님을 믿고 따르는 우리가 하나님의 성품을 닮아 노하기를 더디 하는 것은 지극히 자연스러운 일입니다.

메시지성경은 이렇게 풀이합니다. "좀처럼 성을 내지 않는 사람은 지혜가 깊어지지만, 성미가 급한 사람은 어리석음이 쌓인다"(29절, 메시지). 하나님을 경외하는 지혜로운 사람에게는 지혜가 깊어집니다. 하나님 없이 살아가는 어리석은 사람에게는 어리석음이 쌓입니다. 그렇습니다. 쉽게 화를 내는 사람은 작은 일조차도 큰 다툼 거리로 만듭니다(잠 15:18). 그것은 '욱하는 성격'이나 '분노조절장애' 때문이 아닙니다. 하나님을 경외하지 않기 때문입니다.

□ 은혜 나누기

나는 쉽게 화를 내는 사람인가요? 아니면 오래 참는 사람인가요? 솔직하게 이야기해봅시다.

□ 공동 기도

하나님 아버지, 그동안 우리는 너무나 쉽게 화를 냈습니다. 서로를 이해하는 마음이 부족했습니다. 그래서 서로의 마음을 아프게 했습니다. 우리의 부족한 모습을 고백하오니 용서해 주세요. 이제부터는 하나님을 경외하는 사람답게 오래 참으며 살아가게 해 주세요. 예수님의 이름으로 기도합니다. 아멘.

8월 2주 거친 말 대응법

□ 주님의 기도 주님이 가르쳐주신 기도로 가정예배를 시작합니다.

□ 찬송 부르기 342장(너 시험을 당해)

□ 성경 읽기 잠언 15:1-4

※ 개역개정판

1유순한 대답은 분노를 쉬게 하여도 과격한 말은 노를 격동하느니라. 2지혜 있는 자의 혀는 지식을 선히 베풀고 미련한 자의 입은 미련한 것을 쏟느니라. 3여호와의 눈은 어디서든지 악인과 선인을 감찰하시느니라. 4온순한 혀는 곧 생명 나무이지만 패역한 혀는 마음을 상하게 하느니라.

※ 메시지성경

1부드러운 대답은 화를 가라앉히지만 가시 돋친 혀는 분노의 불을 지핀다. 2지혜로운 이에게서는 지식이 샘물처럼 흘러나오지만 어리석은 자는 당찮은 소리가 줄줄 새는 수도꼭지와 같다. 3하나님은 단 하나도 놓치시는 법이 없어 선인과 악인을 똑같이 살피신다. 4친절한 말은 상처를 낫게 하고 회복을 돕지만 잔인한 말은 마음을 난도질하고 상하게 한다.

□ 말씀 나누기

"말 한마디에 천 냥 빚을 갚는다"는 말이 있습니다. 몹시 어렵고 불가능해 보이는 일이라도 적절하고 지혜로운 말을 통해서 얼마든지 해결될 수 있다는 뜻입니다. 그 반대로 아무 말이나 함부로 내뱉어 사람들에게 비난을 받게 되거나 스스로 위기를 만들어내는 일도 있습니다.

그만큼 말 한마디가 중요합니다. 말은 그 사람의 인격을 가늠하는 척도입니다.

머릿속에 들어있는 지식은 참 많은데 그것을 말로 잘 풀어서 설명해내지 못하는 사람이 있습니다. 그렇다면 그의 지식은 다른 사람에게 아무런 유익을 주지 못합니다. 속마음은 그렇지 않은데 톡톡 쏘는 말투로 표현하는 버릇을 가진 사람이 있습니다. 그렇다면 그의 진심은 상대방에게 제대로 전달될 수 없습니다. 오히려 불필요한 오해를 받기 쉽습니다.

인간관계를 형성해 가는 가장 중요한 요소는 바로 '말'입니다. 진심이 담겨있는 말, 때에 적절한 말, 상황에 따라서 달라지지 않는 말, 상대를 존중하는 겸손하고 부드러운 말은 건강하고 아름다운 관계를 만들어갑니다. 그러나 입에만 번지르르한 말, 때에 맞지 않는 엉뚱한 말, 상황에 따라서 이랬다저랬다 하는 말, 상대에 대한 예의를 갖추지 않은 거친 말로는 절대로 좋은 관계를 만들 수 없습니다.

특히 다른 사람과의 갈등이나 대립을 없애기 위해서는 반드시 지혜로운 말을 할 수 있어야 합니다. 오늘 우리가 살펴보려고 하는 내용입니다.

부드러운 대답

"오는 말이 고와야 가는 말이 곱다"고 하지요. 다른 사람이 먼저 나에게 좋게 말을 해 준다면 나도 얼마든지 좋은 말을 해 줄 수 있습니다. 그런데 만일 고운 말이 아니라 거친 말, 나쁜 말이 온다면 그때는 어떻게 해야 할까요? 똑같은 말로 대응해도 괜찮을까요? 아닙니다. 하나님을 경외하는 사람은 그렇게 하지 않습니다. "유순한 대답은 분노를 쉬게 하여도 과격한 말은 노를 격동하느니라"(1절).

이 말씀은 어떤 이유로든 상대방이 잔뜩 화가 나 있는 상황을 전제하고 있습니다. 그의 입에서 좋은 말이 나올 리가 없지요. 그럴 때 어떻게 대응하느냐에 따라서 화를 누그러뜨리기도 하고 아니면 더 악화시키기도 합니다. 지혜로운 사람은 '유순柔順한 대답'을 합니다. 메시지성경은 이를 '부드러운 내답'(a gentle response)이라고 풀이합니다. 그러면 상대의 화가 가라앉습니다. 그러나 '과격한 말', 즉 '가시 돋친 혀'(a sharp tongue)로 대응하면 분노의 불에 기름을 붓는 격이 됩니다.

그런데 엄밀하게 따지면 먼저 버럭 화를 내면서 거친 말을 내뱉은 장본인의 책임이 더 큽니다. 그래 놓고 상대로부터 부드러운 대답을 기대한다면 그것이야말로 '도둑놈 심보'입니다. 지난 시간에 우리가 살펴본 '노하기를 속히 하는 사람'이 대개 이런 식으로 대화를 시작합니다. 그렇지만 바로 이때 하늘의 지혜가 필요합니다. 그 사람과 바른 관계를 세워 나갈 절호의 기회이기 때문입니다.

"지혜 있는 자의 혀는 지식을 선히 베풀고 미련한 자의 입은 미련한 것을 쏟느니라"(2절). '지혜 있는 자'는 '하나님을 경외하는 자'와 동의어입니다. 자신의 인생에 하나님을 포함하는 사람입니다. 그는 이럴 때 "지식을 선히 베푼다"고 합니다. 여기에서 '지식'은 하나님의 말씀을 가리킵니다. 그 상황에 적절한 말씀을 바르게 사용할 줄 안다는 뜻입니다.

그러나 '미련한 자'는 그렇게 하지 않습니다. 오직 '미련한 것'을 쏟아냅니다. 이에 대한 메시지성경의 풀이가 재미있습니다. "어리석은 자는 당찮은 소리가 줄줄 새는 수도꼭지와 같다." 여기에서 '당찮은 소리'는 영어 '난센스nonsense'의 번역입니다. '난센스'는 허튼소리입니다. 상황을 진정시키는 데 아무런 도움이 되지 않는 말입니다. 오히려 더 악화시키기만 합니다. 그런 말을 마치 고장 난 수도꼭지처럼 줄줄 쏟아낸다는 것입니다.

　그 결과가 어떨지 굳이 설명할 필요가 없습니다. 단단히 준비되어 있지 않으면 지혜롭게 대응할 수 없습니다. 우리가 하나님의 말씀을 더욱 가까이해야 하는 이유입니다.

친절한 말

　가시 돋친 혀로 인해서 사람들은 마음에 상처를 받게 됩니다. 그러나 마음에 상처가 있는 사람이 주로 가시 돋친 말을 한다는 사실을 우리는 먼저 기억할 필요가 있습니다. 성급하게 화를 내는 사람도 알고 보면 마음에 상처가 많은 사람입니다. 그래서 별일 아닌데도 참지 못하고 버럭 화를 냅니다. 아파서 소리 지르는 것이지요. 물론 그것이 정당하다는 뜻은 아닙니다. 단지 우리가 그것을 이해할 수 있다면 대응 방식 또한 달라질 수 있다는 뜻입니다.

　"온순한 혀는 곧 생명 나무이지만 패역한 혀는 마음을 상하게 하느니라"(4절). 메시지성경의 풀이가 더 쉽게 다가옵니다. "친절한 말은 상처를 낫게 하고 회복을 돕지만 잔인한 말은 마음을 난도질하고 상하게 한다"(4절, 메시지). '온순溫順한 혀'는 마음을 따뜻하게 해 주는 말입니다. 이를 메시지성경은 '친절한 말'(kind words)로 풀이합니다. 그런 말이 상처를 치유합니다.

　상대방이 먼저 친절한 말을 해 준다면 걱정할 필요가 없습니다. 똑같이 친절하게 말하면 됩니다. 그러나 지금은 그런 상황이 아닙니다. 상대방이 잔뜩 화가 나서 아무 말이나 내뱉고 있습니다. 그럴 때 '친절한 말'을 해 주라는 것입니다. 그러면 그 말이 마치 에덴동산의 '생명 나무'(a tree of life)처럼 상처를 고쳐주고 회복시켜 준다는 것입니다. 물론 쉽지 않습니다. 상대방의 가시 돋친 말에 상처를 받으면서 오히려 그 사람에게 친절한 말을 해 준다는 것은 우리에게 불가능한 일처럼 보입니다.

사실 '친절'(kindness)은 인간의 성품이 아니라 하나님의 성품입니다. 하나님은 "은혜를 모르는 자와 악한 자에게도 인자하신 분"(눅 6:35)이라고 했습니다. 여기에서 '인자'가 바로 '친절'입니다. 오늘 본문에서 "여호와의 눈은 어디서든지 악인과 선인을 감찰하신다"(3절)고 합니다. '감찰監察'이 잘못을 찾아내어 고발한다는 뜻이라면 '선인'에게는 어울리지 않습니다. 오히려 메시지성경의 풀이처럼 "똑같이 살피신다"고 해야 합니다. 그것이 바로 친절입니다.

하나님은 은혜를 모르는 사람에게 똑같이 친절하게 대하십니다. 왜 그러실까요? 그들을 구원하시기 위해서입니다. 상처를 치유하고 회복시키기 위해서입니다. 하나님을 경외하는 사람은 이와 같은 하나님의 관심을 잘 알고 있습니다. 그렇기에 가시 돋친 말을 하는 사람에게 따뜻한 말로 대응합니다. 마음에 입은 상처로 아프다고 소리치는 사람에게 친절한 말로 대응합니다. 그렇게 상처를 감싸주는 것입니다.

그런데 이것은 우리 자신의 결심이나 노력만으로는 불가능합니다. 성령님의 도움과 감동이 필요합니다. 우리가 늘 하나님께 기도해야 하는 이유입니다.

▢ 은혜 나누기

자신이 평소에 주로 어떤 말을 사용하는지 스스로 진단해 보고 솔직하게 나누어 봅시다.

▢ 공동 기도

하나님 아버지, 우리의 입에서는 거친 말, 나쁜 말이 나오지 않게 해 주세요. 언제나 부드러운 말과 친절한 말을 할 수 있게 해 주세요. 가시 돋친 말을 들었을 때도 따뜻한 말로 대응할 수 있도록 우리에게 하늘의 지혜를 허락해 주세요. 예수님의 이름으로 기도합니다. 아멘.

8월 3주 마음의 병 치료법

- □ 주님의 기도 주님이 가르쳐주신 기도로 가정예배를 시작합니다.
- □ 찬송 부르기 365장(마음속에 근심 있는 사람)
- □ 성경 읽기 잠언 15:13; 17:22; 18:14

  ※ 개역개정판

  13마음의 즐거움은 얼굴을 빛나게 하여도 마음의 근심은 심령을 상하게 하느니라.

  22마음의 즐거움은 양약이라도 심령의 근심은 뼈를 마르게 하느니라.

  14사람의 심령은 그의 병을 능히 이기려니와 심령이 상하면 그것을 누가 일으키겠느냐.

  ※ 메시지성경

  13마음이 즐거우면 미소가 피어나지만 마음이 슬프면 하루를 버티기도 힘들다.

  22활달한 기질은 건강에 좋지만 우울한 생각은 사람을 녹초로 만든다.

  14정신이 건강해야 역경을 이겨 내는데, 정신이 꺾이면 무슨 일을 할 수 있겠는가?

- □ 말씀 나누기

  현대 사회가 안고 있는 가장 심각한 문제는 바로 '마음의 병'입니다. 병원 치료를 받아야 할 정도는 아니라고 하더라도 스스로 조절하기 힘든 여러 증상으로 힘들어하는 사람들이 점점 늘어나고 있는 현실입니다. 대학입시나 취업의 부담, 직장 동료와의 갈등, 경제적인 고민, 가족 관계에서의 문제, 배우자의 사별, 노년기의 박탈감 등 그 원인은 다 헤아릴 수 없을 정도입니다. 그에 따라 거의 모든 연령층에서 마음의 병이 나타납니다.

이 병이 아주 고약한 이유는 삶의 의욕을 떨어뜨리게 한다는 것입니다. 우울한 감정이 지속되면 일상생활을 할 수 없게 만드는 우울증으로 발전합니다. 우울증이 더욱 깊어지면 마지막에는 극단적인 선택을 하게 됩니다. 그것은 마치 암세포가 몸 안에 점점 퍼져서 결국 죽음에 이르게 하는 것과 다르지 않습니다. 따라서 가벼운 증세라고 하더라도 마음의 병을 절대로 가볍게 여기면 안 됩니다.

성경은 '마음의 병'을 어떻게 설명하고 있을까요? 그 원인과 치료 방법에 대해서 뭐라고 말씀할까요? 우리는 천지를 창조하신 전능하신 하나님을 믿습니다. 우리 인생을 만드신 분이 하나님이라 고백합니다. 하나님은 우리 자신보다 우리를 더 잘 알고 계십니다. 그렇다면 정신적으로나 육체적으로 망가진 인생을 고치는 방법 또한 하나님이 가장 잘 알고 계실 것이 분명합니다.

망가진 영

잠언은 이렇게 말합니다. "마음의 즐거움은 얼굴을 빛나게 하여도 마음의 근심은 심령을 상하게 하느니라"(15:13). 이에 대한 메시지성경의 풀이가 재미있습니다. "마음이 즐거우면 미소가 피어나지만 마음이 슬프면 하루를 버티기도 힘들다"(15:13, 메시지). 정말 그렇습니다. 행복한 삶은 즐거운 마음에서 시작됩니다. 마음이 즐거워야 미소가 피어나고 그에 따라 얼굴이 빛나게 됩니다. 슬픈 마음으로는 하루를 버티기도 힘겹습니다. 마음에 근심이 가득한데 무슨 살맛이 나겠습니까.

그렇다면 어떻게든 마음을 즐겁게 해 주기만 하면 마음의 병이 고

처질까요? 아닙니다. 문제의 근본적인 원인은 다른 곳에 있습니다. 그 원인을 찾기 위해서 우리가 주목해야 할 말씀이 있습니다. 그것은 "마음의 근심은 심령을 상하게 한다"에서 바로 '심령'이라는 단어입니다. 한자어 심령心靈이란 말 그대로 '마음속의 영혼'을 의미합니다. 이에 해당하는 히브리어는 '루아흐ruach'입니다. 대문자로 쓰면 '하나님의 영'(the Spirit)이 되고, 소문자로 쓰면 '사람의 영'(the spirit)이 되는 단어입니다.

히브리 원어 문장을 직역하면 이렇게 됩니다. "마음의 근심 때문에 영이 망가진다"(By sorrow of the heart the spirit is broken, KJV). 그러니까 '마음의 병'은 사실 '망가진 영'에서 오는 것입니다. 마음의 상태와 영의 상태는 서로를 비추어 주는 거울입니다. 좋은 영향이든 나쁜 영향이든 서로 주고받게 되어있습니다.

"마음의 즐거움은 양약이라도 심령의 근심은 뼈를 마르게 하느니라"(17:22). 여기에서 '심령의 근심'은 '망가진 영'(a broken spirit)으로 번역해야 합니다. 뼈가 마른다는 말은 완전한 죽음에 다다른 상태를 의미합니다. 에스겔이 본 '마른 뼈 골짜기 환상'(겔 37장)이 이를 잘 설명해 줍니다. 그렇습니다. '망가진 영'에서 '마음의 병'이 생기고 그것은 결국 인간을 '죽음'으로 이끕니다. 따라서 인간의 건강한 삶은 건강한 영에 달린 것입니다.

"사람의 심령은 그의 병을 능히 이기려니와 심령이 상하면 그것을 누가 일으키겠느냐"(18:14). 여기에서 '심령' 역시 '영혼'(루아흐)을 의미합니다. 영혼이 망가진 상태가 아니라면 육체의 질병은 얼마든지 이겨낼 수 있습니다. 어떤 역경을 만나더라도 충분히 극복할 수 있습니다. 그러나 망가진 영으로는 아무런 희망이 없습니다. 그 누구도 그를 일으켜 세울 수가 없습니다.

하나님의 영

'망가진 영'은 '하나님의 영'과 밀접한 관계가 있습니다. 그 일은 저 멀리 에덴동산으로 거슬러 올라갑니다. 태초에 하나님이 흙을 빚어 인간을 만들고 난 후에 그 코에 '생기'를 불어넣어 '생령'이 되게 하셨지요(창 2:7). 그 '생기生氣'가 바로 '하나님의 숨' 곧 '하나님의 영'입니다. 그러니까 하나님의 영이 그 속에 들어감으로써 인간은 비로소 '생령生靈', 즉 '살아 있는 존재'(living being)가 될 수 있었던 것입니다.

사람의 영(심령)은 운명적으로 하나님의 영과 늘 호흡하고 있어야 합니다. 그래야 하나님과 바른 관계를 유지할 수 있고, 하나님이 정해 놓으신 본래의 목적에 따라 살 수 있습니다. 그것이 건강하고 행복하게 살 수 있는 비결입니다. 그런데 문제가 생겼습니다. 불순종의 죄가 들어옴으로써 하나님과의 관계가 깨진 것입니다. 그러면서 사람의 영은 심각한 손상을 입게 되었습니다. 망가진 영은 몸과 마음의 병을 만들어 냈고, 결국 인간을 죽음으로 이끌어 갔던 것입니다.

따라서 심령이 회복되려면 반드시 하나님의 영이 회복되어야 합니다. 영혼이 치료되어야 건강하고 행복하게 살 수 있습니다. 성경을 읽어보면 '망가진 영'으로 인해 힘겹게 살았던 한 사람을 만나게 됩니다. 사울 왕이 바로 그 장본인입니다. 그는 본래 하나님의 영으로 예언을 하던 사람이었습니다(삼상 10:10). 야베스 사람들이 위기에 처했을 때도 사울은 '하나님의 영에 크게 감동되어'(삼상 11:6) 분연히 일어섰습니다. 그로 인해 이스라엘의 초대 왕으로 세워졌습니다.

그러나 그리 오래가지 않아서 하나님의 영은 사울을 떠납니다. 하나님의 말씀에 불순종한 것이 가장 큰 원인이었습니다. 하나님의 영이 떠나가자마자 곧 악령이 사울을 번뇌하게 했습니다(삼상 16:14). '망가진 영'을 가지게 된 사울은 이전과 전혀 다른 사람이 되었습니다. 의

심과 질투심이 강한 사람이 되었고, 쉽게 화를 내고 자주 절망하는 사람이 되었습니다. 우울증과 편집증도 점점 도를 더했습니다. 다윗을 죽이려고 집요하게 찾아다녔던 이유도 바로 그 때문입니다.

그와 대조적으로 다윗에게는 하나님의 영이 임하여 줄곧 그에게 머물렀습니다. 다윗은 성령에 감동하여 수금을 탔고, 성령에 감동하여 용감하게 골리앗과 싸웠습니다. 사울의 살해 위협을 피해 다녀야 하는 절망적인 상황에서도 낙심하지 않았습니다. 오히려 기도하고 찬양했습니다. 사울을 죽일 기회가 여러 번 있었음에도 그렇게 하지 않았습니다. 그것은 모두 성령의 감동에 따랐기 때문입니다.

그렇습니다. 우리의 심령이 하나님의 영과 접촉하여 호흡하고 있을 때 우리의 마음은 즐겁고 우리의 얼굴은 빛나게 되어 있습니다. 그러나 우리의 영이 망가지기 시작하면 마음의 병이 생기고 삶의 의욕이 사라지게 됩니다. 망가진 영을 가진 사람은 그 누구도 일으켜 세울 수 없습니다. 하나님의 영이 회복되어야 합니다. 그것이 유일한 희망입니다.

▫ 은혜 나누기
하나님의 영이 회복되기 위해서 우리 가정이 해야 할 일이 있다면 무엇일까요? 함께 이야기해 봅시다.

▫ 공동 기도
하나님 아버지, 우리는 건강하고 행복하게 살기를 원합니다. 그러기 위해서 우리의 망가진 영이 회복되기를 원합니다. 하나님과의 접촉점을 점점 늘려가게 하시고, 하나님의 영으로 호흡하는 시간이 점점 늘어나게 해 주세요. 그리하여 어떤 어려움도 넉넉히 이겨내는 우리 가정이 되게 해 주세요. 예수님의 이름으로 기도합니다. 아멘.

8월 4주 　더 나은 삶

□ 주님의 기도 주님이 가르쳐주신 기도로 가정예배를 시작합니다.

□ 찬송 부르기 342장(너 시험을 당해)

□ 성경 읽기 잠언 15:16-17; 17:1

※ 개역개정판

16가산이 적어도 여호와를 경외하는 것이 크게 부하고 번뇌하는 것보다 나으니라. 17채소를 먹으며 서로 사랑하는 것이 살진 소를 먹으며 서로 미워하는 것보다 나으니라.

1마른 떡 한 조각만 있고도 화목하는 것이 제육이 집에 가득하고도 다투는 것보다 나으니라.

※ 메시지성경

16하나님을 경외하며 소박하게 사는 것이 골칫거리 가득한 부자로 사는 것보다 낫다. 17사랑하며 빵조각을 나눠 먹는 것이 미워하며 최상급 소갈비를 뜯는 것보다 낫다.

1빵과 물로 만족하고 평화롭게 사는 것이 잔칫상을 차려 놓고 다투는 것보다 낫다.

□ 말씀 나누기

6.25전쟁 직후 우리나라 1인당 국민소득(GNI)은 불과 67달러였습니다. 매년 '보릿고개'를 넘지 못하고 굶어 죽는 사람이 나오는 세계에서 가장 가난한 나라 중의 하나였습니다. 그러나 이제는 국민소득이

3만 달러이면서 인구가 5천만 명 이상의 국가를 의미하는 '30-50클럽'에 들어간 일곱 번째 나라가 되었습니다. 식민지를 경험한 나라로는 첫 번째라고 합니다. 그야말로 눈부신 경제성장의 기적을 일구어낸 것입니다.

배고픈 시절을 보냈던 우리 부모 세대는 배부르고 등 따스우면 행복해질 거라 믿었습니다. 그래서 허리띠 졸라매고 열심히 일했고 이만큼 잘살게 되었습니다. 그렇다면 지금 우리는 정말 행복하게 살고 있을까요? 그렇다고 말할 수는 없습니다. 먹고 살 만큼은 되었지만 '행복지수'는 오히려 더 떨어지고 상대적인 빈곤감과 박탈감에 '불만지수'는 더 높아졌습니다. 행복은 소득순이 아니라는 진리를 이제 조금씩 깨닫기 시작한 것입니다.

사람들은 누구나 '더 나은 삶'(Better Life)을 원합니다. 그 목표에 다다르기 위해서 나름대로 열심히 노력합니다. 그러나 만일 비교의 대상이 다른 사람의 경제적인 수준이라면 시작부터가 잘못되었습니다. 그것은 하나님 없이 살아가는 세상 사람들의 목표입니다. 그것은 '행복한 삶'이 아니라 '망가진 삶'으로 내닫는 지름길입니다. 많이 가지면 가질수록 더욱 불행해지는 비결입니다.

하나님은 우리가 추구해야 할 '더 나은 삶'에 대해서 분명히 가르쳐 주십니다.

하나님을 경외하는 삶

"가산이 적어도 여호와를 경외하는 것이 크게 부하고 번뇌하는 것보다 나으니라"(16절). 이 말씀은 이중적인 비교 구조로 되어 있습니다. 첫 번째 비교의 대상은 '가산이 적은 것'과 '크게 부한 것'입니다. 가산家産이 적다는 말은 살림이 넉넉하지 않다는 뜻입니다. 메시지성경은 이를 '소박한 삶'(a simple life)이라고 풀이합니다. 그에 비해서 크게 부하다는 말은 재산이 아주 많다는 뜻입니다.

이 두 가지만 놓고 비교한다면 무엇이 '더 나은 삶'이라고 할 수 있을까요? 물론 부자로 사는 것입니다. 기왕이면 돈에 쪼들리지 않고 넉넉하게 사는 것이 더 좋겠지요. 그것이 지난 반세기 동안 우리나라가 추구해 온 것입니다. 새마을 운동의 주제가처럼 "잘살아보세. 잘살아보세. 우리도 한번 잘살아보세"가 바로 '더 나은 삶'의 목표였습니다.

두 번째 비교의 대상은 '하나님을 경외하는 것'과 '번뇌하는 것'입니다. 번뇌煩惱는 마음이 시달려서 괴로운 상태를 의미합니다. 메시지 성경은 '가득한 골칫거리'(a ton of headaches)로 풀이합니다. 이에 비해서 하나님을 경외하는 사람은 언제나 마음이 평안합니다. 어려운 일을 만나더라도 하나님을 의지하기 때문에 흔들리지 않습니다. 이 두 가지만 놓고 비교한다면, 괴로운 마음으로 사는 것보다는 하나님을 경외하며 평안하게 사는 것이 더 나은 삶이라고 할 수 있습니다.

여기에서 반전이 일어납니다. 상반된 조합이 만들어지는 것입니다. '소박한 삶'과 '하나님을 경외하는 삶'이 한 짝이 되고, '부유한 삶'과 '번뇌하는 삶'이 다른 짝이 된 것이지요. 자, 그렇다면 어떤 것이 '더 나은 삶'이라고 할 수 있을까요? 대답하기가 쉽지 않습니다. '하나님을 경외하는 삶'과 '부유한 삶'을 묶어놓았다면 우리가 그렇게 고민하지 않아도 될 텐데 말입니다.

그런데 이중적인 비교 구조처럼 보이지만, 실제로는 '하나님을 경외하는 삶'과 '부유한 삶'을 비교하고 있는 것입니다. 무엇을 가장 중요한 가치로 선택할 것인지 요구하는 말씀입니다. 하나님 경외를 먼저 선택한다면 살림이 넉넉하지 않아도 행복할 수 있습니다. 그러나 만일 부유한 삶을 최우선 가치로 선택한다면 늘 골칫거리와 씨름하며 살아야 할 것입니다.

성경이 가르쳐주는 답은 분명합니다. 하나님을 경외하는 삶을 선택하라는 것입니다. 그러면 적게 가져도 만족하고 많이 가져도 불행하지 않게 될 것입니다.

서로 사랑하는 삶

"채소를 먹으며 서로 사랑하는 것이 살진 소를 먹으며 서로 미워하는 것보다 나으니라"(17절). 이 말씀의 구조도 비슷합니다. 우선 '채소를 먹는 것'과 '살진 소를 먹는 것'을 비교합니다. 히브리 원어를 직역하면 '채소의 만찬'(a dinner of herbs)입니다. 대개는 저녁을 가장 잘 차려서 먹습니다. 그런데 소박한 채소로만 식탁이 차려진 것입니다. 그에 비해 '살진 소'(a fattened ox)는 최고의 만찬을 의미합니다. 메시지 성경은 '최상급 소갈비를 뜯는다'라고 풀이합니다. 무엇이 '더 나은 삶'일까요? 물론 대답은 후자입니다.

그게 전부가 아닙니다. '서로 사랑하는 것'과 '서로 미워하는 것'이 비교됩니다. 더 정확하게는 '사랑으로'(with love)와 '미움으로'(with hatred)라고 번역해야 합니다. 그러니까 식사를 준비하는 마음 자세를 비교하는 것입니다. 어떤 마음으로 차린 만찬을 먹는 것이 더 나은 삶일까요? 물론 사랑으로 차린 만찬입니다.

이번에도 상반된 조합이 만들어집니다. 사랑으로 준비된 '채소의 만찬'과 미움으로 준비된 '살진 소의 만찬'을 비교하는 것입니다. 역시 대답하기가 쉽지 않습니다. 그러나 이 말씀 또한 '사랑의 마음'과 '살진 소의 만찬' 중에서 어떤 것을 '더 나은 삶'의 기준으로 삼을 것인지를 선택하라는 요구입니다.

이와 비슷한 말씀이 17장에도 나옵니다. "마른 떡 한 조각만 있고도 화목하는 것이 제육이 집에 가득하고도 다투는 것보다 나으니라"(17:1). '마른 떡'은 먹다 남은 오래된 빵을 의미합니다. 그것도 한 조각에 불과합니다. 양도 많지 않습니다. 맛있을 리가 없습니다. 그러나 화목하게 먹습니다. 다시 말해서 더 많이 먹겠다고 서로 다투지 않고 사이좋게 나누어 먹는다는 것입니다.

이에 비해서 '제육'이 가득한 집이 있습니다. 여기에서 제육祭肉이란 신에게 바쳐진 제물을 의미합니다. 구약의 율법에 따르면 하나님께 화목제물을 바치고 난 후에 그 고기를 돌려받아서 나누어 먹게 되어있습니다. 소를 바치면 소를 돌려받고 양을 바치면 양을 돌려받습니다. 그런데 이 집은 살진 소를 바쳤던 모양입니다. 그래서 집 가득히 제육이 쌓여있었던 것이지요. 문제는 그들이 서로 더 먹겠다고 싸운다는 것입니다.

메시지성경의 풀이가 마음에 와닿습니다. "빵과 물로 만족하고 평화롭게 사는 것이 잔칫상을 차려 놓고 다투는 것보다 낫다"(17:1, 메시지). 우리는 어떤 삶을 선택해야 할까요? 성경이 가르쳐주는 답은 분명합니다. 서로 사랑하는 삶입니다. 그러면 마른 빵과 물을 먹을 때도 행복할 수 있고, 살진 소를 먹을 때는 더욱 감사할 수 있습니다.

'더 나은 삶'이란 남들보다 더 잘 먹고 더 잘살게 되는 것이 아닙니다. 하나님이 정해놓으신 가장 중요한 가치를 선택하는 것이 '더 나은 삶'입니다. 그것이 우리를 행복하게 합니다.

▫ 은혜 나누기
하나님 믿지 않는 부잣집을 부러워해 본 적이 있습니까? 함께 나누어 봅시다.
▫ 공동 기도
하나님 아버지, 우리에게 복을 내려주셔서 이전보다 더 잘 살게 하신 은혜를 감사드립니다. 그러나 더 많이 가진다고 더 행복해지지 않는다는 것을 알게 해 주시고, 언제나 하나님을 경외하면서 서로 사랑하면서 행복한 가정을 만들어가게 해 주세요. 예수님의 이름으로 기도합니다. 아멘.

9월 1주 비즈니스 경영 원칙

□ 주님의 기도 주님이 가르쳐주신 기도로 가정예배를 시작합니다.

□ 찬송 부르기 325장(예수가 함께 계시니)

□ 성경 읽기 잠언 16:1-3, 9

※ 개역개정판

1 마음의 경영은 사람에게 있어도 말의 응답은 여호와께로부터 나오느니라.
2 사람의 행위가 자기 보기에는 모두 깨끗하여도 여호와는 심령을 감찰하시느
니라. 3 너의 행사를 여호와께 맡기라. 그리하면 네가 경영하는 것이 이루어지
리라.
9 사람이 마음으로 자기의 길을 계획할지라도 그의 걸음을 인도하시는 이는
여호와시니라.

※ 메시지성경

1 사람이 정교한 계획을 세우지만 그 성패는 하나님께 달렸다. 2 사람은 겉모
습만으로 만족하지만 하나님은 진실로 선한 것을 찾으신다. 3 하나님을 네 일
의 책임자로 모셔라. 그러면 계획한 일이 이루어질 것이다.
9 우리는 원하는 삶의 길을 계획하지만 그 계획대로 살 수 있게 하시는 분은
오직 하나님뿐이다.

□ 말씀 나누기

자녀들의 공부를 독려하기 위해서 부모님들이 자주 사용하는 말이
있습니다. "배워서 남 주냐?" 물론 공부 열심히 해서 훌륭한 사람이

되라는 격려입니다만, 올바른 가르침은 아닙니다. 배워서 남 주는 것이 맞습니다. 우리는 남 주기 위해서 배우고, 이웃과 나누기 위해 가지는 겁니다. 그렇게 할 수 있는 사람이 훌륭한 사람이요. 그렇게 할 수 있는 기업이 훌륭한 기업입니다.

그러나 실제로는 어떻습니까? 배워서 남 주지 않는 사람들이 이 세상에 훨씬 더 많습니다. 힘 있는 사람이 약한 사람을 괴롭히는 '갑질'이 하나의 문화처럼 되는 것을 봅니다. 근본적인 이유는 바로 하나님의 부재不在입니다. 남보다 더 가지기 위해서 열심히 공부하고 남보다 더 많이 벌기 위해서 땀 흘려 노력할 뿐, 그 어디에도 하나님이 없는 것입니다. 그렇게 해서 가지게 된 지식이나 돈이나 권력을 사람들은 과연 어디에 사용하게 될까요?

종교개혁자 루터Martin Luther는 '직업 소명론'을 가르쳤습니다. '직업'이란 단지 생계를 위해서 돈을 버는 일자리가 아니라는 겁니다. 오히려 하나님이 부르셔서 세워주신 자리입니다. 목회자만 성직자가 아닙니다. 자기에게 주어진 직업을 통해 이웃을 섬기고 사랑을 실천할 수 있다면, 그것이 곧 성직聖職입니다. 자그마한 개인 사업을 하든 큰 회사를 운영하든 우리 그리스도인은 하나님이 가르쳐 주시는 원칙에 따라서 경영해야 합니다.

사람의 계획

"마음의 경영은 사람에게 있어도 말의 응답은 여호와께로부터 나오느니라"(1절). 우리말 '경영'으로 번역된 히브리어 '마아락maarak'은 본래 '준비'(arrangements)라는 뜻입니다. 대부분의 영어 성경은 이를 '계획'(plans)으로 번역합니다. 마음으로 이런저런 계획을 하는 것은 사람이 해야 할 일입니다. 아무런 준비 없이 시작한 비즈니스가 잘 될

리가 없습니다. 그것은 마치 공부는 하지 않으면서 좋은 대학에 들어갈 것을 기대하는 것과 같습니다.

그렇지만 사람의 준비가 전부는 아닙니다. 아무리 좋은 계획을 세우고 잘 준비했다고 하더라도 그것이 실제로 이루어지려면 반드시 하나님의 허락이 있어야 합니다. 여기에서 '말의 응답'은 곧 하나님의 대답(answer)을 의미합니다. CEV성경은 이를 "주님이 최종적인 결정을 하신다"(The Lord has the final word)라고 풀이합니다. 그러니까 그 계획의 성패成敗는 하나님의 결정에 달려 있다는 것입니다.

그런데 하나님은 아무런 원칙 없이 성패를 결정하는 그런 분이 아닙니다. 하나님이 특별히 살펴보시는 것이 있습니다. "사람의 행위가 자기 보기에는 모두 깨끗하여도 여호와는 심령을 감찰하시느니라"(2절). 하나님은 그 계획이 얼마나 그럴듯한지 살피지 않으십니다. 하나님은 그 사람의 '심령'(spirit)을 살피십니다. 다시 말해서 그 계획 속에 담겨 있는 진짜 '동기'(motives)를 주의 깊게 살피신다는 것입니다.

만일 하나님이 기뻐하실만한 동기를 가지고 시작한 일이라면 반드시 성공하게 하실 것입니다. 비록 충분한 준비가 되지 않았다고 하더라도 어떻게든 하나님이 이루어지도록 도와주실 것입니다. 그러나 만일 하나님과 아무런 상관이 없이 준비된 일이라면 굳이 도와주실 이유가 없습니다. 하나님이 도와주지 않는데 그 계획이 잘 진행될 리가 없지요.

따라서 사람이 마음속으로 계획하는 단계에서부터 반드시 하나님이 포함되어 있어야 합니다. 그의 인생을 향한 하나님의 계획과 기대가 들어가 있어야 합니다. 그러기 위해서는 언제나 하나님의 말씀을 묵상해야 하고, 하나님의 도움을 간구해야 합니다. 그렇게 세워진 계획 속에는 인간의 탐욕이 들어올 수 없습니다.

하나님의 사업

하나님을 포함하여 일을 계획하는 사람은 그 일이 진행되는 모든 과정을 또한 하나님께 맡깁니다. "너의 행사를 여호와께 맡기라. 그리하면 네가 경영하는 것이 이루어지리라." 여기에서 우리말 '맡기다'로 번역된 히브리어 '갈랄galal' 동사는 본래 '굴리다'(to roll)라는 뜻으로 사용되는 말입니다. 직역하면 "하나님께 굴려버리라"가 됩니다.

이 말씀을 메시지성경은 "하나님을 네 일의 책임자로 모셔라"로 풀이합니다. 어떤 일이든지 최종 결정을 한 사람이 책임을 지게 되어 있습니다. 만일 내가 결정했다면 그 일에 대해서는 반드시 내가 책임을 져야 합니다. 만일 하나님이 결정했다면 그 일은 하나님 책임입니다. 어떻게든 하나님이 이루실 것입니다. 그러니 하나님께 굴려버리라는 것이지요.

그런데 대개는 그렇게 하지 못합니다. 하나님께 온전히 맡기지 못하고 자기 손에 움켜쥐려고 합니다. 그 일을 다른 사람에게 믿고 맡기지 못합니다. 자기가 시작한 일이니 끝까지 자기가 직접 해야 한다고 고집합니다. 그러니 인생이 피곤해질 수밖에요. 일이 잘 풀려도 마음은 늘 불안하고, 일이 안 풀리면 마음이 초조해집니다. 하나님께 굴려버리지 못하면 그렇게 되는 것입니다.

이와 비슷한 말씀이 뒷부분에 다시 나옵니다. "사람이 마음으로 자기의 길을 계획할지라도 그의 걸음을 인도하시는 이는 여호와시니라"(9절). 메시지성경은 이렇게 풀이합니다. "우리는 원하는 삶의 길을 계획하지만, 그 계획대로 살 수 있게 하시는 분은 오직 하나님뿐이다." 정말 그렇습니다. 아무리 근사한 인생 계획이나 그럴듯한 사업 계획을 세웠다고 하더라도 만일 하나님이 그 길로 인도하지 않으신다면 무슨 소용입니까? 헛수고가 되고 말 뿐입니다.

우리는 하나님을 믿는 사람입니다. 하나님을 경외하는 사람입니다. 하나님을 우리 삶에 포함하여 사는 사람입니다. 그렇다면 우리가 경영하는 비즈니스에도 하나님이 포함되어 있어야 합니다. 처음부터 그것이 '하나님의 사업'이 되게 해야 합니다. 하나님이 기뻐하실만한 동기와 목적을 가져야 합니다. 그리고 어떤 일이든 최종 결정은 하나님께 맡겨드려야 합니다.

그러면 우리가 계획한 일이 이루어집니다. 그 계획대로 살 수 있게 해 주실 뿐만 아니라 우리가 감히 생각하지 못했던 것까지 넘치도록 채워주십니다. 그렇게 얻은 지식이나 돈이나 권력은 우리 자신의 소유물이 아닙니다. 도움이 필요한 사람에게 나누어주라고 우리에게 허락해 주신 하나님의 선물입니다.

우리는 성직자가 아닙니다. 그렇지만 우리에게 주어진 직업이나 비즈니스를 통해서 얼마든지 '거룩한 일'을 할 수 있습니다. 그렇게 살라고 하나님이 우리를 불러주셨습니다.

□ 은혜 나누기

내가 원하는 삶의 계획에 대해서 함께 나누어 봅시다. 그 속에 하나님이 포함되어 있습니까?

□ 공동 기도

하나님 아버지, 우리의 인생 계획 속에 처음부터 하나님이 포함되게 해 주세요. 우리의 사업이 하나님의 사업이 되게 해 주세요. 남 주기 위해서 열심히 공부하게 하시고, 이웃과 나누기 위해서 열심히 돈을 벌게 해 주세요. 그리하여 매일매일 하나님의 뜻을 이루어가는 우리 가정이 되게 해 주세요. 예수님의 이름으로 기도합니다. 아멘.

9월 2주　　　겸손과 교만

□ 주님의 기도 주님이 가르쳐주신 기도로 가정예배를 시작합니다.

□ 찬송 부르기 196장(성령의 은사를)

□ 성경 읽기 잠언 16:18-19(15:33)

　※ 개역개정판

18교만은 패망의 선봉이요 거만한 마음은 넘어짐의 앞잡이니라. 19겸손한 자
와 함께하여 마음을 낮추는 것이 교만한 자와 함께하여 탈취물을 나누는 것보
다 나으니라. (여호와를 경외하는 것은 지혜의 훈계라. 겸손은 존귀의 길잡이
니라[15:33].)

　※ 메시지성경

18교만하면 파멸하고 자만심이 클수록 호되게 추락한다. 19부자와 유명인들
사이에서 기분 내며 사는 것보다 가난한 이들 사이에서 겸손하게 사는 것이
낫다. (하나님을 경외함은 삶의 진수를 가르치는 학교이니 먼저 겸손을 배우
고 나중에 영광을 경험하게 한다[15:33].)

□ 말씀 나누기

"벼는 익을수록 고개를 숙인다"는 말이 있습니다. 추수를 앞둔 벼
이삭을 보면 마치 사람이 고개를 숙이고 공손하게 인사하는 모습처럼
보입니다. 지식이 쌓여가고 인격이 익어갈수록 그렇게 더욱 겸손한
태도를 보일 수 있어야 한다는 것입니다. 그런데 실제로는 어떻습니
까? 많이 배우고 많이 가질수록 사람들은 고개를 숙이기보다는 오히

려 고개를 뻣뻣이 세우게 됩니다.

잠언은 '교만한 사람'과 '겸손한 사람'에 대해서 자주 언급합니다. 오늘 우리가 묵상하려고 하는 말씀도 그중의 하나입니다. 그러나 잠언의 관심은 "사람이 교만하면 안 된다. 겸손하게 살아야 한다"라는 윤리적인 가르침에 있지 않습니다. 오히려 사람이 왜 교만할 수밖에 없는지 또는 왜 겸손할 수밖에 없는지를 이야기합니다. 그리고 그 결과가 무엇인지를 설명합니다.

우리가 충분히 짐작할 수 있듯이 '교만'과 '겸손'은 각각 하나님을 경외하지 않는 사람과 하나님을 경외하는 사람에게서 자연스럽게 드러나는 삶의 태도입니다. 그것을 보면 그 사람의 정체를 알 수 있습니다.

교만한 사람

"교만은 패망의 선봉이요 거만한 마음은 넘어짐의 앞잡이니라"(18절). 메시지성경은 이 말씀을 "교만하면 파멸하고 자만심이 클수록 호되게 추락한다"라고 풀이합니다. 우선 '교만'에 대한 정의부터 내려볼 필요가 있습니다. 왜냐면 이에 대한 관점이 사람마다 다르기 때문입니다. 한자어 '교만驕慢'은 잘난 체하며 뽐내는 건방진 태도를 가리키는 말입니다. 그런데 무얼 보고 그렇게 판단할 수 있을까요?

단지 몇 마디 말이나 표정만으로 판단할 수는 없는 일입니다. 그런데 자신의 주관적인 느낌으로 다른 사람을 성급하게 판단하는 경우가 많이 있습니다. 그래서 실제로는 겸손한 사람인데 교만한 사람으로 평가되기도 하고, 그 반대로 실제로는 교만한 사람인데 겸손한 사람으로 평가되기도 합니다. 사람에 따라서 서로 다른 기준으로 판단하기 때문입니다.

우리말 '교만'에 해당하는 히브리어는 '가온ga'own'입니다. 성경에서

이 단어가 사용되는 경우를 살펴보면 한 가지 흥미로운 사실을 발견하게 됩니다. '가온'은 좋은 의미와 나쁜 의미로 동시에 사용됩니다. 이 단어를 하나님에게 사용하면 '위엄'(majesty)이라는 뜻이 되지만, 사람에게 사용하면 '교만'(arrogancy)이라는 뜻이 됩니다.

예를 들어 '모세의 노래'에 나오는 구절입니다. "주께서 주의 큰 위엄으로 주를 거스르는 자를 엎으시니이다"(출 15:7). 여기에서 '위엄'이 바로 '가온'입니다. 하나님을 거스르는 자를 엎으심으로써 하나님의 '위엄'을 드러내셨다는 고백입니다. 힘이 있다고 많이 안다고 하나님의 다스림을 거부하는 사람이 바로 교만한 사람입니다. 하나님은 그들의 '교만'을 꺾어버리십니다(레 26:19).

'거만한 마음'도 마찬가지입니다. 우리말 '거만하다'에 해당하는 히브리어 '가바gabah'는 본래 '높다'(to be high)라는 뜻입니다. 높은 하늘에 계시는 분은 오직 하나님 한 분이십니다(욥 22:12). 그런데 하나님을 높이는 대신에 자기 자신을 높이는 것입니다. 그것이 바로 거만倨慢입니다. 하나님을 그렇게 우습게 생각하는데 다른 사람들은 더 말할 것도 없지요.

하나님을 경외하지 않는 사람은 기본적으로 교만합니다. 남들보다 더 배우지 못해서 또는 더 가지지 못해서 그 교만이 표면에 드러나지 않을 뿐, 조금이라도 힘이 생기면 어김없이 드러나게 되어 있습니다. 성경은 말합니다. "교만은 패망의 선봉이다." 히브리 원어를 직역하면 "교만은 파멸 앞으로 가게 한다"(Pride goes before destruction, NIV)가 됩니다. 거만한 마음은 '넘어짐'(a fall) 앞으로 가게 합니다. 어쩌다 그렇게 되는 것이 아닙니다. 하나님께서 반드시 그렇게 만드십니다.

겸손한 사람

그렇다면 겸손한 사람은 과연 어떤 사람일까요? "겸손한 자와 함께하여 마음을 낮추는 것이 교만한 자와 함께하여 탈취물을 나누는 것보다 나으니라"(19절). '거만하다'가 '높다'라는 뜻이었다면, 그 반대로 '겸손하다'는 본래 '낮다'(low)라는 뜻입니다. 그러니까 마음을 낮추는 다른 사람들과 함께 마음을 낮추며 사는 것이 더 낫다는 말씀입니다.

메시지성경은 "부자와 유명인들 사이에서 기분 내며 사는 것보다 가난한 이들 사이에서 겸손하게 사는 것이 낫다"라고 합니다. 개역성경의 '겸손한 자'를 메시지성경은 '가난한 이들'로 풀이하고 있는 것이지요. 그런데 가난하다고 해서 반드시 겸손한 사람이라고 말할 수는 없는 일입니다. 단지 마음을 낮춘다고 해서 겸손해지는 것도 아닙니다. 오히려 적극적으로 하나님을 높여야 겸손해질 수 있습니다.

바로 이 대목에서 우리는 예수님이 말씀하신 '잔치 때의 자리 비유'를 기억하게 됩니다. 잔치에 초청받아 온 손님이 스스로 상석에 앉았다가 더 높은 사람에게 밀려 끝자리로 내려가는 것보다, 차라리 처음에 끝자리에 앉았다가 나중에 상석에 앉게 되는 것이 훨씬 더 영광스러운 일입니다. 예수님은 이렇게 결론을 내립니다. "무릇 자기를 높이는 자는 낮아지고 자기를 낮추는 자는 높아지리라"(눅 14:11).

그렇습니다. 하나님은 자기를 스스로 높이는 교만한 사람을 낮추십니다. 그러나 자기를 낮추는 겸손한 사람을 높여 주십니다. 물론 그렇다고 해서 더 높아지기 위해서 먼저 낮추어야 한다는 식으로 생각하면 안 됩니다. 어떤 자리에 있든지 하나님을 높이면서 살아야 한다는 뜻입니다. 그러면 하나님이 그를 높여 주십니다. 오직 하나님을 경외하는 사람만이 그렇게 겸손하게 살 수 있습니다.

그래서 잠언은 이렇게 말합니다. "여호와를 경외하는 것은 지혜의 훈계라. 겸손은 존귀의 길잡이니라"(잠 15:33). 앞부분에서 교만은 '파멸' 앞으로 가게 한다고 했습니다. 이번에는 정반대입니다. 겸손은 '존귀' 앞으로 가게 합니다. 그래서 하나님을 경외하는 사람이 지혜로운 사람입니다. 하나님이 그를 높이실 수 있도록 자기를 낮추며 겸손하게 살기 때문입니다.

그러나 하나님 없이 살아가는 사람은 그렇게 하지 않습니다. 스스로 높이지 않으면 아무도 그를 높여 주지 않는다고 생각합니다. 그래서 어리석은 사람입니다. 유유상종類類相從이라고 합니다. 같은 무리끼리 서로 사귄다는 뜻입니다. 교만한 사람은 교만한 사람과 사귑니다. 그들에게 다툼만 일어날 뿐입니다(잠 13:10). 겸손한 사람은 겸손한 사람과 사귑니다. 그들에게 평화가 만들어질 뿐입니다.

□ 은혜 나누기

'겸손한 사람'에게 어울리지 않는 말이나 태도가 있다면 어떤 것일까요? 함께 이야기해 봅시다.

□ 공동 기도

하나님 아버지, 우리의 교만한 마음을 용서해 주세요. 조금 더 안다고 조금 더 가졌다고 남들을 업신여기며 살았습니다. 이제부터는 오직 하나님만 높이면서 겸손하게 살게 해 주세요. 우리를 구원하기 위하여 낮아지신 하나님의 마음을 품고 다른 사람을 대할 수 있게 해 주세요. 우리 가정에서부터 그 일이 시작되게 해 주세요. 예수님의 이름으로 기도합니다. 아멘.

9월 3주 존경받는 어른

□ 주님의 기도 주님이 가르쳐주신 기도로 가정예배를 시작합니다.

□ 찬송 부르기 336장(환난과 핍박 중에도)

□ 성경 읽기 잠언 16:31; 20:29

　※ 개역개정판

　31백발은 영화의 면류관이라. 공의로운 길에서 얻으리라.

　29젊은 자의 영화는 그의 힘이요 늙은 자의 아름다움은 백발이니라.

　※ 메시지성경

　31백발은 하나님께 충성한 인생이 받는 상이요 훈장이다.

　29젊음은 힘으로 칭찬받지만, 노년은 백발로 영예를 얻는다.

□ 말씀 나누기

　나이만 많으면 무조건 윗사람으로 대접받던 시절이 있었습니다. 그러나 지금은 그런 시대가 아닙니다. 나이가 아무리 많아도 어른답지 못하면 어른으로 대접받을 수 없습니다. 자기보다 어리다고 우습게 여기고 함부로 대하는 무례한 노인을 윗사람으로 대접해 줄 젊은이는 이 세상에 존재하지 않습니다. 백발이 성성하다고 다 존경받는 어른이 되는 것은 아니라는 말입니다.

　'어른'의 사전적 의미는 '다 자란 사람' 또는 '다 자라서 자기 일에 책임을 질 수 있는 사람'입니다. 정말 그렇습니다. 나이만 들었다고 어른이 아닙니다. 생각이 자라고 인격이 자라서 말이나 행동에 있어서 확실하게 책임을 질 수 있어야 어른입니다. 그럴 때 다른 사람들에게, 특히 젊은이에게 존경받는 어른이 될 수 있습니다. 나이에 어울리는 성숙한 인격을 갖추지 않는다면 단지 어리석은 늙은이 취급을 받을 뿐입니다.

물론 그렇디고 노인을 함부로 대해서는 안 됩니다. 나이가 많다는 이유로 차별해서는 안 됩니다. 요즘 자녀에게 학대받는 노인이 늘어난다고 하는데 그것은 중대한 범죄 행위입니다. 어떤 이유로든 용납될 수 없는 일입니다. 우리의 목표는 서로를 존중하는 건강한 사회를 만드는 것입니다. 물론 일차적인 책임은 '어른'에게 있습니다. 존경받는 어른이 점점 많아질 때 우리 사회는 더욱 건강해질 것입니다.

백발의 영광

어른에 대한 성경의 가르침은 부모 공경에서 출발합니다(출 20:12). 심지어 아버지나 어머니를 모욕하는 자녀는 반드시 죽이게 되어 있습니다(출 21:17). 부모의 절대적인 권위는 모든 자녀에게 확실하게 세워져야 합니다.

자신의 부모에게만 그렇게 하는 것은 아닙니다. "너는 센 머리 앞에서 일어서고 노인의 얼굴을 공경하며 네 하나님을 경외하라"(레 19:32). '센 머리', 즉 '백발'의 노인 앞에서는 모두 일어나서 존경하는 마음을 표해야 합니다. 그것이 젊은이가 어른을 대하는 마땅한 태도입니다.

그런데 여기에는 한 가지 전제 조건이 있습니다. 젊은이에게 존경을 받으려면 먼저 하나님을 경외하는 사람이어야 합니다. 오늘 본문은 말합니다. "백발은 영화의 면류관이라. 공의로운 길에서 얻으리라"(16:31). 멀리서 백발을 보면 마치 머리에 은빛 관을 씌운 것처럼 보입니다. 영광의 관은 아무에게나 주어지는 것이 아닙니다. 오직 영광스러운 인생을 산 사람에게만 주어집니다.

본문에서 백발은 "공의로운 길에서 얻는 것이라"(it is found in the way of righteousness, NASB)고 합니다. 메시지성경의 풀이가 더욱 쉽게 다가옵니다. "백발은 하나님께 충성한 인생이 받는 상이요 훈장이다." '의로움'은 상태의 용어가 아니라 관계의 용어입니다. 하나님과 바른 관계에 있는 사람을 '의인義人'이라고 합니다. 그러니까 백발은 평생 하나님과 바른 관계를 유지해 왔다는 증거인 셈입니다. 의인에게 주시는 '하나님의 훈장'입니다.

바로 이것이 백발의 노인 앞에 우리가 반드시 일어서야 하는 진정한 이유입니다. 단지 연장자에 대해 갖추는 예의가 아닙니다. 하나님을 향한 믿음을 충성스럽게 지켜왔던 그분들의 인생에 대해서 존경을 표현하는 것입니다. 그분들의 삶을 본받아 살겠다는 다짐의 표시입니다. 그렇게 존경받을 만한 어른들이 우리 가까이에 많이 계신다면 얼마나 좋을까요?

그런데 사람들은 어른다운 어른이 없다고 말합니다. 존경할 만한 어른이 잘 보이지 않는다고 말합니다. 정말 없어서 발견하지 못하는 것일까요? 아니면 혹시라도 우리 자신에게 이유가 있는 것은 아닐까요? 바로 눈앞에 있는데도 가치를 알아보는 안목이 없어서 알아차리지 못하는 것은 아닐까요?

물질만능주의의 가치관을 가진 사람에게는 돈 많은 갑부가 보이고, 성공지상주의의 가치관을 가진 사람에게는 성공한 사람이 보일 것입니다. 그러나 하나님 경외를 최고의 가치로 인정하는 사람에게는 평생 하나님을 경외해 온 백발의 영광이 눈에 들어올 것입니다. 그렇게 보면 우리 주변에 존경할 만한 어른이 의외로 많습니다.

백발의 아름다움

사람들은 나이가 들어가면서 자신의 외모에 대해 점점 자신감을 잃어가게 됩니다. 사진을 찍는 자리를 피하는 어르신들이 많아지는 것을 보면 그것을 알 수 있습니다. 그러나 성경의 관점은 다릅니다. "젊은 자의 영화는 그의 힘이요 늙은 자의 아름다움은 백발이니라"(20:29). 젊었을 적에 사람들은 미모와 힘을 자랑합니다. 자연스러운 일입니다. 늙어가면 미모와 힘은 사라지게 되어 있습니다. 그 역시 아주 자연스러운 일입니다.

그러나 늙어간다고 해서 추하게 되는 것은 아닙니다. 백발은 감추어야 할 수치가 아니라 당당하게 드러내야 할 아름다움입니다. 전도서 기자는 이렇게 말했습니다. "하나님이 모든 것을 지으시되 때를 따라 아름답게 하셨고"(전 3:11a). 이에 대한 메시지성경의 풀이가 더욱 마음에 와닿습니다. "참으로 하나님은 모든 것을 제때에 그 자체로 아름답게 만드셨다." 그렇습니다. 젊음이 그 자체로 아름답다면 늙음 또한 그 자체로 아름다운 것이어야 합니다.

왜 그렇게 생각해야 할까요? 그다음에 이어지는 말씀이 중요합니다. "또 사람들에게는 영원을 사모하는 마음을 주셨느니라"(전 3:11b). 만일 이 세상에서의 삶이 우리 인생의 전부라면 늙고 싶어 할 사람은 아무도 없을 것입니다. 가능하다면 늙지 않는 방법, 죽지 않는 방법을 찾아보려고 할 것입니다. 그런 점에서 진시황이 불로초不老草를 찾아다녔다는 이야기가 충분히 이해됩니다. 얼마든지 그럴 수 있다 싶습니다.

그러나 만일 우리의 인생이 죽음으로 끝나지 않는다면 어떨까요? 하나님은 우리에게 영원을 사모하는 마음을 주셨다고 했습니다. 영원을 사모하는 마음이란 죽음으로 끝나지 않는 영원한 삶에 대한 소망을 주셨다는 뜻입니다. 그렇게 본다면 늙어가는 것을 거부할 이유가 하나도 없습니다. 그 자체가 아름다운 일입니다. 늙어가는 만큼 우리는 영원에 점점 더 가까워지기 때문입니다.

평생 하나님을 믿고 살았다고 하면서 죽음 앞에서 비굴해지는 사람이 있습니다. 말로는 영원한 삶을 소망한다고 하면서 하루하루 늙어가는 자신의 모습을 보기 싫어하는 사람도 있습니다. 그것이야말로 이율배반입니다. 믿는 것과 사는 것이 다른 모습입니다.

자신의 센 머리를 하나님과 동행한 삶의 훈장으로 생각하는 사람, 늙어가는 것을 수치가 아니라 아름다움으로 당당하게 드러낼 수 있는 사람, 신앙생활의 가치를 인생의 후배들에게 자신 있게 가르치는 사람 등 그런 사람이 어른다운 어른이요 존경받을만한 어른입니다.

□ 은혜 나누기
내가 가장 존경하는 어른은 누구인가요? 또 그 이유는 무엇인가요? 함께 이야기해 봅시다.

□ 공동 기도
하나님 아버지, 우리가 마음으로 존경하고 본받아 따를 수 있는 믿음의 어른들을 많이 만나게 해 주세요. 아니 우리를 바라보는 인생 후배들에게 존경받는 어른이 되게 해 주세요. 우리 가정이 서로를 존중하고 사랑하는 건강하고 아름다운 가정이 되게 해 주세요. 예수님의 이름으로 기도합니다. 아멘.

9월 4주 허물을 덮어주는 사랑

□ 주님의 기도 주님이 가르쳐주신 기도로 가정예배를 시작합니다.

□ 찬송 부르기 299장(하나님 사랑은)

□ 성경 읽기 잠언 17:9, 14, 19

※ 개역개정판

9허물을 덮어 주는 자는 사랑을 구하는 자요 그것을 거듭 말하는 자는 친한 벗을 이간하는 자니라.

14다투는 시작은 둑에서 물이 새는 것 같은즉 싸움이 일어나기 전에 시비를 그칠 것이니라.

19다툼을 좋아하는 자는 죄과를 좋아하는 자요 자기 문을 높이는 자는 파괴를 구하는 자니라.

※ 메시지성경

9불쾌한 일을 눈감아 주면 우정이 돈독해지지만 모욕에 집착하면 친구를 잃는다.

14다툼의 시작은 댐에 물이 새는 것과 같으니 싸움이 일어나기 전에 그만두어라.

19죄를 사랑하면 곤경과 결혼하고 담을 쌓아 올리면 도둑이 찾아온다.

□ 말씀 나누기

이 세상에 완벽한 사람은 하나도 없습니다. 누구나 크고 작은 약점을 가지고 있게 마련입니다. 만일 우리 눈에 상대의 허물이 보이지 않는다면 그것은 두 가지 경우 중의 하나입니다. 아직 멀리 떨어져 있거나 아니면 눈에 콩깍지가 씌었거나… 서로 가까워지면 상대의 허물도 보이게 되어 있습니다. 가장 가까운 사이일수록 서로의 허물을 가장 잘 알고 있다고 해야 합니다.

상대의 허물이 보이기 시작할 때 우리에게 지혜가 필요합니다. 자칫 잘못하다가는 관계가 완전히 파괴될 수도 있기 때문입니다. 실제로 그런 위기를 겪는 부부가 참 많이 있습니다. 세계적인 부흥사 그레함Billy Graham 목사님의 아내 루스Luth Graham가 남긴 유명한 말입니다. "내 남편을 변하게 하는 것은 하나님이 하실 일이고, 내가 할 일은 그를 사랑하는 것입니다." 남편의 버릇을 고쳐주겠다고 자꾸 허물을 들추어내다가는 가정이 깨지고 맙니다.

오늘 본문은 이렇게 말합니다. "허물을 덮어주는 자는 사랑을 구하는 자요, 그것을 거듭 말하는 자는 친한 벗을 이간하는 자니라"(9절). 그와 비슷한 말씀이 잠언 앞부분에 나옵니다. "미움은 다툼을 일으켜도 사랑은 모든 허물을 가리우느니라"(잠 10:12). 그런데 허물을 덮어준다는 말은 구체적으로 무슨 뜻일까요? 어디까지 얼마나 오래 덮어주어야 하는 걸까요?

죄를 용서하는 사랑

우리말 '허물'은 가벼운 실수 정도를 의미하지만, 이에 해당하는 히브리어 '페샤pesha'는 '죄'(transgression)를 의미합니다. 허물보다는 더 무거운 느낌으로 다가옵니다. 그것도 다른 사람에게 저지른 죄가 아닙니다. 관계를 맺고 있는 당사자에게 잘못한 일을 말합니다. 따라서 그 허물을 덮어 준다는 것은 그냥 모른 척하고 넘어간다는 뜻이 아닙니다. 오히려 적극적으로 용서해 준다는 뜻입니다.

그렇게 하는 이유가 있습니다. '사랑을 구하기' 때문입니다. 다시 말해서 그를 진심으로 사랑하기 때문입니다. 분명히 그가 잘못했음에도 불구하고 그와의 관계를 깨고 싶지 않은 것입니다. 그래서 용서하고 덮어 줍니다. 베드로도 이와 비슷한 말을 남겼습니다. "무엇보다 뜨겁게 서로 사랑할지니 사랑은 허다한 죄를 덮느니라"(벧전 4:8). 뜨겁게 사랑한다면 어떤 죄든지 덮어 줄 수 있습니다. 그가 저지른 잘못보다 사랑이 훨씬 더 중요한 문제이기 때문입니다.

그런데 말로는 용서해 주었다면서 실제로는 마음에 꼭꼭 담아두고 있는 사람이 많습니다. 그랬다가 시간이 어느 정도 지나 이제는 잊어버렸다 싶으면 다시 끄집어내지요. 마치 되새김질하듯이 그렇게 확인합니다. 그렇게 하는 사람을 가리켜서 본문은 '거듭 말하는 자'라고 합니다. 그것은 상대의 허물을 덮어 주는 모습이 아닙니다. 단지 자기의 필요에 따라 상대의 허물을 이용하고 있을 뿐입니다.

만일 하나님이 우리의 죄를 그런 식으로 이용하신다면 어떻게 될까요? 다행스럽게도 하나님은 우리의 죄를 기억하지 않으십니다. "나곧 나는 나를 위하여 네 허물을 도말하는 자니 네 죄를 기억하지 아니하리라"(사 43:25). 하나님은 우리의 죄를 도말하겠다고 말씀하십니다. '도말塗抹'이란 페인트로 칠해버리는 것을 의미합니다. 그렇게 하나님의 기억에서 완전히 지워버리시겠다는 것입니다.

여기에서 우리가 주목해야 할 말씀이 있습니다. "나는 나를 위하여 네 허물을 도말한다"는 말씀입니다. 우리 때문에 우리의 죄를 용서하시는 것이 아닙니다. 하나님 자신을 위해서입니다. 하나님의 거룩한 이름을 속되게 하지 않으려고 우리를 용서하십니다(새번역). 그렇습니다. 상대방의 죄를 덮어 주면 내가 회복됩니다. 그러나 상대방의 죄를 잊어버리지 않으면 그것은 치유되지 않은 상처로 계속 남아 있게 됩니다.

그렇게 상대의 죄를 계속해서 되새김질하다가는 결국 파국에 다다르고 맙니다. "친한 벗을 이간한다"고 하니까 다른 사람을 가리키는 말처럼 보이지만, 아닙니다. 당사자를 가리키는 말입니다. 아무리 친밀한 사이였다고 하더라도 서로 갈라설 수밖에 없다는 뜻입니다. 그 책임은 용서하지 못한 사람에게 있습니다.

시비를 그치는 사랑

그런데 사람들은 왜 다시 허물을 들추어내려고 하는 것일까요? 그 이유는 상대의 허물을 다툼에 이용하기 위해서입니다. "다투는 시작은 둑에서 물이 새는 것 같은즉 싸움이 일어나기 전에 시비를 그칠 것이니라"(14절).

다툼은 큰 댐에 조그만 구멍을 내는 것처럼 시작됩니다. 처음에는 큰일이 아닙니다. 사소한 말다툼 정도입니다. 그러다가 감정이 격해지면서 다툼의 주도권을 잡기 위해서 그동안 덮어 두었던 상대방의 허물을 소환합니다. 그러면 그때부터는 걷잡을 수 없게 됩니다. 마치 댐이 무너져서 한꺼번에 물이 터져 나오듯이 더는 통제할 수 없는 지경에 이르고 마는 것입니다.

그래서 말다툼이 정말 큰 싸움으로 발전하기 전에 시비를 그치라고 권면합니다. '시비是非'는 옳고 그름을 가리는 일입니다. 자신이 옳다는 사실을 증명하려면 어떻게든 상대의 잘못을 증명해야 합니다. 그러기 위해 덮어 두었던 과거의 허물을 다시 불러내는 것이지요. 그것이야말로 최악의 실수입니다. 현재의 문제를 과거의 문제와 연결함으로써 정말 큰 문제가 되게 한 것입니다.

한 걸음 더 나아가서 성경은 '다툼을 좋아하는 자는 죄과를 좋아하는 자'라고 말합니다(19절). 여기에서 '죄과罪過', 즉 '죄가 될만한 허물'이 바로 '폐샤'입니다. 그동안 덮어 두었던 허물입니다. 말로는 용서했다고 하면서 실제로는 기억 속에 고이 담아둔 죄입니다. 그러다가 결정적인 순간에 다시 꺼내 든 것이지요. 왜 그럴까요? 다툼을 좋아하기 때문입니다. 그럴 뿐만 아니라 실제로 싸움을 잘하기도 합니다.

물론 그렇게 해서 상대를 이길 수는 있습니다. 시시비비를 가릴 수도 있습니다. 상대의 잘못을 증명해 낼 수도 있습니다. 그러나 자꾸 그러면 망합니다. 깨진 관계의 틈은 점점 벌어집니다. 서로의 마음은 점점 더 멀어집니다. 문턱이 점점 높아집니다. 그러다가 결국 파국을 맞이하고 맙니다. 메시지성경의 표현처럼 담을 쌓아 올리면 도둑이 찾아오게 되어 있습니다.

따라서 정말 지혜로운 사람은 상대의 허물을 덮어 줍니다. 일단 용서했다면 다시는 들추어내지 않습니다. 과거의 일은 모두 하나님에게 맡겨버리고 더는 마음에 담아두지 않습니다. 그리고 자신이 할 수 있는 일을 합니다. 그것이 무엇입니까? 바로 '사랑의 섬김'입니다. 손해 보는 것 같지만 절대로 손해가 아닙니다. 가족의 관계를 회복하고 가정을 살려냅니다. 그보다 더 가치 있는 일은 이 세상에 없습니다.

▢ 은혜 나누기

가족 사이에서 벌어지는 시비를 그치기 위해서 내가 할 수 있는 일에 대해서 함께 이야기해 봅시다.

▢ 공동 기도

하나님 아버지, 우리는 죄인입니다. 누구보다 가까운 가족에게 그동안 잘못한 일이 참 많이 있습니다. 우리의 잘못을 서로 용서하게 해 주세요. 그러나 말로만의 용서로 그치지 않게 해 주세요. 과거의 일은 하나님께 맡겨버리게 하시고 이제부터 사랑으로 섬기면서 행복한 가정을 만들어가게 해 주세요. 예수님의 이름으로 기도합니다. 아멘.

마땅히 품을 생각을 품는 지혜

(10~12월)

10월 1주 　뇌물과 선물

- 주님의 기도 주님이 가르쳐주신 기도로 가정예배를 시작합니다.
- 찬송 부르기 420장(너 성결키 위해)
- 성경 읽기 잠언 17:23; 18:16; 19:6

  ※ 개역개정판

  23 악인은 사람의 품에서 뇌물을 받고 재판을 굽게 하느니라.

  16 사람의 선물은 그의 길을 넓게 하며 또 존귀한 자 앞으로 그를 인도하느니라.

  6 너그러운 사람에게는 은혜를 구하는 자가 많고 선물 주기를 좋아하는 자에게는 사람마다 친구가 되느니라.

  ※ 메시지성경

  23 악인은 몰래 뇌물을 받고 정의를 경멸한다.

  16 선물은 사람의 관심을 끌어 높은 사람의 주목을 받게 한다.

  6 너그럽게 베푸는 이 주위에는 사람이 많고 자선가에게는 모두가 친구다.

- 말씀 나누기

  설날이나 추석과 같은 명절이 다가오면 우리는 가족이나 지인에게 선물을 줍니다. 그것은 서로의 정을 나누는 마음 따뜻한 우리네 풍속입니다. 그러나 선물을 주고받는 것이 마음에 꺼려질 때가 있습니다. 선물膳物이 말 그대로 좋은 뜻으로 고마움을 전하는 물건이어야 하는데 억지로 내는 세금이나 대가를 기대하며 주는 뇌물처럼 느껴질 때입니다. 그럴 때는 주는 사람도 받는 사람도 서로 부담스럽습니다.

선물과 뇌물을 구분하는 방법에 대해서 영국의 기업윤리연구소 (IBE)가 다음과 같은 아주 흥미로운 기준을 발표했습니다. "받고 나서 잠을 잘 수 있으면 선물이고, 그렇지 않으면 뇌물이다. 외부에 공개되었을 때 문제가 되지 않으면 선물이고, 문제가 되면 뇌물이다. 선물은 자리가 바뀌어도 받을 수 있지만, 뇌물은 자리가 바뀌면 받을 수 없다."

뇌물과 선물의 경계를 정하는 청탁금지법이 제정되었습니다. 그 규제의 핵심은 금액입니다. 얼마 이상은 뇌물이요 그 이하는 선물이라는 식입니다. 물론 뾰족한 다른 대안이 없어서이긴 하지만, 그런 규제가 과연 실효성이 있을까 싶습니다. 마음만 먹으면 얼마든지 법을 빠져나갈 수 있기 때문입니다. 이 문제에 관해서 성경은 무엇이라 말씀하고 있을까요.

뇌물 받지 말라!

뇌물에 대한 성경의 가르침은 분명합니다. "뇌물을 받지 마라. 뇌물은 선한 사람의 눈을 멀게 하고 선한 사람의 말을 왜곡시킨다"(출 23:8, 메시지). '뇌물賂物'이란 공적인 책임이 있는 사람에게 특별한 편의를 제공해 준 일에 대한 대가로 주는 부정한 돈이나 물건을 의미합니다. 그런 뇌물은 받지도 말아야 하고, 주지도 말아야 합니다.

오늘 본문도 이렇게 말합니다. "악인은 사람의 품에서 뇌물을 받고 재판을 굽게 하느니라"(17:23). 재판을 굽게 해 주는 대가로 주는 돈이 바로 뇌물입니다. 그렇다면 이 뇌물을 받는 '악인'이 누구일까요? 그렇습니다. 바로 재판관입니다. 공정하게 재판해야 할 책임자가 돈을 준 사람의 입맛에 맞게 판결을 내리는 것입니다. 그것은 공의의 하나님이 왕이 되어 다스리는 이스라엘에서는 결코 일어나서는 안 될 일입니다.

그러나 실제로는 그런 일이 참 많이 벌어졌습니다. 사무엘의 아들들이 가장 대표적인 경우입니다. 사무엘은 '사사시대'에서 '왕정시대'로 넘어가는 격변기에 이스라엘을 이끌었던 위대한 영적인 지도자였습니다. 백성들의 존경을 한 몸에 받고 있었습니다. 그러나 그의 아들들은 달랐습니다. 그들은 "아버지의 행위를 따르지 아니하고 이익을 따라 뇌물을 받고 판결을 굽게 했다"(삼상 8:3)라고 합니다. 돈만 주면 얼마든지 원하는 판결을 얻어낼 수 있었던 것입니다.

문제는 그런 일들이 문명사회가 되었다고 하는 오늘날에도 여전히 반복되고 있다는 사실입니다. 오죽했으면 돈 있는 사람은 죄가 없고 돈 없는 사람은 죄가 있다는 '유전무죄有錢無罪, 무전유죄無錢有罪'라는 말이 만들어졌을까요. 인류 역사에서 뇌물이 없어지지 않는 이유가 있습니다. 그것은 주는 사람이나 받는 사람 모두에게 어떤 이익이 돌아가기 때문입니다.

그러나 그것은 진정한 의미에서 이익이 아닙니다. 오히려 하나님의 저주를 스스로 불러오는 어리석은 행동입니다. 하나님은 뇌물을 아주 심각한 죄로 여기십니다. "무죄한 자를 죽이려고 뇌물을 받는 자는 저주를 받을 것이라 할 것이요 모든 백성은 아멘 할지니라"(신 27:25). 말로만의 저주가 아닙니다. 하나님이 친히 그 저주가 현실이 되도록 하십니다.

죄를 지었으면 마땅히 벌을 받아야 합니다. 그래야 벌이 무서워서라도 죄를 짓지 않게 됩니다. 그런데 뇌물을 받고 죄를 지은 사람을 풀어주거나 오히려 죄가 없는 사람을 억울하게 처벌한다면 그 사회가 과연 어떻게 될까요? 하늘에서 벼락이 떨어져야만 저주가 아닙니다. 그와 같은 불공정한 사회에서 살아야 하는 것이 저주입니다.

선물을 주라!

성경은 선물을 적극적으로 권장합니다. "사람의 선물은 그의 길을 넓게 하며 또 존귀한 자 앞으로 그를 인도하느니라"(18:16). 히브리어에서는 '뇌물'과 '선물'이 확실하게 구분되어 있습니다. '뇌물'(bribe)은 '쇼카드'(shochad)이고, '선물'(gift)은 '마탄'(mattan)입니다. '쇼카드'는 되돌아올 것을 계산하여 주는 것이고, '마탄'은 그럴 생각이 전혀 없이 그냥 주는 것을 말합니다.

받을 것을 계산하여 준 선물은 아니지만, 그에게 몇 가지 유익을 줍니다. 우선 "그의 길을 넓게 한다"고 합니다. 히브리 원어를 직역하면 "그에게 공간을 만들어 준다"(makes room for him)입니다. 말하자면 운신의 폭이 넓어지는 것입니다. 어떤 일이나 행동을 편한 마음으로 자유롭게 할 수 있게 된다는 뜻입니다. 뇌물은 그런 자유를 주지 않습니다. 오히려 운신의 폭이 좁아집니다. 눈에 보이지는 않지만, 죄의 꼬리표가 늘 그를 따라다니기 때문입니다.

그다음에 선물은 "존귀한 자 앞으로 그를 인도한다"고 합니다. 메시지성경은 이를 "높은 사람의 주목을 받게 한다"고 풀이합니다. 영향력 있는 훌륭한 사람들의 관심을 받게 된다는 것이지요. 물론 처음부터 그럴 의도를 가지고 선물한 것이 아닙니다. 만일 그랬다면 선물이 아니라 뇌물입니다. 게다가 높은 사람에게 직접 선물을 전달한 것도 아닙니다. 그저 누군가에게 고마운 마음을 전했을 뿐입니다. 그런데 사람들의 칭찬과 관심을 받게 된 것입니다. 그렇게 가장 좋은 선물이 되어 그에게 되돌아온 것이지요.

이와 비슷한 말씀이 뒷부분에 나옵니다. "너그러운 사람에게는 은혜를 구하는 자가 많고 선물 주기를 좋아하는 자에게는 사람마다 친구가 되느니라"(19:6). 여기에서 '너그러운 사람'(a generous man)은 곧

'선물 주기를 좋아하는 사람'(the gift giver)을 가리킵니다. 인색한 사람은 친구가 되려는 사람이 하나도 없지만, 너그러운 사람은 누구나 친구가 되려고 합니다. 물론 처음부터 그럴 목적으로 선물한 것이 아닙니다. 만일 그랬다면 큰 선물이든 작은 선물이든 뇌물이 되고 맙니다. 단지 마음의 선물을 나누어주는 일을 좋아했을 뿐입니다. 그랬더니 모두가 그를 좋아하게 된 것이지요.

하나님 없이 살아가는 사람에게는 뇌물이 더욱 매력적입니다. 돈만 있으면 자기가 원하는 것을 얼마든지 얻어낼 수 있기 때문입니다. 그렇게 자기의 목적을 달성할 수 있을지 모릅니다. 그러나 그것은 결국 하나님의 저주가 될 뿐입니다. 반면 자신의 인생에 하나님을 포함하여 살아가는 사람은 하나님의 마음을 닮아서 선물하기를 좋아합니다. 자신에게 돌아올 반대급부를 전혀 계산하지 않고 그냥 주는 것 자체를 즐거워합니다. 그에게 하나님이 복을 내려주십니다.

우리 주님이 말씀하셨습니다. "주는 것이 받는 것보다 복이 있다" (행 20:35). 우리는 뇌물을 받는 사람이 아니라 선물을 주는 사람입니다. 그렇게 하나님의 은혜를 나누는 사람입니다. 은혜를 나누면 풍성한 은혜로 되돌아옵니다. 그래서 풍성한 은혜를 더 많이 나눌 수 있게 됩니다. 바로 그것이 하나님을 경외하는 사람이 누리는 복입니다.

□ 은혜 나누기

나는 선물 받기를 좋아하는 사람입니까 아니면 선물 주기를 좋아하는 사람입니까?

□ 공동 기도

하나님 아버지, 우리는 받는 것보다 주는 것을 더 좋아하는 사람이 되게 해 주세요. 하나님께 받은 은혜의 선물을 필요한 사람들과 나누는 사람이 되게 해 주세요. 그렇게 누군가에게 하나님의 은혜를 전하는 통로로 쓰임 받는 복된 인생이 되게 해 주세요. 예수님의 이름으로 기도합니다. 아멘.

10월 2주 험담에 대하여

- □ 주님의 기도 주님이 가르쳐주신 기도로 가정예배를 시작합니다.
- □ 찬송 부르기 426장(이 죄인을 완전케 하시옵고)
- □ 성경 읽기 잠언 18:8; 20:19

  ※ 개역개정판

  8남의 말하기를 좋아하는 자의 말은 별식과 같아서 뱃속 깊은 데로 내려가느니라.

  19두루 다니며 한담하는 자는 남의 비밀을 누설하나니 입술을 벌린 자를 사귀지 말지니라.

  ※ 메시지성경

  8험담에 귀 기울이는 것은 싸구려 사탕을 먹는 것과 같다. 그런 쓰레기를 정녕 뱃속에 넣고 싶으냐?

  19험담꾼은 비밀을 지키지 않으니 입이 가벼운 사람 앞에서 속내를 털어놓지 마라.

- □ 말씀 나누기

  "위대한 정신의 소유자들은 이상(ideas)을 논하고, 보통 사람들은 사건(events)을 논하고, 마음이 좁은 사람들은 사람(people)을 논한다." 제32대 미국 대통령 프랭클린 루스벨트의 부인이었던 엘리너Eleanor Roosevelt가 남긴 아주 유명한 말입니다. 이 구분에 따르면 사람들은 대부분 마음이 좁은 소인배입니다. 다른 사람에 대한 소문을 좋아하기 때문입니다.

특히 남의 불행이나 잘못에 대해서 그냥 넘어가는 법이 없습니다. 확인된 사실이 아니거나 과장된 이야기일지라도 별로 상관하지 않습니다. 그들은 가십gossip에 큰 관심을 보입니다. 예전에는 "발 없는 말이 천 리 간다"고 했습니다. 말(言)이 비록 발(足)은 없어도 그렇게 멀리까지 퍼진다는 뜻입니다. 그러나 '천 리'라고 해봐야 겨우 서울에서 부산까지 거리입니다. 요즘에는 SNS를 통해서 지구 반대편까지 '순식간'에 퍼집니다.

덕담德談이라면 괜찮겠지만, 험담險談일 경우에는 당사자에게 큰 피해를 남깁니다. 만일 사실과 전혀 다른 '가짜 뉴스'라면 더더욱 그렇습니다. 그래서 자신의 억울함을 호소하다가 극단적인 선택을 하는 사람이 적지 않습니다. 가십의 폐해弊害는 비단 어제오늘의 일이 아닙니다. 그런데 사람들은 왜 가십을 좋아할까요? 성경은 이에 대해서 어떻게 가르치고 있을까요?

가십의 재미

사람들은 기본적으로 다른 사람에 대한 험담을 재미있어합니다. "남의 말하기를 좋아하는 자의 말은 별식과 같아서 깊은 데로 내려가느니라"(18:8). 여기에서 '별식別食'은 식후에 디저트로 나오는 작은 케이크 조각처럼 한입에 쏙 들어가는 아주 맛있는 음식을 의미합니다. '소문을 퍼뜨리는 사람'(talebearer)의 가십이 바로 그와 같다는 것입니다. 그래서 다른 이야기는 그냥 흘려버리지만, 가십은 뱃속 깊은 곳으로 들어가서 자리잡습니다. 한 번 들으면 절대로 잊어버리지 않습니다.

물론 그 이야기를 전하는 사람이 그럴듯하게 말하기도 하지만, 그런 이야기를 재미있어하는 못된 성품 탓이기도 합니다. 청중이 있어야 말하는 사람이 생기는 법입니다. 성경을 읽어보면 어느 시대에나 다른 사람에 대한 험담을 전문적으로 도맡아 하는 사람들이 등장한다는 사실을 알게 됩니다. 이스라엘 백성이 약속의 땅에 들어가기 전부터 이에 대한 언급이 나옵니다.

"너는 네 백성 중에 돌아다니며 사람을 비방하지 말며 네 이웃의 피를 흘려 이익을 도모하지 말라. 나는 여호와이니라"(레 19:16). "돌아다니며 비방하지 말라"고 경고하십니다. 오죽했으면 그렇게 하셨을까요? 그만큼 험담하며 다니는 사람이 많다는 뜻입니다. 그것은 당사자의 피를 흘리게 하는 일입니다. 그것은 개인의 생명을 위협할 뿐 아니라 믿음의 공동체를 허물어뜨리는 악한 일입니다. 그래서 하나님은 험담하지 말라고 엄격하게 금지하신 것입니다.

신약성경에도 이런 사람들이 곧잘 등장합니다. 디모데에게 보낸 편지에서 사도 바울은 이렇게 말합니다. "또 그들은 게으름을 익혀 집집으로 돌아다니고 게으를 뿐 아니라 쓸데없는 말을 하며 일을 만들며 마땅히 아니할 말을 하나니"(딤전 5:13). 메시지성경은 이를 '수다'(empty talk)와 '험담'(gossip)과 '잡담'(trivialities)으로 풀이합니다. 물론 수다가 가진 순기능도 있습니다. 그렇지만 대부분은 다른 사람에 대한 험담으로 이어진다는 것이 문제입니다.

이에 대한 성경의 가르침은 분명합니다. 험담은 하나님을 섬기는 사람이 절대로 해서는 안 될 일입니다. 사실에 기초한 이야기라고 해도 역시 마찬가지입니다. 비방과 험담으로는 잘못을 바로잡을 수 없습니다. 말에는 힘이 있습니다. 말 한마디로 사람을 살리기도 하고 죽이기도 합니다. 우리는 이 세상을 살리기 위해서 부름을 받은 사람입니다. 험담은 살리는 말이 아닙니다.

가십의 함정

그렇다면 가십의 함정에 빠지지 않기 위해서 우리는 과연 어떻게 해야 할까요? 험담하는 자리를 피하는 것밖에 다른 방법이 없습니다. "두루 다니며 한담하는 자는 남의 비밀을 누설하나니 입술을 벌린 자를 사귀지 말지니라"(20:19). '한담閑談'은 심심하거나 한가로울 때 나누는 그다지 중요하지 않은 이야기를 의미합니다. 물론 어떤 사람과도 그런 이야기를 나눌 수 있습니다.

그러나 '두루 다니며 한담하는 자'는 다릅니다. 앞에서 언급했듯이 그는 험담을 전문적으로 하는 사람입니다. 메시지성경은 아예 '험담꾼'으로 풀이합니다. 처음에는 수다로 시작하지만, 반드시 남의 비밀을 누설하는 이야기로 발전합니다. 그런 사람과는 사귀지 말아야 합니다. 그렇게 입이 가벼운 사람에게는 속내를 털어놓으면 안 됩니다. 왜냐면 곧바로 다른 사람에게 가서 그 이야기를 떠벌릴 것이기 때문입니다.

믿음의 공동체 안에서는 절대로 허락할 수 없는 일입니다. 하지만 험담꾼이 존재하는 것이 교회의 현실입니다. 그럴 때 우리는 어떻게 해야 할까요? 사도 바울은 로마교회 성도들에게 이렇게 권면했습니다. "형제들아 내가 너희를 권하노니 너희가 배운 교훈을 거슬러 분쟁을 일으키거나 거치게 하는 자들을 살피고 그들에게서 떠나라"(롬 16:17). 험담꾼은 분쟁을 일으키고 평화를 깨는 사람입니다. 그들에게서 떠나야 합니다. 남을 험담하는 사람과는 가까이 지내지 말아야 합니다.

왜 그래야 합니까? 그들은 "우리 주 그리스도를 섬기지 아니하고 자기의 배만 섬기는 사람"(롬 16:18)이기 때문입니다. 다시 말해서 그들이 교회를 다니는 목적은 이기적인 '자기 중심성'을 만족시키는 것입니다. 그들의 몸은 비록 교회 안에 있지만, 실제로는 하나님을 섬기는 사람이 아닙니다. 자신의 배를 섬기는 사람입니다. 자신의 이익을 위해서는 서슴지 않고 분쟁을 일으키는 사람입니다. 그래서 남에 대한 험담도 주저하지 않는 것입니다.

하나님을 경외하는 사람은 어떤 이유로든 다른 사람을 험담하지 않습니다. 확인되지 않는 사실을 다른 사람에게 함부로 옮기지 않습니다. 아니 아무리 확인된 사실이라고 하더라도 비방과 험담의 말을 입에 담지 않습니다. 사람에게 말하는 대신 차라리 하나님에게 말합니다. 하나님의 도움을 간구합니다. 그리고 필요하다면 당사자를 대면하여 사랑의 마음으로 권면합니다. 그렇게 믿음의 공동체를 세워갑니다. 그것이 하나님이 우리에게 가르쳐 주신 지혜로운 삶입니다.

□ 은혜 나누기

다른 사람에 대한 험담을 들었을 때 나는 어떻게 해야 할까요? 함께 이야기해 봅시다.

□ 공동 기도

하나님 아버지, 우리는 부족함이 많은 죄인입니다. 그런데도 다른 사람의 잘못이나 실수에 대해서 너그럽게 감싸주지 못했습니다. 오히려 너무나 쉽게 그들을 비방하고 정죄했습니다. 우리의 죄를 용서해 주세요. 이제부터는 하나님을 섬기는 사람답게 생각하고 행동할 수 있게 도와주세요. 예수님의 이름으로 기도합니다. 아멘.

10월 3주 　원망하는 습관

▫ 주님의 기도 주님이 가르쳐주신 기도로 가정예배를 시작합니다.

▫ 찬송 부르기 429장(세상 모든 풍파 너를 흔들어)

▫ 성경 읽기 잠언 19:3; 23:29-30

　※ 개역개정판

　3사람이 미련하므로 자기 길을 굽게 하고 마음으로 여호와를 원망하느니라.

　29재앙이 뉘게 있느뇨 근심이 뉘게 있느뇨 분쟁이 뉘게 있느뇨 원망이 뉘게

　있느뇨 까닭 없는 상처가 뉘게 있느뇨 붉은 눈이 뉘게 있느뇨. 30술에 잠긴

　자에게 있고 혼합한 술을 구하러 다니는 자에게 있느니라.

　※ 메시지성경

　3자기가 어리석어 제 삶을 망쳐 놓고는 어째서 하나님을 탓하는가?

　29늘 우울해하는 자가 누구냐? 청승맞게 구는 자가 누구냐? 까닭 없이 폭행

　을 당하는 자가 누구냐? 눈이 흐릿하고 핏발이 선 자가 누구냐? 30술병을 쥐

　고 밤을 보내는 자들, 음주가 본업인 자들이다.

▫ 말씀 나누기

　감사도 습관이고 원망도 습관입니다. 감사가 몸에 배어있는 사람
의 입에서는 언제나 감사가 나옵니다. 어떤 경우에도 감사하고, 어떤
상황 속에서도 감사할 이유를 발견합니다. 그 반대로 원망할 준비가
되어 있는 사람의 입에서는 언제나 원망이 나옵니다. 그런 사람은 아
무리 좋은 환경에 있더라도 그 속에서 불평거리를 찾아냅니다.

마치 '개구쟁이 스머프'에 등장하는 '투덜이 스머프'(Grouchy Smurf)와 같습니다. 예를 들어 친구가 "안녕!"하고 인사하면 투덜이 스머프는 이렇게 대답합니다. "나는 안녕이 싫어!" 매사에 싫은 것도 많고 불평도 많습니다. 왜 그럴까요? 언제나 불평할 준비를 하고 있기 때문입니다. 원망이 그의 습관이기 때문입니다.

감사와 불평은 환경이나 조건에 달린 것이 아닙니다. 사람의 됨됨이와 존재(being)의 문제입니다. 우리가 진정으로 감사하면서 살고 싶다면, 먼저 '감사하는 자'가 되어야 합니다. 매사에 불평하던 사람이 갑자기 환경이 좋아진다고, 일이 잘 풀린다고 하루아침에 감사하는 사람으로 탈바꿈하게 되는 것이 아닙니다.

성경은 감사의 습관이나 원망의 습관은 모두 하나님 경외에 대한 태도에 달려 있다고 말합니다.

미련한 사람

"사람이 미련하므로 자기 길을 굽게 하고 마음으로 여호와를 원망하느니라"(19:3). 여기에서 우리말 '구부리다'로 번역된 히브리어 '살라프salaph'는 '비틀다'(twist), '왜곡하다'(pervert), '뒤집다'(overturn)라는 의미로 사용됩니다. 그러니까 처음에 가던 '바른길'을 벗어나 '다른 길'에 들어선 것이지요. 누가 시켜서 한 일이 아닙니다. 자기의 의지로 그렇게 선택한 것입니다.

물론 길을 바꾼 데는 나름의 이유가 있었겠지요. 그 길이 지름길로 보였을지 모릅니다. 목적지에 더 빨리 갈 수 있으리라 기대했을 겁니다. 더 편안한 길이라 생각했을 겁니다. 그래서 방향을 바꾼 것입니다. 그런데 실제로는 그게 아닌 겁니다. 기대와 다르게 울퉁불퉁한 비포장도로가 펼쳐집니다. 가면 갈수록 첩첩산중입니다. 새로운 장애물이 계속해서 나옵니다. 그러다가 마침내 막다른 절벽에 다다르게 된 것이지요.

이럴 때 보통은 자신의 선택을 후회할 것입니다. 자신의 잘못된 판단을 탓할 것입니다. 그래야 마땅한 일입니다. 어쨌든 그 결과는 선택한 사람의 책임이기 때문입니다. 그런데 어찌 된 일인지 이 사람은 하나님을 원망합니다. 모든 책임을 하나님에게 떠넘깁니다. 그동안 하나님과 아무런 상관 없이 살던 사람이 어려운 일을 만났다고 하나님을 비난하는 꼴입니다.

이에 대한 메시지성경의 풀이가 더욱 실감 납니다. "자기가 어리석어 제 삶을 망쳐 놓고는 어째서 하나님을 탓하는가?"(19:3, 메시지) 잘되면 내 탓이요 못되면 조상 탓이라더니, 자기 인생을 자기가 망쳐 놓고 하나님을 탓하는 것입니다. 잠언은 그를 가리켜서 '미련하다'고 말합니다. 이것은 하나님의 백성으로 선택받은 이스라엘을 겨냥한 말씀이라는 걸 우리는 잘 압니다.

예레미야 선지자는 이렇게 말합니다. "소리가 헐벗은 산 위에서 들리니 곧 이스라엘 자손이 애곡하며 간구하는 것이라. 그들이 그들의 길을 굽게 하며 자기 하나님 여호와를 잊어버렸음이로다"(렘 3:21). 이스라엘 자손이 '그들의 길을 굽게 한 것'은 다시 말해서 '본래의 길을 버리고 다른 길을 선택한 것'은 그들을 구원해 주신 하나님을 잊어버렸기 때문입니다.

그렇습니다. 자신의 인생에서 하나님을 빼버리고 나면 미련한 사람이 됩니다. 사람의 눈에 아무리 좋게 보여도 하나님 없이 선택하면 결국 실패한 인생이 될 뿐입니다. 그러나 마지막 순간에라도 자신의 잘못을 솔직하게 인정하는 사람에게는 아직 희망이 남아 있습니다. 그동안 하나님을 까맣게 잊고 살아온 시간을 한탄하며 회개하는 사람에게는 구원의 기회가 주어집니다.

그런데 마지막 순간에도 하나님을 원망하는 사람이 있습니다. 모든 실패를 하나님 책임으로 넘겨버립니다. 그것이야말로 미련한 태도입니다. 구원의 문을 제 손으로 닫아버리는 어리석은 사람입니다.

술에 취한 사람

제정신이라면 어떻게 그럴 수 있을까 싶습니다. 한번 생각해 보십시오. 자신의 잘못을 다른 사람에게 넘기는 것도 어리석은 일인데 감히 하나님 탓으로 돌리면서 비난하다니요. 알고 보니 제정신이 아니었습니다. "재앙이 뉘게 있느뇨. 근심이 뉘게 있느뇨. 분쟁이 뉘게 있느뇨. 원망이 뉘게 있느뇨. … 술에 잠긴 자에게 있고 혼합한 술을 구하러 다니는 자에게 있느니라"(23:29-30).

아하! 그랬군요. 인생의 막다른 절벽에서 그는 술에 취해 있었던 것입니다. 메시지성경의 표현처럼 그들은 '술병을 쥐고 밤을 보내는 자들', '음주가 본업인 자들'입니다. 조금이라도 정신을 차리고 있었다면 그렇게 터무니없이 하나님을 원망하지는 않았을 것입니다. 그런데 정신 차릴 틈도 없이 계속해서 술에 취해 있으니 그 입에서 하나님을 향한 원망이 나올 수밖에요.

바로 이것이 하나님을 의지하지 않는 인생이 다다르게 될 결론입니다. 돈을 의지하든 권력을 의지하든 아니면 술을 의지하든 결론은 똑같습니다. 잘되면 자기 탓이요 안되면 세상 탓입니다. 부모를 탓하고 이웃을 탓하고 사회 제도를 탓하다가 결국에는 하나님을 탓하게 됩니다. 하나님을 경외하지 않으면 그렇게 되는 것입니다.

하나님이 이스라엘 백성들의 원망을 매우 심각하게 여기셨던 이유입니다. 그들은 광야에서 물이 없다고 원망했고 먹을 것이 없다고 원망했습니다. 고기를 먹지 못한다고 원망했고 멀리 있는 길로 돌아가게 했다고 원망했습니다. 심지어 하나님이 매일 베풀어 주신 기적의 선물인 만나를 '하찮은 음식'이라고 하면서 원망했습니다. 그러다가 결국 약속의 땅에 들어가지 못했습니다.

욥은 하나님을 원망하지 않았습니다. 하루아침에 모든 재산을 빼앗기고 불의의 사고로 자녀들을 잃어버렸는데도 그는 하나님 앞에 엎드려 예배했습니다. "주신 이도 여호와시요 거두신 이도 여호와시오니 여호와의 이름이 찬송을 받으실지니이다"(욥 1:21). 이때 만일 화난다고 슬프다고 술에 취했다면 그 역시 하나님을 원망하게 되었을 것입니다. 그러나 그는 하나님을 경외하는 지혜로운 사람이었습니다. 하나님이 그에게 더 큰 복을 내리신 것은 아주 자연스러운 일입니다.

▫ 은혜 나누기

나는 지금 어떤 습관을 키워가고 있습니까? 원망의 습관입니까 아니면 감사의 습관입니까?

▫ 공동 기도

하나님 아버지, 우리의 입에서는 불평이 아니라 감사가 나오게 해 주세요. 술에 의존하는 인생이 아니라 오직 하나님을 의지하는 인생이 되게 해 주세요. 어떤 상황에서도 늘 하나님을 경외하며 하나님께 예배하게 해 주세요. 그리하여 하나님이 내려주시는 복을 받아 누리는 우리 가정이 되게 해 주세요. 예수님의 이름으로 기도합니다. 아멘.

10월 4주 구제에 대하여

- □ 주님의 기도 주님이 가르쳐주신 기도로 가정예배를 시작합니다.
- □ 찬송 부르기 213장(나의 생명 드리니)
- □ 성경 읽기 잠언 19:17; 21:13; 28:27

  ※ 개역개정판

  17가난한 자를 불쌍히 여기는 것은 여호와께 꾸어 드리는 것이니 그의 선행을 그에게 갚아 주시리라.

  13귀를 막고 가난한 자가 부르짖는 소리를 듣지 아니하면 자기가 부르짖을 때에도 들을 자가 없으리라.

  27가난한 자를 구제하는 자는 궁핍하지 아니하려니와 못 본 체하는 자에게는 저주가 크리라.

  ※ 메시지성경

  17가난한 이에게 자비를 베푸는 것은 하나님께 꾸어 드리는 일이니 하나님께서 넘치도록 갚아 주신다.

  13가난한 사람의 부르짖음에 귀를 막으면 네가 부르짖을 때 아무도 듣지 않고 대답하지도 않을 것이다.

  27사람에게 너그럽게 베풀면 굶주리지 않지만 그들의 어려움을 못 본 체하면 저주의 세례가 쏟아질 것이다.

- □ 말씀 나누기

  구제救濟는 신구약 성경이 일관되게 강조하고 있는 하나님의 특별한 관심사입니다. 하나님은 고아와 과부와 나그네를 돌보라고 명령하셨습니다(신 14:29). 예수님은 복음을 전파하시면서 동시에 병든 자를 구제하는 치유 사역에 힘쓰셨습니다(마 4:23). 초대교회는 과부들을 효율적으로 구제하기 위해 일곱 집사를 선택하여 세웠습니다(행 6:1-3). 이방인 그리스도인들은 예루살렘 교회의 가난한 성도들을 돕기 위해 구제 헌금을 모아 전달했습니다(롬 15:26).

성경이 말하는 '구제'는 단순히 경제적으로 여유 있는 사람이 가난한 사람을 도와주는 '착한 일' 정도가 아닙니다. 그것은 하나님 백성의 정체성을 드러내는 통로요 하나님을 향한 믿음을 삶의 자리에서 확인하는 척도입니다. 만일 하루하루 힘겹게 살아가는 형제를 만났을 때 단지 '평안히 가라'는 말만 한다면, 그것은 행함이 없는 믿음이요 죽은 믿음입니다(약 2:17).

하나님을 경외하는 사람은 가난하고 병들고 소외된 형제들을 절대로 외면하지 않습니다. 구제는 하나님을 경외하는 사람의 가장 큰 특징 중의 하나입니다.

복의 통로

오늘 본문은 구제를 복이 임하는 통로로 가르칩니다. "가난한 자를 불쌍히 여기는 것은 여호와께 꾸어 드리는 것이니 그의 선행을 그에게 갚아 주시리라"(19:17). 여기에서 '불쌍히 여긴다'는 말은 단지 '불쌍하게 생각한다'는 정도가 아닙니다. 실제로 그에게 도움이 될만한 무언가를 준다는 뜻입니다. 그게 바로 '구제'입니다. 그런데 그렇게 가난한 사람에게 구제하는 것은 곧 하나님에게 빌려드리는 것이라고 합니다. 가난한 사람이 도움을 받기는 하지만, 하나님이 그를 대신하여 갚아 주시겠다는 약속입니다.

여기에서 우리는 가난한 자에게 돈을 꾸어 줄 때 이자를 받지 말라는 율법의 가르침을 비로소 이해하게 됩니다. "네가 형제에게 꾸어 주거든 이자를 받지 말지니 곧 돈의 이자, 식물의 이자, 이자를 낼 만한 모든 것의 이자를 받지 말 것이라… 그리하면 네 하나님 여호와께서 네가 들어가서 차지할 땅에서 네 손으로 하는 범사에 복을 내리시리라"(신 23:19-20).

'이자를 받지 말라'는 것은 형제의 경제적인 어려움을 이용하여 돈을 벌려고 하지 말라는 뜻입니다. 다분히 고리대금업자를 겨냥하여 말씀하신 것처럼 들립니다. 그렇다면 이자 수익으로 살아가는 평범한 사람은 어떻게 해야 할까요? 큰 손해가 날 텐데 말입니다. 그에게는 하나님이 다른 방식으로 갚아 주시겠다고 말씀하십니다. 약속의 땅에 들어갔을 때 그의 손으로 하는 일마다 복을 내려 주시겠다는 것입니다.

한 걸음 더 나아가서 예수님은 형제에게만 아니라 원수에게도 그렇게 하라고 하십니다. "오직 너희는 원수를 사랑하고 선대하며 아무것도 바라지 말고 꾸어 주라. 그리하면 너희 상이 클 것이요 또 지극히 높으신 이의 아들이 되리니 그는 은혜를 모르는 자와 악한 자에게도 인자하시니라"(눅 6:35). 형제든 원수든 그가 만일 경제적인 도움이 필요한 사람이라면 아무 보상을 바라지 말고 기꺼이 도와주라고 하십니다. 그것이 바로 하나님 아버지의 너그러운 마음을 닮은 모습입니다.

물론 그대로 실천하기는 결코 쉬운 일이 아닙니다. 그러나 그것이 하나님을 왕으로 모시는 하나님 백성의 특징이요 하나님을 아버지로 섬기는 하나님 자녀의 특징입니다. 그와 같은 사랑의 실천을 통해서 하나님 나라가 점점 확장되어 가는 것입니다.

저주의 통로

가난한 자를 구제하는 것은 하나님의 복이 임하는 통로이지만, 가난한 자를 외면하는 것은 하나님의 저주가 임하는 통로가 됩니다. "가난한 사람의 부르짖음에 귀를 막으면 네가 부르짖을 때 아무도 듣지 않고 대답하지도 않을 것이다"(21:13, 메시지). 부르짖는 소리에 귀를 막는다는 것은 의도적으로 외면한다는 뜻입니다. 충분히 도울 수 있었지만 그렇게 하지 않은 것입니다.

그게 끝이 아닙니다. 가난한 사람의 부르짖음을 외면한 사람이 부르짖게 될 때 아무도 대답하지 않을 것이라고 하십니다. 여기에서 '아무도'는 다른 사람이 아니라 '하나님 자신'을 의미합니다. 지금은 경제적으로 넉넉하다고 하지만 항상 그럴 것이라 장담할 수 없습니다. 살다 보면 어려운 일을 만나기도 합니다. 그럴 때 하나님의 도움을 받지 못하게 된다는 것입니다.

"가난한 자를 구제하는 자는 궁핍하지 아니하려니와 못 본 체하는 자에게는 저주가 크리라"(28:27). 메시지성경은 이렇게 풀이합니다. "사람에게 너그럽게 베풀면 굶주리지 않지만 그들의 어려움을 못 본 체하면 저주의 세례가 쏟아질 것이다"(28:27, 메시지). 가난하게 산다는 것이 저주가 아닙니다. 필요할 때 하나님의 도움을 받을 수 없다는 것이 진짜 저주입니다.

그런데 그것은 자업자득自業自得입니다. 자기가 뿌린 대로 거두게 되는 것입니다. 다른 사람을 구제할 수 있을 때 하지 않아서 자기도 필요할 때 도움을 받지 못하게 되니 말입니다. 야고보 사도는 이렇게 말했습니다. "긍휼을 행하지 아니하는 자에게는 긍휼 없는 심판이 있으리라. 긍휼은 심판을 이기고 자랑하느니라"(약 2:13). 메시지성경의 풀이가 마음에 와닿습니다. "여러분이 친절하게 행동하지 않으면, 친절한 대우 받기를 기대할 수 없을 것입니다. 친절한 자비는 언제나 무자비한 심판을 이깁니다"(약 2:13, 메시지).

지금 아무런 어려움 없이 풍요롭게 산다고 해서 복 받았다고 생각하면 안 됩니다. 만일 그 많은 돈을 가지고 가난한 사람을 외면하고 긍휼과 친절을 베풀지 않는다면 오히려 하나님의 심판을 차곡차곡 쌓아가고 있을 뿐입니다. 언젠가 하나님의 친절과 은혜의 도움이 필요할 때가 반드시 오게 되어있는데 그때 무자비한 심판의 저주를 받게 될 것입니다.

그러니 가난한 사람을 구제할 기회를 놓치지 말아야 합니다. 나중에 하나님이 대신 갚으실 것이라 약속하셨으니 할 수 있을 때 가능한 많이 하나님께 꾸어드려야 합니다. 그것이 우리에게 진정한 복이 되어 돌아올 것입니다.

□ 은혜 나누기
경제적인 도움이 필요한 사람이 가까이에 있습니까? 그렇다면 우리가 어떻게 도울 수 있을지 방법을 찾아서 실천해 봅시다.

□ 공동 기도
하나님 아버지, 우리에게 풍성한 은혜를 베풀어 주신 것을 감사드립니다. 우리가 남보다 조금이라도 더 많이 가진 것이 있다면 그것을 필요로 하는 사람에게 나누어주는 너그러운 마음을 갖게 해 주세요. 그렇게 복을 쌓는 우리 가정이 되게 해 주세요. 예수님의 이름으로 기도합니다. 아멘.

10월 5주　다투는 여인

□ 주님의 기도 주님이 가르쳐주신 기도로 가정예배를 시작합니다.

□ 찬송 부르기 438장(내 영혼이 은총 입어)

□ 성경 읽기 잠언 21:9, 19(14:1)

　※ 개역개정판

　9다투는 여인과 함께 큰 집에서 사는 것보다 움막에서 사는 것이 나으니라.

　19다투며 성내는 여인과 함께 사는 것보다 광야에서 사는 것이 나으니라. (지혜로운 여인은 자기 집을 세우되 미련한 여인은 자기 손으로 그것을 허느니라[14:1].)

　※ 메시지성경

　9대저택에서 바가지 긁는 배우자와 함께 사는 것보다 다 쓰러져 가는 오두막에서 홀로 사는 것이 낫다.

　19화 잘 내고 성질 급한 배우자와 사느니 광야에서 천막 치고 혼자 사는 것이 낫다. (지혜는 아름다운 집을 세우지만 미련함이 와서 그 집을 철저히 무너뜨린다[14:1].)

□ 말씀 나누기

　잠언을 읽다 보면 여성에 대한 부정적인 편견을 드러내는 듯한 말씀을 자주 접하게 됩니다. 남자를 유혹하는 이방 여인(6:24-26; 7:6-27), 미련한 여인(9:13-18), 지아비에게 욕을 끼치는 여인(12:4) 등등이 그것입니다. 그중에서도 오늘 우리가 살펴보려고 하는 '다투는 여인'이 가장 대표적인 경우입니다. 이런 표현들은 현대인들에게, 특히 여성들에게 불편하게 다가올 수도 있습니다.

물론 잠언이 기록되던 당시의 가부장적인 사회 구조를 탓하거나 남성 중심적인 편향된 사고방식을 비판할 수도 있습니다. 그러나 성경은 그 어디에서도 남성 우월주의를 가르치지 않습니다. 오히려 남성이든 여성이든 모두 '하나님의 형상'으로 동등하게 창조되었고(창 1:27), 서로를 '돕는 배필'로 만들어졌음을 강조합니다(창 2:18).

게다가 잠언은 기본적으로 '아들'에게 준 권면의 말씀입니다(2:1; 3:1; 7:1). 따라서 하나님을 경외하는 일에 걸림돌이 되는 유혹이 이성異性에게서 온다고 설명하는 게 자연스럽습니다. 그렇게 본다면 조금은 너그럽게 이해해 줄 수 있습니다. 그리고 잠언은 여성을 모두 부정적으로만 표현하지 않습니다. 오히려 지혜로운 여인에 대한 언급이 훨씬 더 많이 등장합니다.

따라서 '다투는 여인'은 여성에 대한 폄하가 아니라 배우자 관계에 대한 설명으로 읽어야 합니다.

바가지 긁는 배우자

가장 가까우면서 또한 가장 어려운 사이가 바로 부부입니다. 사랑으로 모든 허물을 덮어 주면 괜찮겠지만, 서로의 허물을 자꾸 지적하거나 들추어내면 부부 사이에 문제가 생길 수밖에 없습니다. 대부분은 잔소리로부터 시작됩니다. "다투는 여인과 함께 큰 집에서 사는 것보다 움막에서 사는 것이 나으니라"(9절). '다투는 여인'을 메시지성경은 '바가지 긁는 배우자'(a nagging spouse)로 번역합니다. 남편의 관점에서 바가지 긁는 사람은 아내이지만, 아내의 관점에서는 남편입니다.

아무튼 사사건건 트집을 잡으며 바가지를 긁어대는 배우자를 견뎌

내기란 절대로 쉬운 일이 아닙니다. 그래서 잠언은 다투는 여자를 "비 오는 날에 이어 떨어지는 물방울"(잠 27:15)이라고 비유합니다. 비가 주룩주룩 오는 날에 지붕이 새서 집안으로 물이 떨어지고 있는데 그 소리를 밤새도록 듣고 있어야 한다고 한번 생각해 보십시오. 세상에 서 가장 견디기 힘든 고문입니다. 그럴 바에는 '움막'에서 사는 게 더 나을 것입니다.

우리말로는 '움막'으로 번역되었지만, 더 정확하게 표현하면 '지붕 의 한쪽 귀퉁이'(a corner of the roof)입니다. 팔레스타인의 집은 대부분 평평한 옥상을 가지고 있습니다. 그 위에서 거닐기도 하고(삼하 11:2), 잠을 자기도 하고(삼상 9:26), 때로는 기도를 하기도 합니다(행 10:9). 옥상 한쪽 귀퉁이에 얼기설기 움막을 만들어 놓은 것입니다. 비가 내 리면 어떤 상태가 될지 충분히 짐작할 수 있습니다. 그래도 바가지 긁 는 배우자와 함께 큰 집에서 사는 것보다 그게 훨씬 더 낫다는 겁니다.

한 걸음 더 나아가서 "다투며 성내는 여인과 함께 사는 것보다, 광 야에서 사는 것이 낫다"(19절)고 합니다. 이번에는 그냥 바가지 긁는 정도가 아닙니다. '다투며 성내는 여인'입니다. 메시지성경은 '화 잘 내 고 성질 급한 배우자'라고 풀이합니다. 그런 배우자와 매일 부딪히며 사느니 차라리 아무도 살지 않는 광야에서 천막 치고 혼자 사는 것이 더 낫겠다는 겁니다.

자, 그렇다면 무엇입니까? 그렇게 다투며 살 바에는 서로 헤어지 라는 뜻인가요? 아예 부부관계를 완전히 청산하라는 이야기인가요? 아닙니다. 오히려 계속해서 바가지를 긁다가는 그런 파국에 다다를 수도 있다는 경고입니다. 처음에는 집 옥상으로 올라가겠지만, 나중 에는 아예 광야로 나가버릴 수도 있다는 것입니다.

물론 그럴만한 이유가 있을 것입니다. 잔소리를 들을 만한 일을 했으니 잔소리를 하는 것이겠지요. 그러나 부부 사이를 점점 멀어지게 하면서까지 계속해서 바가지를 긁어대는 것은 결코 지혜로운 행동이라고 할 수 없습니다.

집을 세우는 배우자

바로 이 대목에서 우리는 '지혜로운 여인'과 '미련한 여인'을 대조하고 있는 다음의 말씀을 묵상할 필요가 있습니다. "지혜로운 여인은 자기 집을 세우되 미련한 여인은 자기 손으로 그것을 허느니라"(14:1). 그 여인이 '지혜로운지' 아니면 '미련한지'를 판단할 수 있는 기준은 집을 '세우는지' 아니면 '허무는지'를 보면 알 수 있다는 말씀입니다.

"며느리가 잘 들어와야 집안이 흥한다"는 우리나라 속담과 아주 비슷합니다. 그러나 분명히 해 두어야 할 것이 있습니다. 알뜰하고 후덕한 며느리가 새롭게 들어오면 물론 그 집이 흥할 수 있습니다. 그렇지만 그것은 며느리 책임으로만 돌릴 문제가 아닙니다. 배우자가 서로 도와가며 함께 책임져야 할 일입니다. 그러려면 지혜가 있어야 합니다. 무슨 지혜입니까? 집을 세우는 지혜입니다.

미련한 여인은 '자기 손으로' 집을 허문다고 했습니다. 집을 허무는 것이 잘못된 일이라는 걸 모르는 사람이 과연 이 세상에 있을까요? 의도적으로 집을 허무는 사람은 아마 없을 것입니다. 오히려 집안을 흥하게 하려고 나름대로 노력할 것입니다. 그런데 결과적으로는 다른 사람의 손이 아니라 자기 손으로 직접 허물어버립니다. 왜 그럴까요? 지혜가 없어서 그렇습니다. 미련해서 그렇습니다.

앞에서 묵상한 말씀과 연결해 보면 집을 허무는 방법은 아주 단순합니다. 계속해서 바가지를 긁는 것입니다. 상대방의 허물이 드러날 때마다 참지 못하고 곧바로 지적하며 비판하는 것입니다. 그것도 친절한 말투가 아니라 성내는 말투로 내뱉는 것입니다. 상대방의 감정은 조금도 생각하지 않고 자신의 불편한 감정만 드러내는 것입니다. 그러면 배우자와의 거리는 점점 멀어지고, 조만간 틀림없이 집은 허물어지고 말 것입니다.

지금까지 잠언이 계속해서 강조해 온 말씀을 우리는 다시 기억해야 합니다. 하나님을 경외하는 것이 모든 지혜의 출발이라는 말씀 말입니다. 자신의 인생에 하나님을 포함하지 않고서는 절대로 지혜가 생겨나지 않습니다. 우리를 향한 하나님의 계획과 기대를 생각하지 않고서는 절대로 올바른 길을 선택할 수 없습니다. 우리 가정을 향한 하나님의 뜻은 잘 세워지는 것입니다. 집안이 흥하는 것입니다.

그렇게 하려면 우선 바가지 긁는 일부터 줄여야 합니다. 배우자의 잘못을 바로잡을 때도 지혜롭게 말하는 법을 배워야 합니다. 무엇보다 긍휼히 여기는 마음으로 상대를 바라보아야 합니다. 그리고 위해서 기도해야 합니다. 그러면 광야로 나갔던 배우자가 다시 돌아옵니다. 옥상 움막으로 올라갔던 배우자가 집안으로 다시 들어옵니다. 하나님을 경외하는 지혜로운 사람은 그렇게 집을 세워갑니다.

▫ 은혜 나누기
지혜롭게 바가지를 긁는 방법에 대해서 함께 이야기해 봅시다.
▫ 공동 기도
하나님 아버지, 우리는 집을 허무는 미련한 사람이 아니라 집을 세우는 지혜로운 사람이 되게 해 주세요. 잘못을 바로잡고 고쳐나가되 그것을 지혜롭게 할 수 있게 해 주세요. 사랑은 허다한 죄를 덮는다고 말씀하셨는데, 우리가 그렇게 사랑하는 가정이 되게 해 주세요. 예수님의 이름으로 기도합니다. 아멘.

11월 1주 빚보증에 대하여

▫ 주님의 기도 주님이 가르쳐주신 기도로 가정예배를 시작합니다.

▫ 찬송 부르기 405장(주의 친절한 팔에 안기세)

▫ 성경 읽기 잠언 22:26-27

※ 개역개정판

26 너는 사람과 더불어 손을 잡지 말며 남의 빚에 보증을 서지 말라. 27 만일 갚을 것이 네게 없으면 네 누운 침상도 빼앗길 것이라. 네가 어찌 그리하겠느냐.

※ 메시지성경

26 무지개 끝에서 금단지 찾는 요행수를 바라지 말고 행운을 잡겠다고 집을 담보로 잡히지 마라. 27 빚을 청산해야 할 때가 오면 몸에 걸친 옷 하나 간신히 건질 것이다.

▫ 말씀 나누기

가깝게 지내는 친구의 부탁을 차마 거절하지 못하고 보증을 서주었다가 큰 피해를 보았다는 사람들이 많이 있습니다. 보증保證은 돈을 '빌리려는 사람'(채무자)과 '빌려주는 사람'(채권자) 사이의 필요 때문에 생겨난 제도입니다. 만일 채무자가 빌린 돈을 갚지 못하게 되면 보증인이 그 돈을 대신 갚겠다고 채권자에게 약속하는 것이지요.

물론 아무런 생각 없이 보증을 서는 사람은 없습니다. 대부분은 채무자가 돈 갚을 능력이 충분한 줄로 압니다. 게다가 오랜 세월 쌓아온 신뢰 관계로 인해 의심하지 않고 보증을 서줍니다. 그런데 처음부터 보증인을 속이려는 의도를 가지고 부탁하는 경우가 많습니다. 또는 처음에는 그럴 의도가 전혀 없었지만, 결과적으로 채무자가 빚을 갚을 수 없는 상황에 내몰릴 수도 있습니다. 그럴 때 보증인은 꼼짝없이 채무자의 빚을 대신 갚아 주어야 합니다.

지난 시간에 살펴본 대로 가난한 사람을 외면하지 말라고 성경은 가르칩니다. 그들을 도와주는 것은 마치 하나님께 돈을 꾸어 드리는 것과 다르지 않다고 합니다. 하나님이 대신 갚아 주실 것이라고 합니다. 그렇다면 경제적인 문제로 어려움을 겪는 친구를 위해서 보증을 서주는 것은 하나님의 뜻에 부합하는 선한 일이 아닐까요? 이에 대한 성경의 가르침이 궁금해집니다.

탐욕의 빚

"너는 사람과 더불어 손을 잡지 말며 남의 빚에 보증을 서지 말라"(26절). 손을 잡는다는 말은 서로 맹세하는 악수를 한다는 뜻입니다. 무엇을 맹세합니까? 채무자의 빚에 보증을 서주겠다고 맹세하는 것입니다. 여기에서는 '남'이라고 되어있지만, 실제로는 '남'이 아닙니다. 전혀 알지 못하는 사람에게 보증을 서줄 이유는 하나도 없습니다. 대개는 특별한 관계에 있는 사람입니다. 부탁을 거절하기 곤란한 지인知人입니다.

그러나 성경의 가르침은 분명합니다. "남의 빚에 보증을 서는 일은 절대로 하지 말라!" 이와 비슷한 말씀이 잠언에 자주 등장합니다. "내 아들아, 네가 만일 이웃을 위하여 담보하며 타인을 위하여 보증하였으면 네 입의 말로 네가 얽혔으며 네 입의 말로 인하여 잡히게 되었느니라"(잠 6:1-2). 그러면서 보증하겠다는 약속을 당장에 취소하라고 권면합니다. 마치 새가 그물 치는 자의 손에서 벗어나는 것같이 서둘러서 스스로 구원하라고 합니다(6:5).

또한 이웃 앞에서 보증이 되는 것은 '지혜 없는 사람'이나 하는 일이라고 꼬집기도 합니다(잠 17:18). 정말 그렇습니다. 보증을 서주는 것은 아무리 잘되어야 본전입니다. 대부분은 큰 손해를 보게 되어 있습니다. 그런 위험부담을 스스로 떠안겠다고 나선다면 그는 지혜 없는 사람입니다. 경제적인 손해를 감수하면서까지 남의 빚에 보증을 서주는 것처럼 어리석은 일은 없습니다.

자, 그렇다면 경제적인 약자를 도와주는 것과 보증을 서주는 것에는 어떤 차이가 있을까요? 경제적인 약자는 비빌 언덕이 없는 사람입니다. 동산이든 부동산이든 가진 것이 하나도 없는 사람입니다. 하루 벌어서 하루 먹고 사는 일용직 노동자입니다. 그런 사람이 필요로 하는 것은 따뜻한 한 끼의 식사와 깨끗한 옷 한 벌입니다. 그들에게 도움의 손길을 펼치는 것은 하나님의 백성으로 마땅히 해야 할 일입니다.

이에 비해서 보증을 요구하는 사람은 전혀 다릅니다. 그들은 푼돈이 아니라 목돈이 필요한 사람들입니다. 이미 자신이 가지고 있던 동산과 부동산을 다 끌어들여서 큰 사업을 벌여놓은 상태입니다. 그런데 자신의 소유만으로는 턱없이 부족한 겁니다. 그래서 보증인을 통해서 또 다른 돈을 빚내려고 하는 것입니다. 물론 이번의 위기만 넘기고 나면 빌린 돈을 갚는 것은 전혀 문제가 되지 않는다고 장담합니다. 설득력 있는 그럴듯한 사업 계획도 보여 줍니다.

그러나 그것은 필요 이상으로 더 많이 가지려는 욕심에서 비롯된 아주 위험한 투자입니다. 그들의 물질적인 탐욕이 요청하는 빚입니다. 그러니까 그들의 욕심을 채워주는 일에 보증을 서달라는 것이지요. 그것은 마치 밑 빠진 독에 물을 붓는 것과 같습니다. 아무리 부어도 채워지지 않습니다. 한두 사람의 보증인으로 끝날 일이 아닙니다. 처음부터 보증인을 속이려는 의도를 가지고 접근하는 것도 바로 그 때문입니다.

만일 그 진실을 알고 있다면 그 누구도 함부로 남의 빛에 보증을 서는 일은 하지 않을 것입니다. 아무리 가까운 사람의 부탁이라고 해도 절대로 들어주면 안 됩니다. 그러나 만일 그 진실을 알고도 보증을 선다면 그야말로 어리석은 사람입니다. 같이 망한다 해도 별로 할 말이 없습니다.

탐욕의 보증

그런데 실제로는 위험부담이 있다는 사실을 잘 알면서도 보증을 서는 사람들이 적지 않습니다. 그 이유가 무엇일까요? 보증인 역시 같은 욕심을 가지고 있기 때문입니다. 무슨 일이든 공짜는 없습니다. 아무런 대가 없이 단지 호의로만 보증을 부탁하거나 보증을 서는 일은 거의 일어나지 않습니다. 대개는 경제적인 이익을 공유하기로 약속합니다. 그것도 다른 데서는 얻을 수 없는 큰 보상을 약속하지요.

메시지성경의 풀이가 그것을 잘 설명해 줍니다. "무지개 끝에서 금단지 찾는 요행수를 바라지 말고 행운을 잡겠다고 집을 담보로 잡히지 마라"(26절, 메시지). 무지개 끝에 금 단지(the pot of gold)가 묻혀 있다고 채무자가 말합니다. 그것을 찾는 일에 투자하라고 권면합니다. 그 제안에 솔깃해진 보증인은 자기 집을 담보로 잡히고 투자하는 도박을 감행합니다. 바로 그것이 보증을 서주는 일이라는 설명입니다.

정말 그렇습니다. 이 세상에는 너무나 착하고 순진해서 속아 넘어가는 사람이 더러 있지만, 대개는 자기 욕심 때문에 속아 넘어갑니다. 열심히 노력해서 땀 흘린 만큼 받는 정직한 임금이 아니라면, 아무리 대단한 보상을 약속한다고 해도 절대로 귀를 기울이면 안 됩니다. 약속이 달콤할수록 속임수일 가능성이 더 큽니다. 그렇게 보증을 서주었다가는 엄청난 대가를 치러야 합니다.

"만일 갚을 것이 네게 없으면 네 누운 침상도 빼앗길 것이라. 네가 어찌 그리하겠느냐"(27절). "빚을 청산해야 할 때가 오면 몸에 걸친 옷 하나 간신히 건질 것이다"(27절, 메시지). 정말 순수한 마음으로 도와주려고 했다가 손해를 입게 되었다면 하나님이 그 억울함을 기억하여 어떤 식으로든 갚아 주실 것입니다. 그러나 만일 조금이라도 욕심부리다가 속아 넘어간 것이라면 자신의 죗값을 다 치러야 할 것입니다.

따라서 어떤 경우라도 남의 빚에 보증을 서는 일은 절대로 하지 마십시오. 그것은 어리석은 일입니다. 만일 가까운 사람이 탐욕의 빚을 지려고 한다면 담대하게 대면하여 따끔하게 권면하십시오. 경제적인 어려움을 겪고 있다면 가능한 만큼만 그냥 도와주십시오. 무엇보다 빚보증 서지 않는 것이 돈과 사람을 동시에 잃지 않게 하는 지혜로운 길임을 우리는 기억해야 합니다.

▫ 은혜 나누기

부모 자녀 사이에 보증을 서는 일은 괜찮을까요? 자기 생각을 나누어 봅시다.

▫ 공동 기도

하나님 아버지, 욕심이 잉태하면 죄를 낳고 죄가 자라면 죽음을 낳는다고 하신 말씀을 잊지 않게 해 주세요. 남보다 더 많이 가지려는 욕심으로 가까운 사람과의 관계를 파괴하는 어리석은 일을 행하지 않도록 우리의 마음을 지켜주세요. 하나님이 주신 것으로 만족하며 감사하며 살아가게 해 주세요. 예수님의 이름으로 기도합니다. 아멘.

11월 2주 악인의 형통함

□ 주님의 기도 주님이 가르쳐주신 기도로 가정예배를 시작합니다.

□ 찬송 부르기 516장(옳은 길 따르라 의의 길을)

□ 성경 읽기 잠언 24:1-2, 19-20

※ 개역개정판

1너는 악인의 형통함을 부러워하지 말며 그와 함께 있으려고 하지도 말지어다. 2그들의 마음은 강포를 품고 그들의 입술은 재앙을 말함이니라.

19너는 행악자들로 말미암아 분을 품지 말며 악인의 형통함을 부러워하지 말라. 20대저 행악자는 장래가 없겠고 악인의 등불은 꺼지리라.

※ 메시지성경

1나쁜 사람을 부러워 말고 그 근처에는 얼씬도 하지 마라. 2그는 소란을 일으킬 생각만 하고 말썽을 일으킬 이야기만 한다.

19자랑꾼들 때문에 피로워하지 말고 악인들처럼 성공하기를 바라지 마라. 20그들에게는 미래가 없으며 막다른 길로 내달리고 있다.

□ 말씀 나누기

우리는 하나님을 잘 믿으면 복을 많이 받게 된다고 생각합니다. 주일을 거룩하게 지키면서 신앙생활 열심히 하면 형통하게 된다고 생각합니다. 그런데 실제로는 그 반대의 일들이 벌어집니다. 하나님을 믿지 않는 사람들이 더 잘 사는 것처럼 보입니다. 양심을 속이면서 부정직하게 사는 사람들이 오히려 성공하는 것처럼 보이기도 합니다. 그럴 때 우리 마음에 강한 의문이 생겨납니다.

'하나님을 믿는 사람들이 믿지 않는 사람들보다 복을 더 많이 받아야 하는데, 오히려 경제적으로 어렵게 살고 왜 건강에 자꾸 문제가 생기고 왜 여러 가지 환난으로 인해 이렇게 고생스럽게 살아야 하는가? 왜 나쁜 짓 하는 사람들이 더 잘 먹고 잘사는가? 하나님은 왜 그들을 가만히 두시는가? 그렇다면 하나님을 믿는 것이 다 무슨 소용인가? 하나님은 정말 정의로우신 분인가?'

악인의 형통함에 대한 이와 같은 신학적인 질문은 아주 오래전부터 있었습니다. 이에 대한 적절한 답을 얻지 못한다면 사람들은 신앙생활에서 심각한 위기를 겪게 될 것입니다. 실제로 이 문제로 인해 믿음의 길에서 떠나는 사람도 적지 않습니다. 잠언은 이에 대해서 명쾌한 답을 제시합니다. 오늘 우리가 살펴볼 내용입니다.

부러워 말라

잠언은 이렇게 말합니다. "너는 악인의 형통함을 부러워하지 말며 그와 함께 있으려고 하지도 말지어다"(1절). 우리말 성경에는 '형통함'이 있지만, 히브리 원어에는 그런 말이 나오지 않습니다. 메시지성경의 번역처럼 단순하게 "나쁜 사람을 부러워 말라"(Don't envy bad people)고 되어 있습니다. 그런데 왜 그들을 부러워할까요? 그들이 잘살기 때문입니다. 돈도 많이 벌고 목에 힘주면서 살기 때문입니다. 그것을 '형통함'이라는 말로 부연해서 설명한 것이지요.

사람들은 자신에게 없는 것을 가지고 있는 사람을 부러워합니다. 그러니까 악인을 부러워한다는 말은 악인이 가진 것을 부러워한다는 뜻입니다. 악인이 무얼 가지고 있습니까? 우리에게 없는 돈이나 명예나 인기나 권세를 가지고 있습니다. 그게 부러운 겁니다. 요즘 젊은이들 사이에 "부러우면 지는 거다"라는 말이 유행합니다. 정말 그렇습니다. 악인을 부러워하면 악인에게 지는 것입니다.

악인을 부러워하다가 신앙적인 위기를 만났던 '아삽'이라는 사람이 있었습니다. 그는 예루살렘 성전에서 찬양대의 지휘자로 예배를 인도하던 사람이었습니다. 그는 이렇게 고백합니다. "하나님이 참으로 이스라엘 중 마음이 정결한 자에게 선을 행하시나 나는 거의 넘어질 뻔하였고 나의 걸음이 미끄러질 뻔하였으니 이는 내가 악인의 형통함을 보고 오만한 자들을 질투하였음이로다"(시 73:1-3).

아삽이 믿음의 길에서 거의 미끄러질 뻔했던 문제가 바로 '악인의 형통함'이었습니다. 그것을 보면서 그의 마음에 '질투', 즉 '부러움'이 생겨난 것입니다. 그가 가만히 살펴보니까 악인은 심지어 마지막까지 건강하게 살다가 고통 없이 죽더라는 겁니다(4절). 보통 사람들이 당하는 고난이나 재앙이 그들에게 없더라는 겁니다(5절). 그런 모습을 보면서 하나님의 선하심을 의심하게 된 것이지요.

오늘 본문이 지적하고 있는 것처럼 악인을 부러워하기 시작하면 그들과 함께 있으려는 유혹을 받게 됩니다. 그래야 그들이 가진 것을 자기도 누릴 수 있다고 생각하는 것이지요. 여기에서 우리는 악인의 형통함을 부러워하는 사람의 진짜 속내를 발견하게 됩니다. 그들이 지금까지 열심히 신앙생활해 왔던 목적은 남들보다 잘 먹고 잘사는 것이었습니다. 그런데 악인이 오히려 그렇게 사는 모습을 보니까 이제는 나쁜 사람 근처에 얼쩡거리고 싶은 마음이 생겨난 것이지요.

악인의 종말

그러나 악인의 형통함은 하나님이 허락해 주신 복이 아닙니다. 그들은 정당한 방법으로 그 모든 것을 성취하지 않았습니다. 마음의 '강포瀑暴', 즉 폭력(violence)과 입술의 '재앙災殃', 즉 말썽(troublemaking)을 통해서 얻어낸 것입니다(2절). 비록 지금은 그들의 수중에 돈이나 권력이 있을지 몰라도 그리 오래가지 않습니다.

"대저 행악자는 장래가 없겠고 악인의 등불은 꺼지리라"(20절). 그들에게는 미래가 없습니다. 그들은 지금 막다른 길로 내달리는 중입니다. 그러니 그들 때문에 마음 괴로워할 필요도 없고, 그들처럼 성공하기를 바랄 이유도 없습니다(19절). 지금은 형통한 듯 보이지만 그것은 진정한 형통이 아니기 때문입니다. 하나님의 심판이 그들을 기다리고 있습니다.

앞에서 언급한 아삽도 이와 똑같은 대답을 발견했습니다. "내가 어찌면 이를 알까 하여 생각한즉 그것이 내게 심한 고통이 되었더니 하나님의 성소에 들어갈 때에야 그들의 종말을 내가 깨달았나이다"(시 73:16-17). 인간적인 관점에서 악인의 형통함을 생각하니까 다다르게 되는 결론은 '심한 두통'이요 '복잡한 마음'이었습니다. 그러나 성전에서 하나님께 예배하는 가운데 '그들의 종말'(their final destiny)을 알게 되었습니다.

그들이 지금 어디를 향해 달려가고 있는지 그 나머지 그림이 보이더라는 겁니다. 지금은 흥하는 것 같고, 잘 사는 것 같고, 건강한 것 같고, 행복한 것 같이 보이지만 하나님 앞에서 그들의 결론을 알고 나니까 하나도 부럽지 않더라는 겁니다. 아삽이 깨닫게 된 그들의 종말은 무엇일까요?

"주께서 참으로 그들을 미끄러운 곳에 두시며 파멸에 던지시니 그들이 어찌하여 그리 갑자기 황폐되었는가 놀랄 정도로 그들은 전멸하였나이다"(시 73:18-19). 한번 미끄러지더니 졸지에 망해버리더라는 겁니다. 그들이 자랑거리로 삼았던 것들이 순식간에 사라지더라는 것입니다. 마치 대형 산불로 인해서 평생 쌓아둔 집과 재산이 불과 몇 시간 만에 모두 잿더미가 되고 말듯이 그렇게 전멸하고 말더라는 겁니다.

아삽이 어떻게 이 진리를 깨닫게 되었는지 우리는 잘 모릅니다. 분명한 사실은 하나님께서 이 땅을 심판하실 때 사람들이 가지고 있는 물질적인 풍요가 아무런 소용이 없다는 것입니다. 악인이 지금 누리고 있는 형통함이 결국에는 그들을 구원하지 못한다는 것입니다.

그러니 악인의 풍요로움을 부러워할 일이 아닙니다. 오히려 그들이 우리를 부러워해야 합니다. 우리는 그들이 가지지 못한 것을 가지고 있기 때문입니다. 우리에게는 하늘의 소망이 있고 영생의 약속이 있습니다. 우리가 신앙생활하는 이유는 남보다 더 잘 먹고 잘살기 위해서가 아닙니다. 우리는 인간을 창조하신 하나님의 목적에 합당하게 살기 위해서 신앙생활합니다. 그래서 우리에게는 미래의 희망이 있습니다.

▫ 은혜 나누기

악인의 형통함을 부러워한 적이 있었나요? 함께 이야기해 봅시다.

▫ 공동 기도

하나님 아버지, 나쁜 짓으로 부자가 된 사람을 부러워하지 않게 해 주세요. 세상과 적당히 타협하여 성공한 사람을 질투하지 않게 해 주세요. 하나님 안에서 정직하게 살아가는 우리의 삶에 자부심을 느끼게 해 주시고, 마지막까지 믿음의 길을 걸어갈 수 있게 해 주세요. 예수님의 이름으로 기도합니다. 아멘.

11월 3주 원수사랑에 대하여

□ 주님의 기도 주님이 가르쳐주신 기도로 가정예배를 시작합니다.

□ 찬송 부르기 304장(그 크신 하나님의 사랑)

□ 성경 읽기 잠언 25:21-22

　※ 개역개정판

　21 네 원수가 배고파하거든 음식을 먹이고 목말라하거든 물을 마시게 하라.

　22 그리하는 것은 핀 숯을 그의 머리에 놓는 것과 일반이요 여호와께서 네게

　갚아 주시리라.

　※ 메시지성경

　21 네 원수가 굶주리고 있는 것을 보면 가서 점심을 사 주고 그가 목말라하면

　음료수를 가져다주어라. 22 그는 네 관대함에 깜짝 놀랄 테고 하나님께서 너를

　돌봐 주실 것이다.

□ 말씀 나누기

　예수님의 말씀 중에서 성도들이 가장 부담스러워하는 것은 바로
'원수 사랑'에 대한 가르침입니다. "너희 원수를 사랑하며 너희를 미워
하는 자를 선대하며 너희를 저주하는 자를 위하여 축복하며 너희를
모욕하는 자를 위하여 기도하라"(눅 6:27-28). 원수(enemies)는 나를 미
워하는 사람이요 나를 해치려고 하는 사람입니다. 원수는 미움의 대
상이지 결코 사랑의 대상이 될 수 없습니다. 그런데 예수님은 그런 원
수를 사랑하라고 하십니다.

이 말씀을 우리는 어떻게 이해해야 할까요? 만일 사랑을 감정의 차원에서 생각한다면 도무지 이해할 수도 없고 따를 수도 없는 말씀입니다. 아무리 예수님의 명령이라지만 원수를 사랑한다는 것은 도무지 불가능한 일입니다. 그러나 예수님은 감정으로 원수를 사랑하라고 말씀하지 않으십니다. 오히려 하나님의 자녀로서 원수를 대하는 바른 태도를 요구하십니다.

메시지성경의 풀이가 그 의미를 잘 드러냅니다. "너희 원수를 사랑하여라. 원수가 어떻게 하든지, 너희는 최선의 모습을 보여라"(눅 6:27, 메시지). 그렇습니다. 원수가 우리에게 악한 태도를 보일 때 그에 대해서 우리는 최선의 모습을 보여 주면 됩니다. 그것이 바로 '원수 사랑'입니다. 재미있는 것은 이와 같은 예수님의 가르침이 잠언의 말씀에 이미 기록되어 있다는 사실입니다.

최선의 대응

잠언은 이렇게 말합니다. "네 원수가 배고파하거든 음식을 먹이고 목말라하거든 물을 마시게 하라"(21절). 배고파하는 원수를 보면 사람들은 어떤 반응을 보일까요? 일단 마음속으로 고소하게 여길 것입니다. 그렇게 힘들게 하고 괴롭히더니 천벌을 받고 있다고 생각할 것입니다. 그게 자연스러운 반응입니다. 그러나 그것은 하나님을 믿지 않는 사람들이나 하는 일입니다. 우리는 세상 사람들과 달라야 합니다.

이에 대한 메시지성경의 풀이가 재미있습니다. "네 원수가 굶주리고 있는 것을 보면 가서 점심을 사 주고 그가 목말라하면 음료수를 가져다주어라"(21절, 메시지). 그렇습니다. '원수 사랑'이라고 해서 무슨 대단한 일을 하라는 게 아닙니다. 배고파하는 원수를 보거든 그냥 외면하지 말고 밥을 사 주면 됩니다. 목말라하는 것을 보거든 그냥 모른

척하지 말고 음료수를 가져다주면 됩니다. 다시 말해서 원수의 과거 잘못에 마음을 쓰기보다는 그의 현재 필요에 더 마음을 써 주라는 겁니다.

그런데 이 말씀을 선뜻 받아들이게 되지 않습니다. "눈은 눈으로, 이는 이로" 똑같이 갚아 주는 것이 우리네 상식이기 때문입니다. 그렇게 갚아 주지 않으면 무언가 손해를 보는 느낌이 듭니다. 게다가 실제로 우리가 선하게 대응한다고 해서 원수가 잘못을 반성하거나 용서를 빌게 되는 경우는 거의 생기지 않습니다. 오히려 우리의 선한 행동을 자신에게 유리한 쪽으로 해석하고, 적반하장賊反荷杖 식으로 우리를 대하게 될 것입니다. 그래서 원수입니다.

그렇다면 왜 우리가 원수에 대해서 최선의 모습을 보여야 할까요? 그것이 하나님의 백성으로서 우리의 정체성이기 때문입니다. 원수가 우리를 억울하게 만들었고, 거짓말로 모함했고, 심지어 박해했다고 해서 만일 똑같이 갚아 준다면 어떻게 될까요? 속은 후련할지 모릅니다. 그러나 우리는 그들과 똑같은 사람이 되고 맙니다. 우리 안에 있는 '최악'(the worst)의 모습을 끄집어냈을 뿐입니다.

그러나 만일 원수가 힘들게 사는 모습을 보고 그들의 필요를 채워 주고 도와주었다면, 그것은 우리 안에 있는 '최선'(the best)을 끄집어내어 그들에게 보여 준 것입니다. 원수의 악한 태도에 대해서 우리의 선한 태도를 보여 줌으로써 하나님을 믿는 사람이라는 우리의 정체성을 드러낸 것이지요. 그렇게 최선의 대응을 한 것으로 일단 충분합니다. 우리가 마땅히 해야 할 일을 한 것입니다.

악을 이기라

자, 그리고 나면 과연 어떤 결과가 나타날까요? "그리하는 것은 핀숯을 그의 머리에 놓는 것과 일반이요, 여호와께서 네게 갚아 주시리라"(22절). '핀 숯'을 머리에 얹어놓으면 어떻게 될까요? 얼굴이 화끈거리겠지요. 양심의 가책을 받게 된다는 뜻으로 읽힙니다. 메시지성경의 표현처럼 관대함에 깜짝 놀랄지도 모릅니다.

물론 그것으로는 충분하지 않습니다. 그들이 자신의 잘못을 회개하거나 적극적으로 삶의 태도를 바꾸어야 마땅합니다. 그러나 그것을 기대했다가는 실망할 수밖에 없습니다. 앞에서 언급했듯이 원수는 그렇게 쉽게 바뀌지 않기 때문입니다. 마음으로 부끄러움을 느꼈다면 그 정도로 만족해야 합니다. 나머지는 하나님이 알아서 해 주십니다. 최선의 대응을 한 우리에게는 좋은 것으로 갚아 주실 것이고, 여전히 회개하지 않는 원수에게는 또한 그에 상응하는 것으로 갚아 주실 것입니다.

사도 바울은 로마서에서 오늘 우리가 묵상하고 있는 잠언의 말씀을 그대로 인용하며 다음과 같이 말합니다. "네 원수가 주리거든 먹이고 목마르거든 마시게 하라. 그리함으로 네가 숯불을 그 머리에 쌓아 놓으리라. 악에게 지지 말고 선으로 악을 이기라"(롬 12:20-21). 여기에서 우리의 시선을 끄는 부분은 바울이 마지막에 덧붙여놓은 말씀입니다. "악에게 지지 말고 선으로 악을 이기라."

우리가 최선의 대응을 하면 아주 중요한 결과가 생겨납니다. 바로 우리가 선으로 악을 이기게 되는 것입니다. 이에 대한 메시지성경의 풀이가 감칠맛 납니다. "악이 너의 최선을 가지게 하지 말라. 오히려 착한 일을 함으로 악의 최선을 얻어내라"(Don't let evil get the best of you; get the best of evil by doing good).

그렇습니다. 우리가 친절을 베푼다고 해서 '원수'가 하루아침에 갑자기 '친구'로 변하는 것은 아닙니다. 기껏해야 마음속으로 '숯불을 머리에 쌓아놓은 것' 같은 부끄러움을 느낄 뿐입니다. 그러나 양심의 가책이 원수가 가지고 있는 최선일지라도 그것을 얻어냈으니 참 잘한 일입니다. 그 반대로 원수의 악에 대해서 우리가 악한 것으로 갚는다면 그것은 결국 우리의 최선을 악에게 빼앗긴 꼴이 되고 맙니다.

우리가 하나님을 경외하는 사람이 아니라면 그냥 악을 악으로 갚아 주면 됩니다. "눈은 눈으로, 이는 이로" 갚아 준다면 사람들이 잘했다고 할 것입니다. 그러나 우리는 하나님을 경외하는 사람입니다. 하나님이 만들어놓으신 '인생 사용설명서'에 따라서 살아가는 사람입니다. 하나님은 우리가 악에게 지기를 원하지 않으십니다. 오히려 선으로 악을 이기기를 원하십니다.

배고파하는 원수에게 밥을 사 주고 목말라하는 원수에게 음료수를 가져다주면 우리가 큰 손해를 보는 것 같지만, 절대로 손해가 아닙니다. 하나님이 손해 보게 하지 않으십니다. 오히려 우리에게 더 큰 복이 되게 하십니다.

□ 은혜 나누기

원수에게 나의 최선을 보여 주었던 경험이 있다면 함께 나누어 봅시다.

□ 공동 기도

하나님 아버지, 우리를 힘들게 하는 원수가 있습니다. 그를 미워하려는 마음, 똑같이 갚아 주려는 마음이 우리에게 생깁니다. 그럴 때마다 예수님의 사랑을 생각하게 하시고, 예수님의 마음을 품을 수 있게 해 주세요. 우리 안에 있는 '최악'이 아니라 '최선'으로 대응할 수 있게 해 주세요. 그리하여 선으로 악을 이기면서 살게 해 주세요. 예수님의 이름으로 기도합니다. 아멘.

11월 4주 게으름에 대하여

□ 주님의 기도 주님이 가르쳐주신 기도로 가정예배를 시작합니다.

□ 찬송 부르기 330장(어둔 밤 쉬 되리니)

□ 성경 읽기 잠언 26:13-16

※ 개역개정판

13게으른 자는 길에 사자가 있다 거리에 사자가 있다 하느니라. 14문짝이 돌쩌귀를 따라서 도는 것 같이 게으른 자는 침상에서 도느니라. 15게으른 자는 그 손을 그릇에 넣고도 입으로 올리기를 피로워하느니라. 16게으른 자는 사리에 맞게 대답하는 사람 일곱보다 자기를 지혜롭게 여기느니라.

※ 메시지성경

13게으름뱅이는 "바깥은 위험해! 거리에 호랑이가 어슬렁거려!"라고 말하고 이불을 뒤집어쓴다. 14게으름뱅이는 문짝이 돌쩌귀를 따라 돌 듯 잠자리에 누워 뒹굴기만 한다. 15의욕이 없는 게으름뱅이는 포크로 파이를 찍고도 너무나 게을러 입속에 넣지 않는다. 16몽상가는 자기가 최고인 줄 안다. 자기가 대학의 교수진보다 더 똑똑하다고 생각한다.

□ 말씀 나누기

"오래 살다 보면 이런 일 생길 줄 내가 알았지"(I knew if I stayed around long enough, something like this would happen). 아일랜드의 극작가 쇼Bernard Shaw의 묘비에 적힌 아주 유명한 문구입니다. 우리는 누구나 제한된 시간 속에서 살아갑니다. 우리에게 언제 죽음이 찾아올지 모르지만, 그것은 이미 정해져 있습니다. 단지 시간문제일 뿐입니다. 그러니 시간을 낭비하는 것은 곧 인생을 낭비하는 것입니다.

사도 바울은 "세월을 아끼라"(엡 5:16)고 했습니다. 여기에서 '세월'은 그냥 속절없이 흘러가는 시간(크로노스)이 아니라 하나님이 우리 인생 가운데 개입하시는 시간(카이로스)을 의미합니다. 그러니까 세월을 아끼라는 말씀은 주어진 모든 삶의 기회를 놓치지 말라는 뜻입니다. 하나님을 경외하는 지혜로운 사람은 아무 의미 없는 일에 시간을 낭비하지 않습니다.

그런데 한번 지나가면 다시는 오지 않을 그 아까운 세월을 그냥 의미 없이 흘려버리는 사람이 있습니다. 그런 사람을 가리켜서 잠언은 '게으른 자'(a sluggard)라고 합니다. "게으른 자는 가을에 밭 갈지 아니하나니 그러므로 거둘 때에는 구걸할지라도 얻지 못하리라"(잠 20:4). 팔레스타인에서는 가을에 밭을 갈고 봄에 추수합니다. 파종할 때를 놓치면 추수할 때에 아무것도 얻을 수 없습니다. 우리네 인생도 마찬가지입니다.

게으른 사람의 특징

오늘 본문에서 우리는 게으른 사람의 몇 가지 특징을 발견하게 됩니다. 우선 게으른 사람은 절대로 위험한 일을 하지 않습니다. "게으른 자는 길에 사자가 있다, 거리에 사자가 있다 하느니라"(13절). 이에 대한 메시지성경의 풀이가 흥미롭습니다. "게으름뱅이는 '바깥은 위험해! 거리에 호랑이가 어슬렁거려!'라고 말하고 이불을 뒤집어쓴다"(13절, 메시지). 사자나 호랑이는 위험한 동물입니다. 그러나 사람 사는 동네에 함부로 들어오지는 않습니다. 그런데도 게으른 사람은 길에 사자가 있다는 핑계로 아예 밖으로 나가지 않습니다. 다시 말해서 무슨 일이든 위험을 감수하면서까지 하려고 하지 않는 것입니다.

그렇다면 안전한 방 안에서는 어떻게 지낼까요? "문짝이 돌쩌귀를 따라서 도는 것 같이 게으른 자는 침상에서 도느니라"(14절). 여기에서 '돌쩌귀'는 여닫이문을 고정하는 '경첩'을 말합니다. 문짝의 입장에서는 경첩에 매달려 왔다 갔다만 하는 셈입니다. 그처럼 게으른 자는 침상에 누워 뒹굴기만 합니다. 생산적인 일은 하지 않고 그저 시간만 보내고 있는 것이지요.

한 걸음 더 나아가 먹는 일도 귀찮아합니다. 아니 먹는 일도 할 수 없다고 생각합니다. "게으른 자는 그 손을 그릇에 넣고도 입으로 올리기를 괴로워하느니라"(15절). 음식이 코앞에 있는데 그걸 떠먹는 것조차 힘들어하다니 우리로서는 상상할 수 없는 일입니다. 그 이유를 메시지성경은 '의욕이 없어서'라고 설명합니다. "의욕이 없는 게으름뱅이는 포크로 파이를 찍고도 너무나 게을러 입속에 넣지 않는다." 그렇습니다. 마치 아무 일도 할 수 없는 것처럼 행동하는 것은 삶의 의지가 없기 때문입니다.

그러고는 자기를 합리화합니다. "게으른 자는 사리에 맞게 대답하는 사람 일곱보다 자기를 지혜롭게 여기느니라"(16절). "핑계 없는 무덤은 없다"고 하지요. 아무리 큰 잘못을 저지른 사람도 나름의 변명거리를 가지고 있다는 뜻입니다. 게으른 자도 자신의 행동에 그럴듯한 이유를 붙입니다. 그리고 그것이 옳다고 주장합니다. 메시지성경의 표현처럼 자기가 대학의 교수진보다 더 똑똑하다고 생각합니다. 그리고 계속해서 게으름을 피웁니다.

그러나 어떤 이유와 핑계를 붙이고 어떤 변명거리로 자신의 행동을 합리화한다고 하더라도 그들이 '게으른 자'라는 사실은 달라지지 않습니다. 그들의 인생을 통해서는 그 어떤 유익한 열매도 기대할 수 없습니다. 오직 다른 사람들에게 폐를 끼칠 뿐입니다.

하나님 없는 인생

그런데 게으른 사람이 그렇게 게으름을 피우는 이유가 과연 무엇일까요? 그것은 자신의 인생에 하나님을 포함하지 않기 때문입니다. 게으른 사람은 길에 사자가 있다는 핑계로 아예 밖에 나가려고 하지 않습니다. 자신의 힘으로는 절대로 사자를 이길 수 없다고 생각하는 것이지요. 물론 그렇습니다. 천하장사 삼손이라면 모를까 보통 사람은 사자와 겨루어서 이길 수 없습니다.

사자는 '위험'을 상징합니다. 무슨 일이든 위험부담이 따라오게 되어 있습니다. 만일 그것을 두려워한다면 우리는 어떤 일도 새롭게 시작할 수 없습니다. 아마도 이 사람은 과거에 여러 번 실패한 경험이 있을 것입니다. 아무리 해 봐야 안 된다는 패배 의식이 그의 생각에 자리 잡게 되었을 것입니다. 그래서 아예 아무런 시도를 하지 않고 이렇게 주저앉게 된 것이지요.

하나님 없이 시작하면 반드시 실패하게 되어 있습니다. 하나님을 자기 인생의 책임자로 모시지 않으면 언젠가 넘어지게 되어 있습니다. 사람마다 정도의 차이는 있겠지만 살다 보면 자신의 힘으로 넘을 수 없는 한계를 만나게 되어있습니다. 그때 하나님의 도움이 필요합니다. 하나님에게 '사자'는 '강아지'와 같습니다. 하나님에게 '호랑이'는 '고양이'와 같습니다. 아무런 위험이 되지 않습니다. 하나님을 앞세우면 두려워할 것이 없습니다.

인생을 향한 하나님의 선한 계획과 기대가 있고, 그것을 이루어가는 시간의 한계가 우리에게 주어졌다는 사실을 안다면 그렇게 침대에 누워서 넋 놓고 지내지는 않을 것입니다. 하나님에게 손을 내밀어 도움을 요청하기만 한다면 언제라도 잡아 일으켜 주신다는 사실을 안다면 그렇게 삶의 의욕을 잃어버리고 자포자기하며 지내지는 않을 것입니다. 언젠가 하나님의 심판대 앞에 서서 인생을 결산해야 할 때가 온다는 사실을 안다면 그런 엉터리 논리로 자신의 게으름을 합리화하지는 않을 것입니다.

하나님을 경외하지 않기에 게으른 자가 되는 것입니다. 하나님을 자신의 인생에 포함하지 않기에 유익한 열매를 맺지 못하는 것입니다. 어차피 한번 사는 인생입니다. 흘러간 세월은 다시 돌아오지 않습니다. 우리에게 남은 시간이 그리 많지 않습니다. 오늘이 하나님과 함께 다시 시작하는 마지막 기회가 될지도 모릅니다. 하나님을 경외하는 사람은 인생을 낭비하지 않습니다. 세월을 아낍니다. 하나님이 우리 인생 가운데 개입하시는 카이로스의 시간을 놓치지 않습니다.

▢ 은혜 나누기
세월을 아끼기 위해서 오늘부터 내가 실천할 수 있는 일은 무엇일까요? 함께 이야기해 봅시다.

▢ 공동 기도
하나님 아버지, 우리가 정해진 시간 속에서 살고 있다는 사실을 잊지 않게 해 주세요. 어떤 일이든지 하나님과 함께 시작하게 하시고, 언제나 하나님을 포함하여 생각하게 해 주세요. 그리하여 언젠가 하나님 앞에 서게 되었을 때 착하고 충성된 종이라 칭찬받을 수 있게 해 주세요. 예수님의 이름으로 기도합니다. 아멘.

12월 1주 계획을 세울 때

▫ 주님의 기도 주님이 가르쳐주신 기도로 가정예배를 시작합니다.

▫ 찬송 부르기 425장(주님의 뜻을 이루소서)

▫ 성경 읽기 잠언 27:1; 19:21

※ 개역개정판

¹너는 내일 일을 자랑하지 말라. 하루 동안에 무슨 일이 일어날는지 네가 알 수 없음이니라.

²¹사람의 마음에는 많은 계획이 있어도 오직 여호와의 뜻만이 완전히 서리라.

※ 메시지성경

¹내일 할 일을 성급하게 알리지 마라. 내일 무슨 일이 있을지 전혀 모르지 않느냐.

²¹사람들은 계속 머리를 짜내 계획하고 선택하지만 오직 하나님의 뜻만이 이루어질 것이다.

▫ 말씀 나누기

이런 이야기가 있습니다. 어느 날 하루살이와 메뚜기가 함께 신나게 놀았습니다. 어느새 저녁이 되어 해가 서산으로 기울어 가자 메뚜기가 하루살이에게 말했습니다. "오늘은 이만 놀고 내일 다시 만나서 재미있게 놀자." 그러자 하루살이가 물었습니다. "내일이 뭔데?" 메뚜기가 아무리 설명해 주어도 하루살이는 도무지 이해할 수 없었습니다.

이번에는 메뚜기와 개구리가 한동안 즐겁게 놀았습니다. 날씨가 점점 추워지자 개구리가 메뚜기에게 말했습니다. "이제 겨울이 다가오나 봐. 그러니 이제는 헤어지고 내년에 다시 만나자." 메뚜기가 어리둥절한 표정으로 물었습니다. "내년이 뭔데?" 개구리가 아무리 설명해 주어도 메뚜기는 도무지 이해할 수 없었습니다.

그렇습니다. 하루살이가 내일을 이해하지 못하고, 메뚜기가 내년을 이해하지 못하듯이 사람도 미래를 잘 이해하지 못합니다. 앞으로 다가오는 시간에 대해서 별로 아는 것이 없습니다. 물론 나름대로 이런저런 계획을 세우고 꿈도 꾸어보지만, 실제로 미래에 어떤 일들이 일어날지 아무도 알 수 없습니다. 그러면서 자신의 계획이 다 이루어질 것이라 큰소리치지요.

그것은 마치 '어리석은 부자 비유'(눅 12:16-21)에 등장하는 주인공과 같습니다. 바로 그날 밤에 자기의 생명을 거두어 가시려는 하나님의 계획을 전혀 알지 못하고, 부자는 새로운 곳간을 짓기로 마음을 먹습니다. 편안한 여생을 꿈꿉니다. 하나님의 계획을 고려하지 않은 채 자신의 계획을 세우는 어리석은 인생에 대한 비유입니다. 내일의 계획을 세울 때 하나님을 포함하는 지혜가 우리에게 필요합니다.

자랑하지 말라

오늘 본문은 이렇게 말합니다. "너는 내일 일을 자랑하지 말라. 하루 동안에 무슨 일이 일어날는지 네가 알 수 없음이니라"(27:1). 메시지성경은 "내일 할 일을 성급하게 알리지 마라"라고 합니다. 그러니까 내일 이런저런 일을 하게 될 것이라고 다른 사람에게 큰소리치며 단언하지(announce) 말라는 것입니다. 왜냐면 내일이 오기 전에 무슨 일이 일어날지 아무도 알 수 없기 때문입니다.

물론 사람이 앞으로의 일에 대해서 계획을 세우는 것이 잘못된 건 아닙니다. 문제는 그 계획에 대해서 자랑하는 것입니다. 마치 다 이루어진 양 떠벌리고 큰소리치는 것입니다. 야고보 사도가 목회하던 예루살렘 교회에 그런 성도들이 있었습니다. 그들은 다른 도시에 가서 장사하려고 하는 계획을 세우고 있었습니다. 그 이야기를 듣고 야고보는 다음과 같이 말합니다.

"오늘이나 내일 이러저러한 도시에 가서 일 년 정도 머물면서, 사업을 시작해 큰돈을 벌어야겠다고 건방진 소리를 하는 여러분에게 한 마디 하겠습니다. 여러분은 내일에 대해서 아무것도 알지 못합니다. 여러분은 햇빛이 조금만 비쳐도 금세 사라지고 마는 한 줌 안개에 지나지 않습니다"(약 4:13-14, 메시지). 정말 그렇습니다. 사람은 한 치 앞의 일을 알지 못합니다. 그런데도 이런저런 꿈에 부풀어 김칫국부터 마시며 성급하게 단언하고 있으니 그야말로 '건방진 소리'이지요.

랍비들의 잠언에도 이와 비슷한 말이 있습니다. "내일 일을 염려하지 말라. 내일까지 생명이 있을지 알 수 없다." 내일에 대해서 자랑하거나 혹은 염려하는 것은 모두 어리석은 일입니다. 아무도 내일을 장담할 수 없기 때문입니다. 사실 하루살이에게 내일이란 없습니다. 그런 하루살이가 내일의 계획을 세운다는 것이 얼마나 우스꽝스러운 일입니까. 시간의 차이는 있지만, 우리 인생도 하루살이와 별로 다르지 않습니다. 그런데도 우리는 어리석게도 내일을 자랑하고 장담합니다.

자, 그렇다면 무엇입니까? 아무 계획 없이 살라는 말입니까? 새로운 사업을 계획하고 추진하는 일들은 모두 헛된 것일까요? 물론 그런 이야기가 아닙니다. 새로운 계획을 세우는 것이 잘못이 아니라 그 계획 속에 하나님을 포함하지 않은 게 잘못입니다. 그러고도 큰소리치며 자랑을 하는 게 잘못입니다.

하나님을 인정하라

자신의 인생에 하나님을 포함하는 사람들은 내일을 자랑하지 않습니다. 오히려 하나님의 뜻에 자신의 계획을 양보합니다. "사람의 마음에는 많은 계획이 있어도 오직 여호와의 뜻만이 완전히 서리라"(19:21). 메시지성경은 이렇게 풀이합니다. "사람들은 계속 머리를 짜내 계획하고 선택하지만, 오직 하나님의 뜻만이 이루어질 것이다"(19:21, 메시지).

이와 비슷한 말씀이 잠언에 참 많이 기록되어 있습니다. "마음의 경영은 사람에게 있어도 말의 응답은 여호와께로부터 나오느니라"(16:1). "사람이 마음으로 자기의 길을 계획할지라도 그의 걸음을 인도하시는 이는 여호와시니라"(16:9). "사람의 걸음은 여호와로 말미암나니 사람이 어찌 자기의 길을 알 수 있으랴"(20:24). 사람이 아무리 좋은 계획을 세워도 그것을 실제로 이루시는 분은 하나님이십니다. 그 사실을 인정하는 것이 진정한 지혜입니다.

야고보 사도도 똑같은 말을 합니다. "너희가 도리어 말하기를 주의 뜻이면 우리가 살기도 하고 이것이나 저것을 하리라 할 것이거늘 이제도 너희가 허탄한 자랑을 하니 그러한 자랑은 다 악한 것이라"(약 4:15-16). 계획을 세울 때 우리는 가장 먼저 '하나님의 뜻'을 물어야 합니다. "만일 그것이 주님의 뜻이라면…"(if it is the Lord's will, NIV). 이것이 우리 인생의 화두話頭가 되어야 합니다.

이 부분을 메시지성경은 "주님이 원하셔서 우리가 살게 된다면, 이러저러한 일을 하겠다고 말하는 습관을 들이십시오"라고 풀이합니다. 그렇습니다. 주님께서 원하셔야 우리가 살 수 있고, 주님께서 원하셔야 무엇이든 할 수 있습니다. 따라서 어떤 계획을 세우기 전에 가장 먼저 '하나님의 뜻'을 고려해야 합니다. 시간의 주인은 하나님이시기 때문입니다. 우리 인생을 시작하게 하신 분도 하나님이요 끝나게 하시는 분도 하나님이시기 때문입니다.

그렇기에 우리는 매일 아침 일어나서 이렇게 기도해야 합니다. "오늘도 주님이 원하셔서 나에게 생명을 부어주셨으니, 주님의 뜻대로 살게 하옵소서." 우리가 어떤 사업을 시작할 때도 '주님이 원하셔서 하게 된다면…'이라는 말을 빼먹지 말아야 합니다. 우리가 원해서 계획을 세웠다고 그대로 되는 것이 아닙니다. 주님이 원하셔야 이루어집니다. 하나님의 섭리와 도우심이 없는 계획은 실패할 수밖에 없습니다.

아니, 실패하지 않더라도 만일 하나님 없이 계획되고 하나님의 소원 없이 이루었다면 반드시 악한 것이 됩니다. 혹시 처음에 마음먹은 일이 다 이루어졌다고 하더라도 만일 '주님께서 원하시면'이 포함되지 않은 계획이었다면 그 자신에게도, 다른 사람에게도, 하나님께도 악한 것이 되고 맙니다. 오직 하나님의 뜻 안에서 세운 계획만이 모든 사람에게 진정한 복이 될 수 있습니다.

□ 은혜 나누기
나는 하나님의 뜻 안에서 어떤 계획을 세우고 있나요? 함께 이야기해 봅시다
□ 공동 기도
하나님 아버지, 우리가 세운 계획이 하나님이 원하시는 것이 되게 해 주세요. 아니 하나님의 뜻 안에서 하나님이 원하시는 계획을 세우게 해 주세요. 매사에 하나님을 인정하게 하시고, 언제나 하나님의 도움을 간구하며 살게 해 주세요. 예수님의 이름으로 기도합니다. 아멘.

12월 2주 묵시가 없으면

- □ 주님의 기도 주님이 가르쳐주신 기도로 가정예배를 시작합니다.
- □ 찬송 부르기 490장(주여 지난 밤 내 꿈에)
- □ 성경 읽기 잠언 29:18

  ※ 개역개정판

  묵시가 없으면 백성이 방자히 행하거니와 율법을 지키는 자는 복이 있느니라.

  ※ 메시지성경

  하나님이 행하시는 일을 보지 못하는 백성은 서로 뒤엉켜 고꾸라지고 말지만,

  하나님의 계시에 주목하는 백성은 큰 복을 받는다.

- □ 말씀 나누기

  청소년기는 자기의 꿈을 찾아가는 시기입니다. 학생들은 생활기록부에 장래 희망과 그 이유를 적어냅니다. 그렇게 자기의 꿈을 찾아가도록 격려하는 것이지요. 그런데 실제로 설문 조사를 해보면 분명한 꿈을 가지지 못한 아이들이 대부분이라고 합니다. 아예 꿈이 없다고 대답하는 아이들도 적지 않습니다. 그 이유를 전문가들은 두 가지로 분석합니다.

  첫 번째는 학생들의 진짜 꿈이 기성세대에 의해서 평가 절하되기 때문입니다. 저마다 하고 싶은 것이 있지만 부모나 교사가 허락하지 않는 것이지요. 어른들의 입맛에 맞지 않는 꿈이기 때문입니다. 두 번째는 학생들이 자신의 꿈을 스스로 상대 평가하기 때문입니다. 다른 친

구들과의 경쟁에서 이겨낼 자신이 없는 것입니다. 그러다 보니 성적에 맞추어 대학에 진학하는 게 그들이 할 수 있는 전부가 되고 맙니다.

'꿈'과 '희망'을 이야기하면서 실제로는 '돈'과 '취업'을 고민해야 하는 서글픈 시대를 우리는 살고 있습니다. 하나님이 인간을 창조하실 때 저마다 품고 살아야 할 꿈을 주셨는데, 그것을 발견하지 못하고 단지 먹고사는 일에 내몰리는 안타까운 현실입니다. 물론 그 현실을 부정할 수는 없습니다. 어떻게든 적응하여 살아내야 합니다. 그러나 어떤 직업을 가지게 되든지 그 안에서 하나님이 주시는 꿈을 발견해야 합니다.

하나님의 묵시

오늘 본문은 잠언 중에서 가장 많이 알려진 말씀입니다. "묵시가 없으면 백성이 방자히 행하거니와 율법을 지키는 자는 복이 있느니라"(29:18). '묵시默示'란 은연중에 뜻을 나타내 보이는 것을 말합니다. 누구의 뜻입니까? 물론 하나님의 뜻입니다. 이에 해당하는 히브리어는 '카존chazon'인데, 우리말 성경 다른 곳에서는 '환상'(시 89:19), '계시'(사 1:1) 등으로 번역됩니다. 이를 영어로는 '비전vision'으로 표현합니다. 그러니까 "하나님의 묵시가 없다"라는 말은 "하나님의 비전을 발견하지 못했다"라는 뜻입니다.

이스라엘 역사에서 묵시가 없었던 때가 종종 등장합니다. 엘리 제사장 시대가 그중의 하나입니다. "아이 사무엘이 엘리 앞에서 여호와를 섬길 때에는 여호와의 말씀이 희귀하여 이상이 흔히 보이지 않았더라"(삼상 3:1). '이상異像'이 바로 '카존'을 번역한 것입니다. 하나님의 말씀이 희귀하여 묵시가 보이지 않았던 것이지요. 여기에서 우리는 '하나님의 말씀'과 '하나님의 묵시'가 아주 밀접한 관계에 있다는 사실을 알게 됩니다.

당시 이스라엘에는 성소도 있었고, 그 안에 법궤도 있었고, 제사장도 있었습니다. 절기마다 꼬박꼬박 예배를 드렸습니다. 그런데 하나님의 말씀이 희귀했다니 이게 무슨 뜻일까요? 하나님의 말씀이 제대로 선포되지 않았던 것이지요. 게다가 하나님도 침묵하셨습니다. 당신의 속마음을 드러내지 않으셨습니다. 아니 보여 주어도 깨달을 만한 사람이 없었다고 해야 합니다. 그래서 눈에 보이는 하나님의 계시가 없었던 것이지요.

묵시가 없으면 백성이 방자해진다고 했습니다. 우리말 '방자放恣한'으로 번역된 히브리어 '파라para'는 본래 '벌거벗은'(naked) 또는 '통제 불능의'(out of control)라는 의미입니다. 모세가 시내 산에 올라가 있는 동안 이스라엘 백성은 금송아지를 만들어놓고 난잡한 파티를 벌이면서 벌거벗은 채 춤판을 벌였지요. 그것을 성경은 '백성이 방자했다'(출 32:25)라고 기록하고 있는데, 이 역시 히브리어 '파라'를 번역한 것입니다.

엘리 제사장 시대도 마찬가지였습니다. 엘리는 점점 눈이 어두워가서 잘 보지 못했습니다(삼상 3:2a). 이는 그의 몸과 영의 상태를 동시에 설명한 것입니다. 엘리에게 제사장은 단지 하나의 직업이었을 뿐입니다. 두 아들을 제사장으로 세우기는 했지만, 하나님의 사람으로 세우지 않았습니다. 그래서 그들은 "행실이 나빠 여호와를 알지 못했다"(삼상 2:12)고 합니다. 하나님을 무시하고 방자하게 행했던 것이지요.

'하나님의 묵시'가 없으면 그렇게 됩니다. '하나님의 비전'이 없으면 방자하게 행하게 됩니다. 자기 기분 내키는 대로 살아갑니다. 그 결과는 불을 보듯 뻔합니다. 엘리의 아들들은 아무 생각 없이 법궤를 들고 블레셋과의 전쟁에 나갔다가 모두 죽임을 당하고 말았습니다. 그 소식을 전해 들은 엘리와 그의 며느리도 죽고 말았습니다. 묵시가 없으면 반드시 망하게 되어있습니다. 단지 시간문제일 뿐입니다.

하나님의 말씀

자, 그렇다면 하나님의 묵시를 어디에서 어떻게 발견할 수 있을까요? 하나님의 묵시는 율법에 담겨있습니다. 그래서 "율법을 지키는 자는 복이 있다"(18절b)고 말씀하신 것입니다. 우리말 '율법'에 해당하는 히브리어는 '토라^{Torah}'입니다. '가르침'(teaching) 또는 '설명'(instruction)이라는 뜻입니다. 하나님이 이 세상을 창조하신 목적과 운영해 가시는 방법을 설명해 놓은 책이 바로 '토라'입니다.

물론 '토라'로 충분하지 않아서 하나님은 때로 꿈이나 환상이나 특별한 계시로 당신의 뜻을 드러내기도 하시지만, 그 또한 이미 기록된 하나님의 말씀과 크게 다르지 않습니다. 만일 성경의 가르침과 전혀 다른 내용의 환상을 보았다면 그것은 하나님의 계시가 아닙니다. 따라서 하나님의 묵시를 알고 싶다면 기본적으로 하나님의 말씀을 가까이해야 합니다. 말씀이 희귀하면 이상異象이 보이지 않습니다. 말씀을 가까이하지 않으면 묵시를 발견할 수 없습니다.

바로 이 대목에서 우리는 메시지성경의 번역을 눈여겨볼 필요가 있습니다. "하나님이 행하시는 일을 보지 못하는 백성은 서로 뒤엉켜 고꾸라지고 말지만, 하나님의 계시에 주목하는 백성은 큰 복을 받는다"(29:18, 메시지). 메시지성경은 '하나님의 계시'를 '하나님이 행하시는 일'로 풀이하는데 이는 아주 탁월한 이해입니다.

왜 우리에게 묵시가 있어야 하는 걸까요? 하나님이 행하시는 일을 알기 위해서입니다. 하나님의 계획을 알지 못하면 제멋대로 살다가 결국에는 뒤엉켜 고꾸라지고 말기 때문입니다. 그러나 우리를 향한 하나님의 계획을 알고 그것에 주목하기 시작하면 그때부터는 가야 할 길이 분명히 보입니다. 그래서 큰 복을 받게 되는 것입니다.

요즘은 꿈이 없는 시대라고 흔히 말합니다. 꿈을 발견하기도 어려울뿐더러 꿈을 꾼다고 하더라도 그것을 이룰 수 없기 때문입니다. 그러나 그들이 말하는 꿈과 비전은 모두 자기 자신의 것입니다. 그 어디에도 하나님의 꿈, 하나님의 비전이 보이지 않습니다. 다시 말해서 묵시가 없는 겁니다. 자신을 향한 하나님의 계획을 알지 못하니 진정한 꿈을 발견하지 못하는 것이지요.

따라서 하나님 없는 꿈을 꾸려고 하지 마십시오. 아무리 위대한 꿈을 꾼다고 하더라도 그것은 결국 하나님과 상관없는 일이 되고 맙니다. 하나님과 아무 상관이 없는데 그 꿈을 통해서 과연 무슨 복을 받을 수 있겠습니까? 반면 아무리 소박한 꿈이라고 하더라도 만일 하나님 안에서 갖게 된 것이라면, 그 꿈을 통해서 하나님은 놀라운 일을 행하실 것입니다. 우리의 기대보다 훨씬 더 큰 일을 이루실 것입니다.

▢ 은혜 나누기

하나님 안에서 발견한 내 꿈에 대해서 함께 이야기해 봅시다.

▢ 공동 기도

하나님 아버지, 우리를 향한 하나님의 계획안에서 우리의 꿈을 발견하게 해 주세요. 우리의 욕심을 한껏 부풀려놓은 허황한 꿈이 아니라, 하나님이 기뻐하시는 삶을 꿈꾸게 해 주세요. 이 세상을 향한 하나님의 꿈이 바로 우리의 꿈이 되게 해 주세요. 예수님의 이름으로 기도합니다. 아멘.

12월 3주 두 가지 기도 제목

□ 주님의 기도 주님이 가르쳐주신 기도로 가정예배를 시작합니다.

□ 찬송 부르기 434장(귀하신 친구 내게 계시니)

□ 성경 읽기 잠언 30:7-9

※ 개역개정판

7내가 두 가지 일을 주께 구하였사오니 내가 죽기 전에 내게 거절하지 마시옵소서. 8곧 헛된 것과 거짓말을 내게서 멀리하옵시며 나를 가난하게도 마옵시고 부하게도 마옵시고 오직 필요한 양식으로 나를 먹이시옵소서. 9혹 내가 배불러서 하나님을 모른다 여호와가 누구냐 할까 하오며 혹 내가 가난하여 도둑질하고 내 하나님의 이름을 욕되게 할까 두려워함이니이다.

※ 메시지성경

7그런 다음 그는 이렇게 기도했다. "하나님 내가 죽기 전에 두 가지를 간구하오니, 물리치지 마십시오. 8제 입술에서 거짓말을 쫓아내시고 제 앞에서 거짓말쟁이들을 쫓아내 주십시오. 더도 덜도 말고 생활에 필요한 만큼의 양식을 주십시오. 9제가 너무 배부르면, 제 힘으로 그렇게 된 줄 알고서 '하나님? 누가 그분이 필요하데?' 하고 말할 것입니다. 또한 제가 가난하면, 도둑질을 하여 하나님의 이름을 욕되게 할까 두렵습니다."

□ 말씀 나누기

17세기 프랑스 작가 페로Charles Perrault의 동화집에 나오는 이야기입니다. 어느 나무꾼이 자신의 가난을 탓하며 신세타령을 하고 있었답니다. 이때 산신령이 나타나서 세 가지 소원을 들어줄 테니 정말 행복해지는지 한번 보겠다고 하고는 사라지지요. 나무꾼은 집으로 돌아와 아내에게 그 이야기를 전합니다. 벽난로에 앉아 무슨 소원을 빌지 곰곰이 생각하다가 무심코 "불에 구워 먹을 기다란 소시지가 있으면 좋겠다"고 말을 합니다.

그러자 정말 소시지가 하늘에서 떨어지는 겁니다. 이것을 본 아내는 화가 났습니다. 보석이나 황금을 달라고 하지 않고 바보 같은 소원을 빌었다면서 잔소리를 해대기 시작합니다. 아내의 잔소리에 화가 난 나무꾼이 소리를 지릅니다. "이 소시지가 코에 확 붙어 버려라!" 두 번째 소원이 이루어졌습니다. 평생 소시지를 코에 붙인 채 살아야 하는 아내를 생각하면서 나무꾼은 할 수 없이 마지막 소원을 말해야 했습니다. "아내의 코에서 소시지를 떼어 주세요."

단지 재미로만 읽을 수 없는 이야기입니다. 우리도 얼마든지 이런 식으로 기도할 수 있기 때문입니다. 준비되어 있지 않으면 기회를 놓쳐버리게 됩니다. 만일 하나님이 우리에게 두 가지 소원을 말하라고 하신다면 우리는 무엇을 기도해야 할까요? 하나님을 경외하는 지혜로운 사람의 기도는 과연 어떤 것일까요?

거짓 없는 삶

잠언은 이렇게 말합니다. "내가 두 가지 일을 주께 구하였사오니 내가 죽기 전에 내게 거절하지 마시옵소서. 곧 헛된 것과 거짓말을 내게서 멀리 하옵시며…"(7-8절a). 하나님을 향한 첫 번째 기도는 '헛된 것'과 '거짓말'에서 멀어지도록 해달라는 요구입니다.

여기에서 '헛된 것'(vanity)은 하나님을 속이는 죄를 의미합니다. 하나님의 이름을 망령되게 부르는 것도 '헛된 것'이요(출 20:7) 우상을 숭

배하는 것도 '헛된 것'입니다(31:6). 하나님을 우상처럼 섬기는 것이나 우상을 하나님처럼 포장하는 것은 다 '헛된 것'입니다. 사람들은 왜 그렇게 '헛된 것'을 추구할까요? 자신의 욕심을 채우기 위해서입니다. 하나님을 속여서라도 자기 배를 채우려고 하는 것입니다.

'거짓말'(lies)은 사람을 속이는 죄를 의미합니다. 사람들은 헛된 일을 좋아하고 거짓을 구합니다(시4:2). 신실한 증인은 거짓말을 하지 않지만, 거짓 증인은 거짓말을 마구 내뱉습니다(잠 14:5). 거짓말을 하는 자는 악한 혀가 하는 말에 귀를 기울입니다(잠 17:4). 거짓 선지자들은 '거짓된 점괘'를 보여 주며 사람들을 속입니다(사 13:6). 사람들은 왜 그렇게 거짓말을 하는 것일까요? 역시 자신의 욕심을 채우기 위해서입니다.

하나님을 대적하는 사탄은 이와 같은 인간의 약점을 너무나 잘 알고 있었습니다. 에덴동산에서 아담과 하와가 선악을 알게 하는 나무의 실과를 따먹게 된 것도, 하나님의 마음에 합한 자라는 최고의 칭찬을 받았던 다윗이 정욕의 유혹에 넘어가게 된 것도, 제자로 부르심을 받은 가룟 유다가 돈 몇 푼에 주님을 팔아넘기게 된 것도 모두 욕심을 부추기는 사탄의 유혹에 넘어갔기 때문입니다.

주님은 제자들에게 이렇게 기도하라고 가르치셨습니다. "우리를 시험에 들게 하지 마시옵고 다만 악에서 구하시옵소서"(마 6:13). 겟세마네 동산에서 기도하시던 주님은 제자들의 자는 모습을 보며 이렇게 말씀하셨지요. "시험에 들지 않게 깨어 기도하라"(마 26:41). 깨어서 기도하지 않는다면 우리의 욕심을 부추기며 유혹하는 사탄의 속임수에 넘어갈 수밖에 없습니다.

만일 나무꾼이 처음부터 값비싼 보석이나 황금을 달라고 욕심껏 소원을 빌었다면 어떻게 되었을까요? 가난을 벗어버리고 정말 행복하게 살게 되었을까요? 아닙니다. 욕심은 죄를 잉태하고, 죄는 사망으로 인도하게 되어있습니다. 그처럼 소시지 촌극으로 끝난 게 그들로서는 차라리 다행스러운 일입니다. 만일 그러지 않았다면 비극으로 끝나고 말았을 것이기 때문입니다. 지옥은 욕심을 부리는 자들을 위해서 준비된 곳입니다(사 5:14).

따라서 하나님을 경외하는 지혜로운 사람의 기도에는 가장 먼저 '거짓 없는 삶'을 위한 기도가 담겨있어야 합니다.

만족하는 삶

잠언은 계속해서 이렇게 말합니다. "… 나를 가난하게도 마옵시고 부하게도 마옵시고 오직 필요한 양식으로 나를 먹이시옵소서"(8절b). 하나님을 향한 두 번째 기도는 너무 가난하게 살거나 또는 너무 부유하게 살지 않도록 해달라는 요구입니다. 메시지성경은 "더도 덜도 말고 생활에 필요한 만큼의 양식을 주십시오"라고 풀이합니다. 이것이 바로 주님이 가르쳐주신 '일용할 양식'을 구하는 기도입니다(마 6:11).

그렇게 기도하는 이유가 무엇일까요? "제가 너무 배부르면, 제 힘으로 그렇게 된 줄 알고서 '하나님? 누가 그분이 필요한데?' 하고 말할 것입니다. 또한 제가 가난하면, 도둑질을 하여 하나님의 이름을 욕되게 할까 두렵습니다"(9절, 메시지). 이 말씀에서 무엇이 보입니까? 하나님을 생각하는 마음이 보입니다. 하나님이 필요 없다고 말하게 될까 봐, 하나님의 이름을 욕되게 할까 봐 걱정하는 마음이 보입니다.

바로 이것이 하나님을 경외하는 지혜로운 사람이 마땅히 품어야 할 마음입니다. 자신의 욕심을 성취하는 수단으로 하나님을 이용하려고 하는 사람은 이런 식으로 기도하지 않습니다. 어떻게 해서든 자신의 소원을 다 이루어 달라고 떼를 쓰겠지요. 헌신과 충성을 약속하는 헛된 말로 하나님을 속여서라도 그 목표를 달성하려고 하겠지요. 그런 사람은 자기의 소원이 이루어지든 이루어지지 않든 반드시 하나님을 떠나게 될 것입니다.

이 세상의 모든 재물을 가진다고 해도 인간의 욕심은 절대로 채워지지 않습니다. 자족하는 비결을 깨우치기 전까지는 늘 불평하고 원망하며 살 수밖에 없습니다. 하나님 경외는 우리 삶의 '수단'이 아니라 '목표'입니다. 하나님을 경외하는 일에 걸림돌이 된다면 차라리 부자가 되는 일을 포기할 수 있어야 합니다. 그런 사람은 많이 가져도, 적게 가져도 항상 감사하며 만족하며 행복하게 살아갑니다.

따라서 하나님을 경외하는 지혜로운 사람의 기도에는 '만족하는 삶'을 위한 기도가 담겨 있어야 합니다.

□ 은혜 나누기

기도할 때마다 빼놓지 않는 기도 제목이 있다면 함께 나누어 봅시다.

□ 공동 기도

하나님 아버지, 우리의 기도 속에 거짓 없는 삶과 만족하는 삶을 위한 기도가 담겨 있게 해 주세요. 그리고 기도한 대로 살아가게 해 주세요. 그리하여 사탄의 유혹을 넉넉히 이겨내는 믿음의 가정으로 우뚝 세워지게 해 주세요. 예수님의 이름으로 기도합니다. 아멘.

12월 4주   현숙한 아내

▫ 주님의 기도 주님이 가르쳐주신 기도로 가정예배를 시작합니다.

▫ 찬송 부르기 438장(내 영혼이 은총 입어)

▫ 성경 읽기 잠언 31:10-12, 30

※ 개역개정판

10누가 현숙한 여인을 찾아 얻겠느냐 그의 값은 진주보다 더 하니라 11그런 자의 남편의 마음은 그를 믿나니 산업이 핍절하지 아니하겠으며 12그런 자는 살아 있는 동안에 그의 남편에게 선을 행하고 악을 행하지 아니하느니라 … 30고운 것도 거짓되고 아름다운 것도 헛되나 오직 여호와를 경외하는 여자는 칭찬을 받을 것이라

※ 메시지성경

10훌륭한 아내는 찾기 어려울뿐더러 다이아몬드보다 더 가치가 있다. 11남편은 아내를 전폭적으로 신뢰하고 그 신뢰에 대해 후회할 일은 생기지 않는다. 12아내는 남편에게 악의를 품지 않고 평생 그를 너그럽게 대한다. … 30매력이 사람을 현혹하고 아름다움은 금세 사라지지만 하나님을 경외하며 사는 여인은 칭송과 칭찬을 받는다.

▫ 말씀 나누기

지난 일 년 동안 우리는 잠언 말씀을 묵상해왔습니다. 잠언은 '인생 사용설명서'입니다. 우리 인생을 창조하신 하나님의 목적과 기대가 무엇인지 잘 설명해 놓은 책입니다. 세상 사람들은 창조주 하나님과

아무런 상관없이 살아갑니다. 자신의 인생에 하나님을 포함하지 않습니다. 그저 욕심껏 목표를 세우고 그것을 달성하려고 애씁니다. 그런 인생이 다다를 결론은 불을 보듯 뻔합니다.

사람들이 자기 마음대로 살아가는 이유는 '인생 사용설명서'를 한 번도 읽어보지 않았기 때문입니다. 새로운 제품을 접하게 되면 가장 먼저 '매뉴얼manual'부터 살펴보아야 합니다. 그러지 않고 무작정 사용하면 반드시 탈이 나게 되어 있습니다. 하나님이 정해 놓으신 인생의 매뉴얼도 모르면서 무턱대고 열심히 산다고 해서 '성공한 인생'이 될 수는 없습니다. 오히려 '고장 난 인생'이 되기 쉽습니다.

지금까지 잠언의 중요한 내용에 대해서 대부분 짚어보았지만, 묵상하지 못한 말씀도 제법 많이 남아 있습니다. 기회가 있을 때마다 하나씩 끄집어내어 곱씹어 묵상해 보면 좋겠습니다. 그 어느 하나도 필요하지 않은 말씀이 없기 때문입니다. 오늘은 잠언의 제일 마지막 장에 나오는 '현숙한 아내'에 대해서 살펴보겠습니다.

훌륭한 배우자

오늘 본문은 이렇게 시작합니다. "누가 현숙한 여인을 찾아 얻겠느냐. 그의 값은 진주보다 더 하니라"(10절). '성평등'에 예민한 독자는 '찾아 얻는다'와 '그의 값'이라는 표현에 거부감을 느낄 수 있습니다. 그러나 히브리 원어에는 '얻는다'(get)는 말이 나오지 않습니다. 그냥 '찾는다'(find)가 전부입니다. 게다가 '값'은 '가격'(price)이 아니라 '가치'(value)를 의미합니다. 진주의 가치와는 감히 비교할 수 없다는 뜻이지 비싼 가격을 치르고 아내를 산다는 뜻이 결코 아닙니다.

'현숙한'이라는 말도 곱씹어볼 필요가 있습니다. 우리말 '현숙'은 어질고(賢) 정숙(淑)하다는 의미입니다. 여성에게 잘 어울리는 말입니다. 그러나 이에 해당하는 히브리어 '카일chayil'은 사실 여성적인 특성을 표현하는 용어가 아닙니다. 성경 다른 곳에서는 '능력 있는'(capable)이나(창 47:6; 출 18:21), '용감한'(valiant) 등으로 번역됩니다(민 24:18; 수 1:14). 그렇게 보면 여성보다는 남성에, 아내보다는 군인에 훨씬 더 잘 어울리는 말입니다.

그런데도 오늘 본문은 '여인'을 수식하는 말로 '카일'을 선택하고 있습니다. 여기에는 특별한 의도가 담겨있습니다. 이 말씀은 남편을 잘 섬기는 '아내'에 대한 가르침이 아니라 능력을 갖춘 '배우자'에 대한 가르침입니다. 이 점에 대해서는 앞에서 '다투는 여인'을 살펴볼 때 이미 언급한 적이 있습니다. 그러니까 '현숙한 아내'라고 쓰고 '훌륭한 배우자'라고 읽어야 합니다.

이렇게 배우자에 관한 이야기로 잠언을 마무리하는 것은 매우 의미심장합니다. 모든 인간관계의 출발점은 바로 가정입니다. 가정은 배우자를 만남으로 시작됩니다. 훌륭한 배우자를 만나면 좋은 가정을 꾸릴 수 있고, 그 안에서 좋은 인간관계가 형성될 수 있습니다. 그뿐만이 아닙니다. 가정은 하나님이 정해 놓으신 '인생 사용설명서'를 실습해보는 곳입니다. 훌륭한 배우자와 함께라면 훨씬 더 좋은 결과를 만들 수 있을 것입니다.

따라서 배우자가 결정적으로 중요합니다. 어떤 배우자를 만나느냐에 따라서 그 가정의 운명이 달라집니다. 문제는 훌륭한 배우자를 찾는 일이 그리 쉽지 않다는 사실입니다. 메시지성경의 풀이가 마음에 와닿습니다. "훌륭한 아내는 찾기 어려울뿐더러 다이아몬드보다 더 가치가 있다"(10절, 메시지). 그냥 가치가 '더 있는' 정도가 아닙니다. '훨씬 더 많은'(far more than) 가치가 있습니다. 감히 비교할 수 없을 정도입니다.

배우자의 기준

자, 그렇다면 훌륭한 배우자의 기준이 무엇일까요? 어떤 배우자를 찾아야 할까요? 그 내용이 워낙 많아서 여기에서 모두 다룰 수는 없습니다. 단지 오늘 우리가 읽은 부분에서 훌륭한 배우자의 몇 가지 기준을 발견할 수 있습니다.

첫 번째 기준은 '신뢰'입니다. "그런 자의 남편의 마음은 그를 믿나니 산업이 핍절하지 아니하겠으며"(11절). 배우자에게 무엇이든지 믿고 맡길 수 있어야 합니다. 무슨 일이든 신중하고 신실하게 잘 관리한다는 게 검증되어야 신뢰가 생겨납니다. 작은 일에 충성하는 사람에게 큰일을 맡길 수 있는 것과 같습니다.

"산업이 핍절하지 않는다"는 말씀에는 어떤 설명이 필요합니다. 얼핏 읽으면 살림살이가 줄어들지 않는다는 뜻처럼 보입니다. 그러나 '산업'에 해당하는 히브리어 '샬랄shalal'이 본래 전쟁터에서 빼앗아 온 '탈취물'(spoil)을 의미한다는 사실(출 15:9; 민 31:12)을 알면 조금 복잡해집니다. 남에게서 빼앗아 온 탈취물이라도 잘 관리만 한다면 좋은 배우자라는 뜻일까요?

아닙니다. 오히려 그 반대로 탈취물이 필요하지 않게 해 준다는 뜻입니다(no need of spoil). 그러니까 배우자의 허영심을 채워주기 위해서 굳이 불법적인 방법을 사용하여 큰돈을 벌어오지 않아도 얼마든지 잘 살 수 있게 된다는 것이지요. 그런 배우자라면 전폭적인 신뢰를 줄 수 있지 않겠습니까?

두 번째 기준은 '좋은 말'입니다. "그런 자는 살아 있는 동안에 그의 남편에게 선을 행하고 악을 행하지 아니하느니라"(12절). 메시지성경은 "악의를 품지 않고 평생 너그럽게 대한다"고 풀이합니다. 그러나 히브리어를 직역하면 뉘앙스가 달라집니다. '나쁘다'(ra'라)라고 하지 않고 '좋다'(towb투브)라고 말해 준다는 뜻이기 때문입니다.

그렇습니다. 상대를 존경하고 세워주는 말을 해 주는 배우자가 필요합니다. 그것도 살아 있는 동안, 즉 평생 그렇게 해 주어야 합니다. '좋은 말'이란 "좋아!"라고 말해 주는 것입니다. 더러 실수하고 넘어질 때도 "괜찮아!"라고 말해 주는 것입니다. 자신감이 부족할 때는 "잘하고 있어!"라고 말해 주는 것입니다. 그런 사람이 훌륭한 배우자입니다.

가장 중요한 세 번째 기준은 바로 '하나님 경외'입니다. "고운 것도 거짓되고 아름다운 것도 헛되나 오직 여호와를 경외하는 여자는 칭찬을 받을 것이라"(30절). 하나님을 경외하는 사람이 가장 훌륭한 배우자입니다. 겉모습의 아름다움만 보고 선택했다가는 틀림없이 후회합니다. 그 아름다움은 오래가지 않습니다. 내면의 아름다움이 오래갑니다. 그것이 바로 하나님 경외입니다.

좋은 배우자가 좋은 가정을 만듭니다. 먼저 나 자신이 상대보다 더 좋은 배우자가 되도록 노력해야 합니다. 그러다 보면 조만간 서로를 칭찬하며 세워주는 아름다운 가정에서 사는 자신을 발견하게 될 것입니다.

□ 은혜 나누기

내가 생각하는 훌륭한 배우자는 어떤 사람인가요? 함께 이야기해 봅시다.

□ 공동 기도

하나님 아버지, 우리 가정은 작은 천국이 되게 해 주세요. 서로를 신뢰하는 마음이 계속 이어지는 가정이 되게 해 주세요. 언제나 좋은 말로 서로를 격려하는 가정이 되게 해 주세요. 무엇보다 하나님을 경외하는 가정이 되게 해 주세요. 그리하여 이 땅에서부터 천국의 기쁨을 맛보며 살게 해 주세요. 예수님의 이름으로 기도합니다. 아멘.

절기, 가정 행사 때 드리는
가정예배

설날 예배　지혜로운 삶

□ 예식사 인도자

오늘 우리 민족의 고유 명절인 설날을 맞이하여, 우리 가정이 먼저 하나님 앞에 예배드리겠습니다.

□ 주님의 기도

□ 찬송 부르기 552장(아침 해가 돋을 때)

□ 기도하기 맡은이

사랑과 은혜가 충만하신 하나님 아버지, 새로운 한 해를 우리에게 허락해 주시고 설날을 맞이하여 우리 가족이 함께 모여 먼저 하나님께 예배를 드리게 하시니 감사합니다. 이 시간 부모님의 은덕과 뜻을 기억하게 하시고, 우리를 향한 하나님 아버지의 뜻을 헤아려 아는 복된 시간이 되게 해 주세요. 우리 주 예수 그리스도의 이름으로 기도합니다. 아멘.

□ 성경 읽기 잠언 9:10-12

※ 개역개정판

10여호와를 경외하는 것이 지혜의 근본이요 거룩하신 자를 아는 것이 명철이니라. 11나 지혜로 말미암아 네 날이 많아질 것이요 네 생명의 해가 네게 더하리라. 12네가 만일 지혜로우면 그 지혜가 네게 유익할 것이나 네가 만일 거만하면 너 홀로 해를 당하리라.

※ 메시지성경

10삶의 진수는 하나님을 경외하는 것에서 시작된다. 인생에 대한 통찰력은 거룩하신 하나님을 아는 데서 나온다. ¹¹지혜를 통해 인생에 깊이가 더해지고 성숙한 나날이 펼쳐진다. ¹²지혜롭게 살면 지혜가 네 삶에 스며들 것이다. 삶을 무시하면 삶 또한 너를 무시할 것이다.

□ 말씀 나누기

교회력으로나 양력으로는 이미 새해가 시작되었지만, 오늘은 음력으로 2022년도 새해를 시작하는 날입니다. 우리 민족은 전통적으로 설날에 가족이 함께 모여서 조상에게 차례를 지내고 친척이나 이웃 어른에게 세배하면서 새로운 한 해를 맞이했습니다. 우리는 하나님을 아버지로 믿는 사람이기에 이렇게 가장 먼저 하나님께 예배를 드리는 것입니다.

오늘 본문은 우리가 언제나 마음에 품고 살아야 할 말씀입니다. 또한 올 한 해 동안 가정예배를 통하여 묵상하게 될 잠언의 주제 성구이기도 합니다. 잠언은 '인생 사용설명서'입니다. 우리를 창조하신 하나님의 뜻과 목적에 따라 살아가도록 안내해 주는 지침서입니다. 우리는 매일매일 그 안내에 따라 살아가기만 하면 됩니다. 그러면 우리는 지혜로운 가정, 행복한 가정을 만들어 갈 수 있습니다.

지혜 있는 사람

자녀가 성공한 인생을 살아가는 것은 이 세상 모든 부모의 공통된 소망입니다. 이왕이면 다른 사람보다 더 잘 사는 모습을 보고 싶어 합니다. 그렇게 되려면 우선 공부를 잘해야 한다고 생각합니다. 그래서 자녀 교육에 온 힘을 쏟습니다. 물론 학생에게는 공부가 가장 중요한 일이 되어야 합니다. 그렇지만 학교에서 좋은 성적을 받았다고 해서 반드시 성공한 인생을 살게 되는 것은 아닙니다.

게다가 '성공'의 기준도 한번 곱씹어볼 일입니다. 과연 무엇이 성공한 인생일까요? 남보다 더 많은 돈을 벌거나 더 높은 자리에 앉거나 이름이 널리 알려지는 것이 '성공'일까요? 하나님을 알지 못하는 사람들은 얼마든지 그렇게 생각할 수 있습니다. 그러나 성경이 우리에게 가르치는 성공은 전혀 다릅니다. 우리 인생을 창조하신 하나님의 소망과 기대에 잘 어울리게 살아가는 것이 성공입니다. 창조주 하나님이 목적하신 대로 살아가는 것이 성공입니다.

사도 바울은 에베소교회에 보낸 편지에서 이렇게 말합니다. "그런즉 너희가 어떻게 행할지를 자세히 주의하여 지혜 없는 자같이 하지 말고 오직 지혜 있는 자같이 하여 세월을 아끼라. 때가 악하니라"(엡 5:15-16). 바울은 '지혜 없는 자' 같이 살지 말고 '지혜 있는 자' 같이 살아가라고 말합니다. 그런데 어떤 사람이 지혜 있는 사람일까요? 공부를 잘하는 사람, 아이큐가 높은 사람이 지혜 있는 사람일까요? 성경은 그렇게 가르치지 않습니다. 지혜 있는 사람은 하나님을 경외하는 사람입니다.

"여호와를 경외하는 것이 지혜의 근본이요 거룩하신 자를 아는 것이 명철이니라"(잠 9:10). 여기에서 '지혜의 근본'이란 본래 '지혜의 시작'(the beginning of wisdom)이라는 뜻입니다. 모든 지혜가 시작되는 출발점이라는 뜻입니다. 지혜 있는 사람의 출발점은 분명합니다. 바로 하나님을 경외敬畏하는 것입니다. 그런데 어떻게 해야 하나님을 경외할 수 있을까요? 그 설명이 바로 뒤에 나옵니다. "거룩하신 자를 아는 것이다." 거룩하신 하나님을 알면 그분을 '경외'(fear)할 수밖에 없습니다. 그럴 때 지혜 있는 사람이 됩니다.

하나님을 경외하는 사람의 특징은 하나님을 가장 먼저 생각한다는 것입니다. 자기 인생의 모든 과정에 하나님을 포함합니다. 크고 작은 일을 결정하기 전에 반드시 하나님께 묻습니다. 좋은 일을 만날 때나 힘들고 어려운 일을 만날 때 하나님 안에서 그 의미를 찾습니다. 성경은 이런 사람을 가리켜서 '지혜 있는 자'라고 말합니다.

그와 반대로 '지혜 없는 자'는 자기 인생에서 하나님을 빼놓습니다. 하나님 없이 살아갑니다. 하나님의 뜻과 상관없이 오직 자신의 눈에 좋게 보이는 것만을 선택합니다. 어떤 수단과 방법을 사용해서라도 자신의 욕심을 채우려고 합니다. 자신이 바라는 목표에 다다른 후에는 그 누구에게도 감사하는 마음을 갖지 않습니다. 오히려 그것을 당연하게 생각합니다. 성경은 이런 사람을 가리켜서 '지혜 없는 자'라고 말합니다.

복 받는 삶

그런데 왜 지혜가 있는 것이 우리에게 그렇게 중요한 문제일까요? 왜냐면 거기에 복이 달려있기 때문입니다. 하나님을 경외하는 사람은 하나님이 주시는 복을 받습니다. 그래서 지혜 있는 사람입니다. 반면 하나님을 경외하지 않는 사람은 하나님이 주시는 복을 받지 못합니다. 아니, 받지 못하는 게 아니라 스스로 복을 차버립니다. 그래서 지혜 없는 미련한 사람입니다.

오늘 본문은 하나님이 주시는 복을 이렇게 설명합니다. "나 지혜로 말미암아 네 날이 많아질 것이요 네 생명의 해가 네게 더하리라"(잠 9:11). '날이 많아진다'라고 하니까 마치 오래오래 살게 된다는 이야기처럼 들립니다. '생명의 해가 더해진다'라는 말씀도 그와 비슷합니다. 그러나 우리는 잘 압니다. 하나님을 경외하지 않아도 오래 살 사람은 오래 삽니다. 또한 사람이 아무리 오래 살아도 언젠가 반드시 죽음 앞에 서게 되어 있습니다. 따라서 이 말씀은 단지 장수長壽를 이야기하는 것이 아닙니다.

메시지성경이 이 말씀의 의미를 다음과 같이 잘 풀어서 설명해 줍니다. "지혜를 통해 인생에 깊이가 더해지고 성숙한 나날이 펼쳐진다"(11절, 메시지). 같은 나이라도 사람마다 인생의 깊이가 다릅니다. 나이가 어려도 인격은 성숙한 사람이 있는가 하면, 나이가 많아도 인격은 천박한 사람이 있습니다. 그 차이가 어디에서 오는 것일까요? 바로 하나님 경외에서 옵니다. 하나님을 경외하는 지혜가 있는지 없는지의 차이에서 옵니다.

예를 들어 돈에 대한 태도를 생각해 봅시다. 우리에게는 돈이 꼭 필요합니다. 그래서 열심히 돈을 법니다. 그러나 돈은 삶을 꾸려나가기 위한 수단이지 삶의 목적은 아닙니다. 그런데 돈이 전부인 줄 아는 사람들이 있습니다. 그들은 사람을 돈으로 평가합니다. 돈의 무게로 그 사람의 가치를 저울질합니다. 돈을 가지기 위해서는 무엇이든 못할 일이 없다고 생각합니다. 그런 사람은 천박淺薄한 인생을 살게 되어 있습니다.

우리 사회에 널리 퍼져 있는 '갑질 문화'가 그것을 잘 보여 줍니다. 가진 사람이 가지지 못한 사람을 함부로 대하는 모습이 바로 그들의 천박한 인생을 드러내고 있는 것입니다. 그래서 본문은 말합니다. "네가 만일 지혜로우면 그 지혜가 네게 유익할 것이나, 네가 만일 거만하면 너 홀로 해를 당하리라"(12절). 이에 대한 메시지성경의 풀이가 재미있습니다. "삶을 무시하면 삶 또한 너를 무시할 것이다"(12절b, 메시지).

그렇습니다. 하나님을 자신의 인생에 포함해야 삶의 진정한 가치를 알게 됩니다. 자신의 삶과 마찬가지로 다른 사람의 삶이 얼마나 중요한지 알게 됩니다. 어떤 이유로든 삶을 무시하기 시작하면 결국에는 삶에게 무시를 당하게 되어 있습니다. 그런 인생이 행복해질 리가 없습니다. 아무리 많이 가졌다고 하더라도 말입니다. 힘 있다고 거만하면 반드시 손해 보게 되어 있습니다.

올 한 해 동안 우리 가정이 힘써야 할 일이 있습니다. 그것은 우리의 삶에 언제나 하나님을 포함하는 것입니다. 어떤 일을 결정하기 전에 반드시 하나님께 물어보는 것입니다. 그렇게 매 순간 하나님을 포함하여 생각하고 선택하고 살아감으로 하나님이 주시는 복을 풍성히 받아 누리는 우리 가정이 되기를 간절히 소망합니다.

□ 은혜 나누기
올 한 해 동안 가족들에게 소망하는 일을 함께 나누어 봅시다.
□ 공동 기도
하나님 아버지, 오늘 설날을 맞이하여 온 가족이 한자리에 모여 기쁨을 나누게 하시니 감사합니다. 올 한 해 동안 언제나 하나님 아버지를 가장 앞세우며 살아가게 해 주시고, 부모님을 존경하고 서로를 사랑하는 복된 가정이 되게 인도해 주세요. 예수님의 이름으로 기도합니다. 아멘.

추석 예배　감사하는 삶

□ 예식사 **인도자**

오늘 우리 민족의 고유 명절인 추석을 맞이하여 우리 가정이 먼저 하나님 앞에 예배드리겠습니다.

□ 주님의 기도

□ 찬송 부르기 301장(지금까지 지내온 것)

□ 기도하기 **맡은이**

사랑과 은혜가 풍성하신 하나님 아버지, 지금까지 우리 가정을 선한 길로 이끌어주시고, 추석을 맞이하여 온 가족이 함께 예배할 수 있게 하시니 감사합니다. 지금까지 우리에게 베풀어 주신 하나님의 은혜에 감사하며, 부모님의 은덕에 감사하며, 서로에게 감사하는 복된 시간이 되게 하여 주옵소서. 우리 주 예수 그리스도의 이름으로 기도합니다. 아멘.

□ 성경 읽기 잠언 3:9-10

　※ 개역개정판

　9네 재물과 네 소산물의 처음 익은 열매로 여호와를 공경하라. 10그리하면 네 창고가 가득히 차고 네 포도즙 틀에 새 포도즙이 넘치리라.

　※ 메시지성경

　9네 모든 소유로 하나님께 영광을 돌리고 첫 열매와 가장 좋은 것을 그분께 드려라. 10그러면 네 창고가 가득 차고 통에 포도주가 넘쳐흐를 것이다.

오늘은 추석입니다. 우리나라에서는 전통적으로 추석에 햅쌀로 빚은 송편과 햇과일 등으로 음식을 준비하여 감사하는 마음으로 조상들께 차례를 지내 왔습니다. 추석은 성경에 기록된 '초막절'(레 23:33-43)과 비슷한 절기라고 할 수 있습니다. 다른 점이 있다면 조상들께 차례를 드리는 것이 아니라 하나님께 감사의 예배를 드린다는 것입니다. 물론 부모님의 은덕에 우리는 감사해야 합니다. 그러나 우리가 예배하는 대상은 오직 한 분, 하나님이십니다.

추석 명절을 맞이하여 오늘 우리는 '감사하는 삶'에 대해서 묵상해 보려고 합니다. 그리스도인의 가장 큰 특징은 '감사'입니다. 그리스도인은 어떤 상황에서도 감사하는 사람입니다. 바울은 감사의 사람이었습니다. 그는 억울하게 매를 맞고 옥에 갇히면서도 하나님께 감사의 찬송을 불렀습니다(행 16:25). 하나님은 우리가 감사하면서 살기를 원하십니다. 그런데 감사에도 하늘의 지혜가 필요합니다.

감사의 표현

"사랑은 표현할 때까지 사랑이 아니다"라는 말이 있습니다. 정말 그렇습니다. 사랑은 어떤 식으로든 표현이 되어야 합니다. 표현하지 않는 사랑은 속으로만 끙끙 앓다가 쓸쓸하게 끝나는 '짝사랑'이 되고 맙니다. 감사도 마찬가지입니다. 누군가에게 감사하는 마음을 가지고 있다고 하더라도 그 감사를 상대방에게 드러내어 표현하지 않으면 아무런 의미 없는 '짝감사'가 되고 맙니다. 그러니까 감사는 표현할 때까지 진정한 감사가 아닌 것입니다. 감사하는 마음만으로는 부족합니다.

'감사'를 한자어로 풀이해 보면 참 재미있습니다. '감사'는 '느낄 감感'과 '사례할 사謝' 자로 구성되어 있습니다. '느낄 감感' 자를 자세히 들여다보면 '마음 심(心)'과 '다 함(咸)' 자가 합해져 있습니다. 그러니까 '마음을 다하는 느낌'이 바로 '감(感)'입니다. 이것은 성경에 자주 등장하는 표현입니다(신 6:5).

또한 '사례할 사(謝)' 자를 풀어보면 '말씀 언(言)'에 '쏠 사(射)'로 되어 있습니다. '쏠 사(射)' 자는 '몸 신(身)'에 '마디 촌(寸)'자로 되어 있습니다. 그러니까 상대방의 온몸의 마디마디를 향하여 말씀(言)을 쏜다는 뜻입니다. 어떤 종류의 말씀을 쏘는 것일까요? '마음을 다하는 느낌'의 말씀입니다. 따라서 '감사'는 우선 고마운 마음의 느낌을 말로 드러내어 표현하는 것으로 시작됩니다.

부모님의 은혜를 정말 감사하게 생각한다면 마음을 다해서 "감사합니다!"라고 말씀드려야 합니다. 물론 '립 서비스lip service'로만 끝나면 안 되겠지요. 감사의 마음을 가득 담은 선물도 함께 전해져야 합니다. 단지 돈으로 살 수 있는 어떤 물건만이 선물이 되는 것은 아닙니다. 따뜻한 밥 한 끼의 식사도, 감사의 마음이 배어 나오는 한 통의 편지도 얼마든지 훌륭한 선물이 될 수 있습니다.

하나님께 감사하는 것도 마찬가지입니다. '감사절'은 '감사'(thanks)를 '드리는'(giving) '날'(day)입니다. 감사는 단수가 아니라 복수입니다. 말 한마디로 끝내는 감사여서는 안 된다는 뜻입니다. "마음을 다하고 뜻을 다하고 힘을 다하여"(신 6:5) 그렇게 모든 감사를 드려야 진정한 감사라고 할 수 있습니다.

추석은 한해의 농사를 통해서 얻은 소출로 인해 하나님의 은혜에 감사하고 가족에게 감사하고 가까운 이웃에게 감사하는 절기입니다. 자, 그렇다면 우리는 서로에게 감사하는 마음을 어떻게 표현할 수 있을까요?

감사의 방법

오늘 본문은 감사의 방법과 그 결과로 주어지는 복에 대한 말씀을 담고 있습니다. "네 재물과 네 소산물의 처음 익은 열매로 여호와를 공경하라. 그리하면 네 창고가 가득히 차고 네 포도즙 틀에 새 포도즙이 넘치리라"(잠 3:9-10). 전반부는 감사하는 방법에 대한 말씀이고, 후반부는 그 결과로 받게 될 복에 대한 말씀입니다.

최고의 감사 방법은 '처음 익은 열매'로 감사하는 것입니다. 그러나 우리는 전문적으로 농사를 짓는 사람이 아닙니다. '처음 익은 열매'에 대한 어떤 설명이 필요합니다. 메시지성경에 그 실마리가 나옵니다. "첫 열매와 가장 좋은 것을 그분께 드려라"(9절, 메시지). 그렇습니다. '처음 것'(the first)이란 바로 '가장 좋은 것'(the best)을 의미합니다.

진정한 감사는 가장 좋은 것을 드림으로써 표현됩니다. 하나님이 이스라엘 백성에게 맥추절을 지키면서 '처음 익은 열매'를 드리라고 요구하신 이유는 그것이 '가장 좋은 것'이기 때문입니다. 하나님의 백성을 향한 하나님의 기대는 분명합니다. 그들이 하나님께 가장 처음 것 그리고 가장 좋은 것을 드리는 믿음을 보이는 것입니다.

그런데 엄밀히 따져 보면 처음 익은 열매가 가장 좋은 열매는 아닙니다. 그보다 훨씬 더 좋은 열매들이 나중에 얼마든지 열릴 수 있습니다. 그런데 하나님은 처음 익은 열매를 가장 귀하게 여겨 주십니다. 그 이유가 무엇일까요? 가장 먼저 하나님을 기억하고 드린 열매이기 때문입니다. 그렇기에 하나님께는 가장 좋은 열매입니다. 하나님은 그 믿음을 보시고 한 해의 농사를 마치는 때 "창고가 가득히 차고 통에 포도주가 넘쳐흐르게" 해 주신다고 합니다.

우리가 부모님의 은혜에 감사하는 것도 마찬가지입니다. 처음 것으로 감사의 마음을 표현할 수 있어야 합니다. 두 번째 것, 세 번째 것,

아니 쓰고 남은 것으로는 진정한 감사를 표현할 수 없습니다. 그것은 마치 사과의 제일 맛있는 부분을 먼저 먹어 버리고, 먹을 수 없는 사과 속 부분을 내어놓는 것과 같습니다.

살림이 조금 더 넉넉해지고 난 후에 감사하려고 하면 안 됩니다. 인사치레로 욕먹지 않을 정도로 흉내만 내는 감사는 금방 표시가 나게 되어 있습니다. 비록 소박하더라도 가장 먼저 부모님을 기억하고 최선을 다해 감사하는 마음을 표현해야 합니다. 그 마음이 감동으로 전해질 때 우리에게 더욱 큰 감사가 되어 돌아올 것입니다.

마음에만 담아둔 감사는 감사가 아닙니다. 말로만의 감사는 충분하지 않습니다. 가장 처음 것을 드리는 감사가 진정한 감사입니다. 이번 추석에는 서로에 대한 감사의 마음이 더욱 풍성해지기를 간절히 소망합니다.

□ 은혜 나누기

올 한 해 동안 가족에 대한 감사의 마음을 가지게 된 일이 있었다면 이 시간 함께 나누어 봅시다.

□ 공동 기도

하나님 아버지, 올 한 해도 우리 가정에 감사할 일이 많아지도록 은혜를 내려주셔서 감사합니다. 앞으로도 서로에 대해서 감사하는 마음을 품고 살아가게 해주시고, 무엇보다 하나님의 은혜에 가장 먼저 감사하는 믿음을 보일 수 있게 해 주세요. 예수님의 이름으로 기도합니다. 아멘.

추모 예배 **준비하는 삶**

□ 예식사 인도자

우리의 ○○○(아버님, 어머님 등의 호칭 사용) 고故 ○○○ 씨(장로, 권사, 집사,
성도)의 ○주기 추모일을 맞이하여 추모예식을 시작하겠습니다.

□ 주님의 기도

□ 찬송 부르기 488장(이 몸의 소망 무언가)

□ 기도하기 맡은이

영원부터 영원까지 살아 계셔서 인간의 생사화복을 주관하시는 하나님 아버
지, 오늘은 우리의 ○○○(아버님, 어머님 등의 호칭 사용) 고故 ○○○ 씨(장로,
권사, 집사, 성도)를 하나님께서 불러 가신 날을 맞아 고인을 기억하며 추모하
기 위하여 가족이 함께 모였습니다. 이 시간 우리를 불쌍히 여겨 주셔서 하늘의
위로를 내려 주옵소서. 이 시간 모든 순서를 성령님이 친히 인도하셔서 하늘의
소망을 발견하는 시간이 되게 하여 주옵소서. 부활이요 생명이신 예수 그리스
도의 이름으로 기도합니다. 아멘.

□ 성경 읽기 잠언 3:1-6

　　※ 개역개정판

　　1내 아들아 나의 법을 잊어버리지 말고 네 마음으로 나의 명령을 지키라. 2그
　　리하면 그것이 네가 장수하여 많은 해를 누리게 하며 평강을 더하게 하리라.
　　3인자와 진리가 네게서 떠나지 말게 하고 그것을 네 목에 매며 네 마음 판에
　　새기라. 4그리하면 네가 하나님과 사람 앞에서 은총과 귀중히 여김을 받으리
　　라. 5너는 마음을 다하여 여호와를 신뢰하고 네 명철을 의지하지 말라. 6너는

범사에 그를 인정하라 그리하면 네 길을 지도하시리라.

※ 메시지성경

1친구여, 내 모든 가르침을 잊지말고 내 계명을 마음에 새겨라. 2그러면 네가 오래오래 살고 부족함 없이 잘살게 될 것이다. 3사랑과 성실을 굳게 붙잡고, 그것을 네 목에 걸어라. 그 머리글자를 마음에 새겨라. 4그러면 하나님과 사람에게서 잘산다는 평판을 얻게 될 것이다. 5온 마음으로 하나님을 신뢰하고 무슨 일이든 네 멋대로 이해하려 들지 마라. 6무슨 일을 하든, 어디로 가든, 하나님의 음성에 귀 기울여라. 그분께서 네 길을 바르게 인도하실 것이다.

  □ 말씀 나누기

우리의 인생에는 처음과 마지막이 있습니다. 그 점에 있어서 모든 인생은 공평합니다. 인간은 누구나 반드시 죽음 앞에 서야 합니다. 그 일에 예외는 없습니다. 죽음은 피해 갈 수 없는 엄숙한 운명입니다. 하나님은 분명히 말씀하셨습니다. "나는 알파와 오메가요, 처음과 마지막이다"(계 21:6). 인생의 처음과 마지막을 정하시는 분은 하나님이십니다. 하나님을 경외하는 사람이라면 그 사실을 먼저 인정해야 합니다.

우리의 OOO(아버님, 어머님)은 하나님이 보내 주셔서 이 세상에서 살다가 하나님이 정한 때가 되어 먼저 가셨습니다. 우리도 지금 뒤를 따라서 그 길을 걷고 있습니다. 오늘 우리는 고인을 추모하기 위해 이 자리에 모였지만, 이 시간 우리가 생각해야 할 것은 고인의 죽음이 아니라 앞으로 다가올 우리의 죽음입니다. 고인이 살아생전에 하나님 나라에 들어가기 위해서 어떻게 준비하며 살았는지 돌이켜보면서, 우리도 하나님 나라에 들어가기 위해서 지금 어떻게 준비하고 있는지 잘 살펴보아야 합니다.

오늘 본문 말씀은 다윗이 죽음을 앞두고 아들 솔로몬에게 남긴 유언(왕상 2:1-4)을 연상하게 합니다. 실제로 내용을 주의 깊게 살펴보면 상당 부분이 겹친다는 사실을 확인할 수 있습니다. 여기에서 우리는 믿음의 부모가 후손에게 남겨 주어야 할 세 가지의 유언을 발견합니다.

율법과 명령

첫 번째는 하나님의 명령을 지키라는 말씀입니다. "내 아들아 나의 법을 잊어버리지 말고 네 마음으로 나의 명령을 지키라"(1절). '나의 법', '나의 명령'이라고 되어 있어서 마치 아버지가 남긴 가르침을 말하는 것처럼 들리지만, 다윗의 유언을 살펴보면 그 구체적인 내용은 하나님의 율법과 명령이라는 사실을 알게 됩니다.

"내가 이제 세상 모든 사람이 가는 길로 가게 되었노니 너는 힘써 대장부가 되고 네 하나님 여호와의 명령을 지켜 그 길로 행하여 그 믿음과 계명과 증거를 모세의 율법에 기록된 대로 지키라"(왕상 2:1-2). 다윗이 솔로몬에게 남긴 명령은 다름 아닌 하나님의 명령이었습니다. 그러니까 다윗의 유언은 율법에 기록된 하나님의 명령을 지켜 행하라는 것입니다. 똑같은 말씀을 솔로몬은 여기에서 반복하고 있는 것입니다.

그런데 우리는 왜 하나님의 명령을 지켜야 할까요? 왜냐면 언젠가 죽음을 통해 하나님의 심판대 앞에 반드시 서야 하기 때문입니다. 그때 하나님은 우리의 인생을 결산하실 것입니다. 그 기준이 바로 하나님의 명령입니다. 하나님의 명령대로 살았는지로 우리의 인생을 평가하실 것입니다.

인자와 진리

두 번째는 인자와 진리가 떠나지 않게 하라는 말씀입니다. "인자와 진리가 네게서 떠나지 말게 하고 그것을 네 목에 매며 네 마음 판에 새기라"(3절). 메시지성경의 풀이가 더욱 쉽게 다가옵니다. "사랑과 성실을 굳게 붙잡고, 그것을 네 목에 걸어라. 그 머리글자를 마음에 새겨라"(3절, 메시지).

하나님의 명령을 지킨다는 것이 기록된 율법 조문을 준수하는 것을 의미한다면, 인자와 진리는 마음의 중심에 늘 담아 두어야 할 기본적인 삶의 태도를 의미합니다. '인자仁慈', 즉 '사랑'은 하나님과 이웃을 향한 따뜻한 마음입니다. '진리', 즉 '성실'은 하나님이나 사람과의 약속을 변함없이 지키는 마음입니다.

하나님은 중심을 보신다고 했습니다. 하나님은 다윗을 보시고 '내 마음에 맞는 사람'이라 말씀하셨습니다(행 13:22). 다윗의 중심에는 '사랑'과 '성실'이 있었기 때문입니다. 우리의 마음에서 사랑과 성실이 떠나지 않는 한 우리는 언제나 하나님과 사람에게서 '잘 산다'(living well)라는 평판을 얻게 될 것입니다. 특히 하나님의 은총은 살아 있을 때뿐만 아니라 죽음 이후에 꼭 필요합니다.

신뢰와 인정

마지막 세 번째는 하나님을 신뢰하라는 말씀입니다. "너는 마음을 다하여 여호와를 신뢰하고 네 명철을 의지하지 말라"(5절). 여기에서 우리는 하나님을 신뢰하는 것과 자신의 명철을 의지하는 것이 대조되고 있다는 점에 주목해야 합니다. 이에 대한 메시지성경의 풀이가 더욱 마음에 와닿습니다. "온 마음으로 하나님을 신뢰하고 무슨 일이든 네 멋대로 이해하려 들지 마라"(5절, 메시지).

정말 그렇습니다. 우리는 말로는 하나님을 신뢰한다고 하면서 실제로는 자신의 이성적인 판단을 더 신뢰할 때가 많이 있습니다. 조용히 하나님의 음성에 귀 기울이려고 하지 않고, 자기 멋대로 이해하고 성급하게 행동하려고 하지요. 그래서 최선이라 생각하여 선택한 일이 최악의 선택이었음을 뒤늦게 깨닫고 후회하곤 합니다.

그렇기에 우리는 범사에 하나님을 인정해야 합니다. "너는 범사에 그를 인정하라. 그리하면 네 길을 지도하시리라"(6절). 하나님을 경외하는 사람이라면 모든 일에 하나님을 포함해야 합니다. 무슨 일을 하든 어디로 가든 먼저 하나님께 물어보아야 합니다. 그리고 하나님의 인도하심에 순종하여 따라야 합니다. 그러면 절대로 실패하지 않습니다. 하나님에게는 실패가 없기 때문입니다.

자녀는 부모의 말을 통해서가 아니라 삶을 통해서 더 많이 배웁니다. 평생 믿음의 삶을 살아왔던 부모의 유언이 자녀에게 선한 영향력을 끼칠 수 있습니다. 이 세상에서의 삶은 하나님 나라에 들어가기 위한 준비 과정입니다. 성경의 가르침에 따라서 살아온 우리의 삶을 후손에게도 똑같이 가르쳐야 합니다. 그래야 역사의 종말에 하나님 나라에서 다시 만나는 재회의 기쁨을 나눌 수 있습니다.

▫ 은혜 나누기

고인을 통해 배운 인생의 교훈이 있다면 함께 나누어 봅시다.

▫ 공동 기도

인간의 생사화복을 주관하시는 하나님 아버지, 고인을 추모하는 이 예배를 통하여 하나님 나라를 바라보게 하시니 감사합니다. 우리의 마음에 남아 있는 사별의 슬픔을 하늘의 소망으로 바꾸어 주시고, 성경의 가르침에 따라 잘 준비하며 살아가도록 우리를 다스려 주세요. 우리에게 영생을 주시는 우리 주 예수 그리스도의 이름으로 기도합니다. 아멘.